高等院校经管类专业精品教材

经济法

主　编◎郎　军　刘　金　张向东
副主编◎王乾阳　肖玉巧

中国轻工业出版社

图书在版编目（CIP）数据

经济法／郎军，刘金，张向东主编. — 北京：中国轻工业出版社，2025. 2
高等院校经管类专业精品教材
ISBN 978-7-5184-4932-3

Ⅰ. ①经… Ⅱ. ①郎… ②刘… ③张… Ⅲ. ①经济法—中国—高等学校—教材 Ⅳ. ①D922. 29

中国国家版本馆 CIP 数据核字（2024）第 079342 号

责任编辑：李金慧
策划编辑：张文佳 李金慧　责任终审：劳国强　封面设计：锋尚设计
版式设计：砚祥志远　责任校对：刘小透 晋 洁　责任监印：张 可

出版发行：中国轻工业出版社（北京鲁谷东街 5 号，邮编：100040）
印　　刷：三河市万龙印装有限公司
经　　销：各地新华书店
版　　次：2025 年 2 月第 1 版第 1 次印刷
开　　本：787×1092 1/16 印张：15. 5
字　　数：320 千字
书　　号：ISBN 978-7-5184-4932-3 定价：58. 00 元
邮购电话：010-85119873
发行电话：010-85119832 010-85119912
网　　址：http://www. chlip. com. cn
Email：club@ chlip. com. cn

232161J1X101ZBW

前言

在市场经济日益繁荣、法治社会不断推进的今天，掌握经济法的基本知识与实践应用，对于每一位有志于在经济领域施展才华的学子而言，都显得尤为重要。“经济法”不仅是法学专业的核心课程之一，也是非法学专业学生理解现代经济运行规则、维护自身合法权益不可或缺的知识体系。

本教材旨在以清晰、系统的方式，向读者介绍经济法的基础理论、核心制度及其在实践中的应用。在编写过程中，我们力求做到理论与实践相结合，既深入剖析经济法的法学原理，又紧密联系实际案例，帮助读者在理解法律条文的同时，也能洞察其在经济活动中的运作机制。通过学习，读者能够掌握经济法的基本框架，理解市场规制、宏观调控、金融法等关键领域的法律规范，培养运用经济法解决实际问题的能力。在此基础上，我们注重内容的时效性和权威性，紧跟最新法律法规的变动，确保教材内容的前沿性和准确性。同时，本教材也融入了丰富的教学辅助材料，如案例引入、思考题、案例分析题等，旨在激发读者的学习兴趣，促进其批判性思维和创新能力的培养。我们希望这些设计能够帮助读者更加高效地利用本教材，不仅在课堂上有所收获，更能在未来的学习和工作中持续受益。

本教材的主要特点如下。

（1）以最新的经济法律法规以及相关的司法解释为依据，首先确定每章的“学习目标”，在此基础上，确定编写条理，进行法理分析和探讨，便于教师围绕教学目的开展教学。

（2）注重对学生能力素质的培养。在本教材的理论教学中，我们在准确释义的基础上，密切联系社会主义市场经济和当前世界经济发展的实际，突出案例教学，通过案例教学反映重点知识和难点知识。为此，在每章后安排适量案例分析题，既有利于教师展开教学，师生互动，活跃了课堂的教学气氛，又强化了学生实践能力的培养，提高了教学质量。学生可以在将来的经济工作中具备较高的法律素养，既能依法办事开展业务，又能运用经济法律维护自己的合法权益。

（3）内容涵盖了经济管理类各专业。本教材在编写内容上，在注重知识系统性的基础上，针对经济管理类专业特点，重点对经济管理各专业的行业法律法规进行了分析和诠释，具有广泛的适用性。

本教材由大连工业大学艺术与信息工程学院郎军、刘金、张向东担任主编，王乾阳、肖玉巧担任副主编，主编和副主编共同提出编写大纲，最后由主编总纂定稿。

我们要感谢所有参与本教材编写及提供帮助的老师、同学和朋友们，正是有了你们的共同努力和支持，这本《经济法》教材才得以面世。我们期待它能成为读者探索经济法领域、助力职业生涯发展的得力助手。

教材的编写是我们在高校经济法教育教学中的探索，也是经验总结。本教材不仅适用于本科院校教学，而且也适用高等职业院校教学。作者水平所限，书中不足和疏漏之处在所难免，欢迎读者和同行指正。

编　者

目录

第一章　经济法概述

学习目标

【知识目标】

1. 明确经济法的概念、特征及调整对象与原则，了解经济法的渊源。
2. 掌握经济法律关系的特征和构成要素。
3. 掌握经济法律关系的发生、变更、终止和保护。

【能力目标】

1. 掌握经济法律关系的构成要素，包括主体（如国家机关、企业事业单位等）、客体（如物、行为、智力成果等）和内容（权利和义务），能够分析不同情境下的经济法律关系，判断各方的权利和义务。
2. 熟悉经济法主体的种类和资格，了解不同主体在经济活动中的法律地位和作用。
3. 培养运用法治思维推动工作的能力，能够在制定经济政策、进行经营管理等活动时，充分考虑法律因素，确保决策的合法性和合理性。

【素质目标】

1. 树立法治观念，认识到经济法在规范市场经济秩序、保障市场主体合法权益方面的重要性。在经济活动中自觉遵守法律法规，依法维护自身权益。
2. 有助于强化诚信意识，明白在经济活动中诚实守信是基本的道德要求和法律规范。无论是企业的经营活动，还是个人的金融消费，都应以诚信为本，不得欺诈、误导他人。

案例引入

李某将自己的门市房租给某饭店，双方签订了房屋租赁合同，租期为3年，租金共为10万元，应于合同签订之日起5日内一次付清，李某收到房租的当天将门市房移交某饭店使用。试分析：

（1）李某与某饭店之间是否形成了经济法律关系？

（2）如果形成了经济法律关系，试分析其三要素是什么？

第一节 经济法的产生与调整对象

一、经济法的产生与国外经济法概况

随着社会经济的发展，商品经济逐步代替了自然经济，社会经济关系也由简单趋于复杂，诸法合体的综合法典已经不能适应社会生产力发展的需要，民法就逐步独立出来，先是有罗马的“市民法”“万民法”等民法的雏形，后来就正式成为民法典的重要内容。法国于1804年颁布的《法国民法典》是资产阶级国家最早的民法典，它确认平等、契约自由、私人财产神圣不可侵犯等原则，集中地反映了资本主义商品生产和商品流通的基本要求，随后商法又从民法中分离出来，出现了“商法典”，如1807年颁布的《法国商法典》。

随着资本主义经济由自由走向垄断，竞争和生产无政府状态的加剧，生产过剩的经济危机周期性爆发，造成企业开工不足和大量失业现象发生，生产力遭到了巨大破坏，阶级矛盾加剧。与此同时，帝国主义各国和各垄断组织之间为了占有原料产地和世界市场，进行拼命争夺，甚至为此爆发了帝国主义战争。当生产的社会性和生产资料的私人占有之间的矛盾严重危害资本主义制度的时候，客观上要求国家出面对经济进行干预和调节。于是，资本主义国家一方面通过对关系国计民生的重要部门实施国有化，实行国家垄断资本主义，另一方面通过经济立法直接干预经济生活。例如，1890年美国国会通过了《谢尔曼反托拉斯法》，标志着现代经济法的诞生。经济法与民法、商法的重大区别，就在于国家通过立法直接干预社会经济活动，“经济自由”“契约自由”的原则受到限制。

经济法获得广泛发展是在20世纪初的德国。德国是第一次世界大战的主要参战国，战争开始后，德国垄断资产阶级趁机垄断市场，哄抬物价，德国议会出于征集战争物资，稳定国内秩序，平抑物价的需要，授权参政院颁布了一系列战时物资分配法规。战争结束后，德国为了医治战争创伤，复苏战后经济，承担对战胜国的物资供应和赔款，不得不采用法律的手段，对那些私人经营的大企业进行干预和限制，先后颁布了《卡特尔法》《煤炭经济法》等一系列单行法规。由于这些法规都具有经济特色，德国的法学家们就把这类法规命名为“经济法”。1929—1933年发生的世界性经济危机，波及面广、影响大、损失严重。为了摆脱经济危机，美国总统罗斯福于1933年提出了“新政”，即国家对社会经济生活实施全面干预和调节的施政纲领。为此，美国国会通过了《紧急银行法》《国家工业复兴法》等一系列法律，以促进“新政”的实施。1936年，英国经济学家凯恩斯的《就业、利息和货币通论》一书进而提出以国家干预为核心的解决经济危机和就业问题的理论体系，形成凯恩斯主义。1945年第二次世界大战结束后，西方各国为了恢复和振兴战后经济，纷纷采用凯恩斯主义，加强国家对经济的干预，制定了许多经济法规，使国民经济很快地恢复和发展起来。例如，联邦德国为了迅速恢复被破坏的经济，先后颁布了《银行法》《票据法》等多部经济法规。再如美国也加强了经济立法，颁布实施了《美国统一商法典》《出口管理法》等一系列经济法律。

二、我国经济法概况

新中国成立以来，我国在社会主义建设的各个时期，相继颁布了大量的经济法规。这些经济法规对当时国家的经济建设发挥了积极的作用，但那时它们没有被称为经济法，也没有成为我国法律体系中一个相对独立的法律部门。我国的经济法，作为一个独立的法律部门，是从 1978 年党的十一届三中全会以后逐渐形成的。从那时起，随着全国的工作重点转移到经济建设上来，以及经济体制改革、对外开放和国民经济的发展，越来越多的经济关系和经济活动准则需要用法律形式固定，我国经济法治建设开始得到持续的发展，逐步建立起适应计划商品经济发展的经济法律体系。1992 年党的十四大确立了我国经济体制改革的目标是建立社会主义市场经济体制，即主要依靠“市场”这只看不见的手，调节资源配置。而社会主义市场经济又是法治经济，即主要依靠经济法律规范市场主体的各种经济行为，调控市场经济有序运行，实现宏观经济调控目标。之后，我国立法机关加快了经济立法的步伐，在立法的指导思想下，坚持改革决策与立法决策密切结合的原则，立法要体现改革精神，用法律引导、推进和保障改革的顺利进行。为此，依照建立社会主义市场经济的要求，国家一方面着手对现行的一些重要经济法律进行修改，另一方面又抓紧制定新的调整市场经济关系的法律。特别是 2001 年，我国加入世贸组织后，我国立法机关又及时修正了与国际市场规范、惯例不相符合的法律规范。到目前为止，我国社会主义市场经济的经济法律体系框架已经形成。

三、经济法的概念和特征

（一）经济法的概念

“经济法”一词，是法国空想社会主义者摩莱里在 1755 年出版的《自然法典》一书中首先使用的。摩莱里认为，社会产品分配上的弊端是私有制产生的直接原因，因而他从分配上确立社会经济生活的主要原则，编制了包括 12 条内容的“分配法或经济法”草案。之后，法国另一位空想社会主义者德萨米在 1842 年出版的《公有法典》一书中也使用了“经济法”这一词语，并且发展了摩莱里关于经济法的思想。但是，空想社会主义者所使用的“经济法”仅仅局限于分配领域，指处理社会分配关系的分配法，并不具有现代意义上的经济法的内涵。例如，德萨米主张建立自由、慷慨、合理的平均分配主义，他认为这种分配方式只有伴随公有制的建立才能得到实现。

进入20世纪以来，不仅在许多国家的法学著作中，而且在其中有些国家颁布的法律中，都先后使用了“经济法”这一概念。德国学者莱特在《世界经济年鉴》中用“经济法”这一概念来描述和概括第一次世界大战期间和战后国家所颁布的物质分配法规和振兴经济、扶持贫困企业发展等方面的法规。1916年，德国著名法学家赫德曼在《经济学字典》中也使用了“经济法”一词，并认为经济法是经济规律在法律上的反映。那么，经济法的科学内涵究竟应该是什么呢？经济法是国家在调整经济运行过程中发生的各种经济关系的法律规范的总称。对这个定义可以从以下几个方面理解：首先，从经济法发展的历史即可看出，作为国家对经济过程实施干预的产物，经济法必然带有权力意志的色彩。其次，经济法必然是在经济过程中实现自身的，如果是国家权力对其他领域的干预而产生的社会关系，一般属于行政法的调整范畴，而非经济领域内的事项。最后，经济法调整的是经济关系。既然是经济法，顾名思义，其所调整和规范的必然是经济事项，关乎经济性的事务，而非人身、亲属或是政权结构、刑罚等事项。

（二）经济法的特征

1. 社会性

经济法的社会性主要体现为社会本位的特征。如前所述，经济法是顺应生产社会化的要求而产生和发展起来的，为国家干预经济生活提供了法律依据和保障，其根本目的在于维护社会整体利益，促进社会经济结构合理和经济运行协调、稳定和发展。国家对社会经济生活的干预体现了社会公共职能，反映了绝大多数人的利益，即社会意志。

2. 政策性

经济法是国家对经济生活实施的调控行为的法律化。国家对于经济生活的调控，首先根据某一时刻的具体情形来制定相应的方针政策，在此基础上把某些经济政策上升为经济法律、法规，因此国家的经济政策对于经济法的发展影响很大。

3. 经济性

经济法所调整的是经济关系，其直接作用于经济领域，立法具有明确的经济目的性，故经济性这一特征是不言而喻的。经济性的重要表现是经济法往往把经济制度、经济活动的内容和要求直接规定为法律，在立法之中体现经济方面的要求，或者是把某些经济方面的规则直接上升为法律，如对于会计人员的要求等。

4. 综合性

经济法具有综合性的特征，其调整手段、调控领域等并不仅仅局限于某一个领域或范围，而是表现出一种综合性。这种综合性主要体现在以下几个方面。

（1）调整领域上，经济法体现了公法因素和私法因素的融合。经济法既有行政性的因素、公权力的行使，又涉及企业、合同、价格、利润等私法的领域。例如，利用公权力手段对企业、价格等进行调控，或者是借用私法的手段来调整涉及国家权力、公有财产的问题，如对于公有制企业、国有银行的监管等。

（2）调整银行监管等法往往综合行政、刑事等各种法律手段，对经济关系进行综合的调整。

四、经济法的调整对象和原则

（一）经济法的调整对象

经济法的调整对象，也就是经济法所调控的社会关系。经济法的调整对象主要有三类。

1. 市场主体的规范关系

经济法对市场主体的规范主要包括：确立进入市场的主体资格，规范企业法人及其他市场主体的设立、变更和终止以及公司内部机构的设置等问题。

2. 市场秩序的规范关系

市场秩序的规范关系，即国家为了保障市场经济平稳、有序地发展，应对市场运行过程中出现的妨碍公平竞争、损害消费者权益等行为而采取措施，对市场进行调控而形成的法律关系。例如，对于不正当竞争行为和损害消费者利益行为的惩罚等。

3. 宏观经济调控关系

宏观经济调控是指国家出于实现某些长远经济目标的需要，对经济采取的总体性的调节措施。由于存在着市场失灵的问题，在市场经济中，国家的调控是必要的。同时也由于政府都有其自身的施政纲领和执政目标，因此他们都倾向于从自身认识出发来调节经济。宏观经济调控关系主要包括财政、税收、审计、货币政策等方面。

（二）经济法的基本原则

我国经济法的基本原则是指贯穿于全部经济法领域，在经济法的整体运行过程中，在经济立法、经济执法、经济司法中所必须遵循的根本准则和基本规范。

1. 平衡原则

这一原则根源于经济法的法律性质。如前面所述，经济法既非纯粹的公法，也非传统的私法，而是二者的一种结合。因此它既不是着眼于如何限制国家权力，也不是完全致力于保障平等主体之间的正常秩序，而是二者之间的一种平衡。应当说，经济法是以一种兼容并蓄的精神，促进社会在竞争的基础上的团结合作，以协调、平衡公私双方的利益。

2. 国家适度干预原则

这是体现经济法本质特征的原则。事实上，自从有了国家，便出现了国家对社会经济生活的干预，但是，只有当法律把国家干预经济生活而产生的社会关系专门作为自己的调整对象时，才出现了现代意义上的经济法。可见，国家干预始终是经济法发展中的主题，而其核心是寻求一种适度干预。国家在多大程度上，用什么手段对社会经济生活进行干预，不同的国家在不同的历史发展阶段都有所不同。由于我国过去实行的是计划经济体制，那时的经济法为适应当时的体制的需要，不仅确立了计划的权威地位，同时维护政府对企业内部经营活动的直接干预，导致我国经济发展中始终存在着干预过多的倾向。为此，在市场经济体制下，把握国家的适度干预并将之纳入相应的法治框架，就必然成为经济法所要遵循的一项重要原则。

3. 维护公平竞争原则

竞争是市场经济的伴侣。只要有市场经济，就必然存在竞争。竞争有公平竞争即正当竞争和不正当竞争之分，前者有利于推动市场经济的发展，后者则有碍于市场经济的发展。因此，维护公平竞争是经济法的基本任务和重要原则。维护公平竞争是社会化市场经济的内在要求，作为一项法律制度，它是通过国家的“有形之手”来纠正市场“看不见的手”所导致的弊端，同时又力求使“看不见的手”在最大范围内、最大程度上发挥积极作用的产物。

五、经济法的渊源

经济法的渊源，通常指的是经济法的形式渊源，即经济法律规范来源于何种法的形式。就现有立法情况来看，经济法的渊源主要有以下规范性文件。

1. 宪法

宪法是国家的根本大法，由全国人民代表大会制定和修改，具有最高法律效力，规定了公民的基本权利和义务，是经济法的基本渊源，是经济立法的基础。经济法主要是从中吸收有关经济制度的精神和基本规范。

2. 法律

法律是由全国人民代表大会及其常务委员会制定的规范性文件，在地位和效力上仅次于宪法，是经济法的重要渊源。其中，以法律形式表现的经济法律规范构成经济法的主体和核心部分，如《中华人民共和国公司法》《中华人民共和国证券法》等。

3. 法规

法规包括行政法规和地方性法规，其地位次于宪法和法律。

（1）行政法规。行政法规是指作为国家最高行政机关的国务院制定的规范性文件，其地位和效力仅次于宪法和法律。经济法大量以这种形式存在，这是由经济的社会化和政府对经济的全方位管理和参与这一客观条件所决定的，如《社会团体登记管理条例》等。

（2）地方性法规。省、自治区、直辖市以及省级人民政府所在地的市、经国务院批准的较大的市和经济特区所在地的市的人民代表大会及其常务委员会，根据本行政区域的具体情况和实际需要，在不与宪法、法律、行政法规相抵触的前提下，可以制定地方性法规。

4. 民族自治地方的自治条例和单行条例，以及特别行政区的法律

民族自治地方的自治条例和单行条例是指民族自治地方的人民代表大会依照当地民族的政治、经济和文化的特点，依法制定的自治条例和单行条例。自治条例和单行条例，需报请上级人民代表大会常务委员会批准后才能生效。特别行政区的法律包括特别行政区基本法、予以保留的特别行政区原有法律和特别行政区立法机关依法制定的法律，如《中华人民共和国香港特别行政区基本法》《中华人民共和国澳门特别行政区基本法》等。民族自治地方的自治条例和单行条例及特别行政区法律，也是经济法的渊源之一，主要适用于本民族自治地方或特别行政区区域范围之内。

5. 司法解释

司法解释是指最高人民法院针对现行法律或者是司法实践中有关实体性、程序性的事项而发布的解释。司法解释是经济法的重要渊源之一，尤其是在审判实践中，如《最高人民法院关于适用〈中华人民共和国公司法〉若干问题的规定》《最高人民法院关于审理票据纠纷案件若干问题的规定》等。

6. 国际条约、协定

国际条约、协定是指我国作为国际法主体，同外国或地区缔结的双边、多边协议和其他具有条约、协定性质的文件。国际条约、协定不属于国内法的范畴，但我国签订和加入的国际条约，对于国内的国家机关、社会团体、企事业单位和公民就具有法律上的约束力。因而，国际条约、协定便成为经济法的重要渊源之一。

第二节　经济法律关系

一、经济法律关系的概念和特征

（一）经济法律关系的概念

经济法律关系和经济关系是既有联系，又有区别的两个概念。经济关系是在社会生产、交换、分配、消费过程中，国家机关、社会组织和公民之间所发生的各种各样具有经济目的和内容的社会物质利益关系。但不是所有的经济关系都是经济法律关系，只有当这些现实的具体的经济关系受经济法调整时，才具有经济法律关系的性质。所以，概括地说，经济法律关系是由经济法律规范所确认的经济法主体在经济管理和经济协作过程中所形成的权利和义务关系。

（二）经济法律关系的特征

1. 经济法律关系是一种反映国家干预国民经济活动的意志关系

意志关系表现在，在经济法律关系中集中体现国家干预经济、实现宏观调控和规范市场的国家意志。这种国家意志所体现的是全社会整体的长远利益和社会公共利

益，并最终通过国家的适度干预，达到发挥市场基础性调节作用的目的。

2. 经济法律关系是纵横交错相互结合的法律关系

我国实行以生产资料公有制为主体的多种经济形式共同发展的社会主义所有制结构，国家对经济的管理由原来的直接计划管理为主变为间接的宏观调控为主，即国家调控市场，市场引导企业，各企业和其他经济组织在市场经济活动中平等竞争，机会均等，自主经营，自负盈亏。国家为了适应市场经济的特点，从纵向方面通过国家宏观管理经济，维护市场经济秩序，体现了管理者与被管理者之间的关系；从横向方面将各经济主体置于市场平等竞争的大环境中，其法律地位是平等的，使经济法主体之间形成了自愿平等、等价有偿的商品经济关系。企业在经营管理中，其内部经济管理体现纵向经济法律关系，在对外经济协作的活动中又以平等主体的身份进行活动，又体现横向的经济法律关系，这两者处于一个统一的系统之中，既互相渗透，又互相依存，形成了纵横交错的经济法律关系。

3. 经济法律关系是一种具有经济内容的强制性的权利义务关系

权利义务是法律关系的核心，法律规范确认法律关系的目的也是通过依法确认权利义务来实现的。经济法律关系所体现的权利义务则具有经济内容，即是为了完成一定的经济任务和实现一定的经济目的，因此经济学理论一般将这种权利义务称为经济权利义务。经济法律关系是具有强制性的经济权利义务关系。经济法律关系中的经济权利义务一旦形成，即受国家强制力保护，任何一方当事人不得违背。如果某一方不履行经济法律关系确定的义务，将会受到法律的制裁，任何一方的权利受到侵害都可以请求法律的保护，经济法律关系中的经济权利义务就是通过国家强制力进行保护来实现的。

4. 经济法律关系一般以书面形式表示

经济法律关系大多是与国计民生和经济法主体有重要利害关系的法律关系，为了维护其稳定性和严肃性，除法律规定即时清结的外，一般均采用书面形式表示，体现了法律手续的稳妥和慎重。同时，一旦双方当事人发生经济纠纷，既便于当事人有案可查，也有利于经济仲裁机关或者人民法院及时、正确处理经济纠纷。书面形式要求对经济法律关系有所规定的内容，用文字记载下来，并由有关负责人签名、盖章和加盖公章。对依法需要公证、鉴定或主管部门批准的，还要办理公证、鉴定和批准手续。

二、经济法律关系的构成要素

经济法律关系的构成要素，是指构成经济法律关系不可缺少的组成部分。任何一项具体的经济法律关系，都是由主体、客体和内容三方面组成。

（一）经济法律关系的主体

经济法律关系的主体也称经济法主体，是指具有法定资格，并参加经济管理和生产经营活动，依法享有经济权利和承担经济义务的当事人或参加者。在每个具体的经济法律关系中都存在着两个或两个以上的主体，其中享有经济权利的一方，称为经济权利主体；承担经济义务的一方，称为经济义务主体。一般来说，各方主体，既享有经济权利，又承担经济义务，具有权利主体和义务主体的双重身份。经济法主体资格是特定的，它依据两种方式取得：一是法定取得，即依据法律的规定，凡是能够对经济生活实行干预且接受干预的社会组织、公民，都可以作为经济法律关系的主体。二是授权取得，即依据有授权资格的机关的授权而取得的可以对社会经济活动实施某种干预的资格。根据我国经济法的规定，能够作为经济法律关系主体的有以下几类。

1. 经济管理主体

经济管理主体主要是指依据宪法和行政法及其他有关法律、法规设立，由宪法和行政法及其他有关法律、法规规定其性质、职能、任务、隶属关系等，承担组织、管理和协调经济职能的组织或者机构，主要为国务院及其承担经济管理职能的部、委、局、会、行和地方政府及其相应机构，也包括各级权力机关，以及由国家和法律授权而承担某种经济管理职能的其他组织等。

2. 经济活动主体

经济活动主体是指依据民法、经济法、行政法以及其他法律、法规设立，从事经济活动的组织和个人。这类主体主要包括以下几类。

（1）各类企业。各类企业是指拥有独立资产，以盈利为目的，具备一定组织机构，从事生产、流通和服务性活动的经济实体，其中包括各类法人企业及其他非法人企业。

（2）事业单位。事业单位是指由国家财政或其他单位拨款，不以盈利为目的的文化、教育、卫生等组织。它们往往以法人资格参与经济法律关系。

（3）社会团体。社会团体是指由人民群众或组织依据自愿原则组织的进行社会活动的社会组织，包括群众团体、公益组织、文化团体、学术研究团体、协会等。它们也以法人资格参与经济法律关系。

（4）农村承包经营户、个体工商户。农村承包经营户是指农村集体经济组织的成员，在法律允许的范围内，按照承包合同规定从事商品经营的形式。个体工商户是指公民个人不雇佣或少量雇佣他人，以盈利为目的，从事生产经营的个体经济。他们以“户”的名义参与经济法律关系，且一般承担连带无限责任。

（5）公民个人。公民个人承包或租赁企业，参与税收、工商管理、竞争法律关系等。

此外，经济组织的内部机构，虽不具有独立法律人格，但在一定条件下也是经济法律关系的主体，如担负企业一定生产经营职能的分支机构、职能科室和基层业务活动的组织等，依法与企业订立承包或租赁等责任制合同；分公司、分店等依法作为纳税人参加税收法律关系等。国家机关和国家作为整体，除作为经济管理的主体之外，在一定条件下也是经济活动关系的主体，如国家对外签订政府贷款和担保合同、对内对外发行政府债券、政府部门出让土地使用权、作为股东投资设立企业等。

（二）经济法律关系的客体

经济法律关系的客体是指经济法律关系的主体享有权利和承担义务所共同指向的对象。客体是经济法律关系中的一个重要因素，因为所有的经济法律关系，都是为了达到一定的经济目的而建立的。如果没有客体，经济法律关系主体的权利和义务就会落空。例如，如果双方当事人只约定成立购销合同，而未指出购销什么商品，那么这项经济关系因缺少客体而不成立。经济法律关系客体的种类主要有以下几种。

1. 物

物，指人类能够控制并具有使用价值和价值的物品。它包括天然物质财富、人工劳动产品、由物转化的能量如电、燃气等，以及货币和有价证券等。有些物质虽然没有形，但是可以计量。作为经济法律关系中客体的物，不是通常一般意义上的物，而是法律意义上的物。因为，哪些物可以成为经济法律关系中的客体，要由法律来决定。在我国，就国家所有权来讲，一切物都可以成为它的客体。在经济法律关系中对客体有不同的规定，例如，我国宪法规定土地所有权不能成为买卖关系的客体，土地只能成为土地征用和土地拨用关系的客体；特种产品、危险物和被限制物等只能在特定的流通领域和组织之间进行转移；国有企业闲置、多余的固定资产，其出租、转让须经国家授权部门批准，而且其收益只能用于企业的设备更新和技术改造；人民币是我国的法定货币，除我国港澳台地区外，国家只允许人民币流通，禁止外国货币在我国大陆流通。

2. 行为

行为是指经济法律关系主体为了达到一定的经济目的所进行的有意识的活动。具体包括：①经济管理行为。它主要指经济法律关系主体行使经济职权的行为。这种行为的范围，是与国家机关所担负的经济职能相适应的。②完成一定的工作。这是指经济法律关系主体的一方，用自己的资金、技术、设备和行为，去实现另一方的要求，对方则根据完成工作的数量和质量支付一定的报酬。③提供一定的劳务。这是指经济法律关系主体的一方利用自己的设施和条件提供一定的劳务，满足对方的利益和要求，对方支付相应的报酬，如运输、仓储保管等，其结果表现为经济效益，不改变标的物的价值和使用价值。

3. 智力成果

经济法律关系客体的智力成果，是指存在于一定载体之中，具有一定经济价值，并且属于经济法保护范围的人们用脑力劳动所创造的无形财产。智力成果一般不具有直接的物的形态，但是它们是可以创造物质财富，产生经济效益的知识成果，其必备的条件是：①要有一定的载体，即能够为人们所认识、掌握的载体，如书籍、商标等；

②要有一定的现实的或可以实现的经济价值；③要由专门的经济法律、法规所认可。无形财富的种类很多，主要有专利、著作、专有技术、商标、技术改进方案、合理化建议、经营信息、生产经营标记等。智力成果虽然一般不具备物质形态，但也有使用价值和价值，因而又被称为无形财产。随着我国社会主义市场经济与国际市场经济的广泛衔接，智力成果作为一种特殊商品的地位和作用越来越重要，加强智力成果的交流及保护也就越来越迫切。随着人类经济活动的深入，劳动对象范围的日益扩大，经济法客体的范围也会不断扩大，海洋、天体、空气，甚至时间、空间都将以不同形式被纳入经济法客体范围。

（三）经济法律关系的内容

经济法律关系的内容是指经济法律关系主体享有的权利和承担的义务。这是经济法律关系的核心，直接体现了经济法律关系主体的利益和要求，因此，没有权利和义务的经济法律关系是不存在的。经济法律关系的权利和义务一旦确定之后，即受国家强制力的保护。

1. 经济权利

经济权利是指经济法律关系的主体在经济管理和经济协调关系中，依法具有的自己为一定行为或不为一定行为和要求他人为一定行为或不为一定行为的资格。它包括以下几个方面的含义。

（1）经济法律关系的主体在法定范围内依照自己的利益需要，根据自己的意志实施一定的经济行为。这一行为包括作为和不作为，前者指按其意志进行某种行为，如国家经济管理机关的宏观调控行为，企业的竞争行为；后者则是依其意志不进行某种行为，如企业有权拒绝任何摊派。

（2）经济法律关系的主体有权依法要求负有义务的人作出或不作出一定的行为，以实现自己的利益。例如，税务机关有权要求纳税人依法纳税；消费者有权要求商户提供符合产品质量要求的产品等。

（3）经济法律关系的主体在其合法权利受到侵害或不能实现时，有权依法请求国家有关机关给予强制力保护。权利的本质在于满足经济法律关系主体的经济利益。经济法律关系主体通过权利的行使，在实现自身利益的过程中，同时也实现了国家利益和社会利益。因此，经济利益是经济权利的实质和核心内容。

2. 经济义务

经济义务是指经济法律关系主体为了满足特定的权利主体的权利要求，在法律规定的范围内必须实施或不实施某种经济行为的约束。这是相对权利而存在的，是法律对经济法律关系主体行为的限制和约束。它包括以下几个方面的含义：①义务主体必须作出或者不作出一定行为。这一行为的目的在于满足权利主体的利益需要。②义务主体实施的义务行为是在法定的范围内进行的。超越法律规定的限度，义务主体则不受限制和约束。③义务主体不依法履行义务，就应承担相应的法律责任，受到法律的制裁。

三、经济法律关系的发生、变更、终止和保护

（一）经济法律关系的发生、变更和终止

经济法律关系的发生，是指由于一定法律事实的出现，在特定的经济法主体之间形成某种经济权利和经济义务关系。它是以经济法律规范的存在为前提条件的。但是，一般来说经济法律规范本身不产生经济法律关系，产生经济法律关系的原因是经济法律事实。例如，企业一旦成立，就与国家税务机关产生了依法纳税与征税的权利义务关系。因此，一种具体经济法律关系的发生，是经济法律规范和经济法律事实两者相结合的结果。经济法律关系的变更，是指由于一定法律事实的出现，引起原有的经济法律关系三个要素中一个以上要素发生变化，产生新的经济法律关系。在市场经济条件下，为了适应复杂多变的市场，经济法律关系主体、内容和客体作相应变更的情况经常发生。但这种变更，仍然是以经济法律规范为前提，以经济法律事实为依据。经济法律关系的终止，是指由于一定法律事实的出现，经济法律关系主体之间原来设立的经济权利和经济义务关系不复存在。一般情况下，它是在双方当事人实现经济权利和履行经济义务后就不再存在。另外，它也可以因不完全履行权利和义务关系而依法定程序终止。

（二）经济法律事实

经济法律关系的发生、变更或者终止，都必须以经济法律事实为依据。所谓经济法律事实，是指能够引起经济法律关系发生、变更终止的客观情况。例如，根据合同法律规定签订经济合同这一法律事实，就产生合同双方当事人之间的经济权利和经济义务的关系。如果遇到不可抗力的原因，造成合同不能履行或者只能部分履行时，那么，按合同法律规定，就可以变更或者解除经济合同，从而导致经济法律关系的变更和终止。引起经济法律关系发生、变更和终止的法律事实，可以根据是否包括当事人的主观意志，分为行为和事件两大类。

1. 行为

行为是人们有意识有目的的活动，目的在于直接或间接地产生预期的法律后果，如签订经济合同，达成贸易协定，基建施工等。行为按其性质，可以分为经济合法行为与经济违法行为两种。

（1）经济合法行为是指符合经济法律规范要求的行为。它由以下要件构成。

一是行为人必须具备经济法律关系主体的资格。这种资格就是经济法律关系主体必须具有权利能力和行为能力。不同的经济法律关系主体所具有的权利能力和行为能力也不同。这是经济行为合法有效的前提。

二是行为人的意思表示必须真实。所谓真实，就是指经济法律关系主体进行经济行为时所作的意思表示，应当是自己的真实意志。由于一方欺诈、胁迫，迫使对方违背真实意愿而进行的经济行为，都属于无效的经济行为。

三是行为人的行为内容必须合法。所谓合法，就是经济法律关系主体的经济行为的内容必须符合法律、行政法规的规定要求，或者与经济法律规范的规定不相抵触。同时，还不得违反国家利益或者社会公共利益。

四是行为人的行为必须具备法定形式。经济法律关系主体为经济合法行为时，必须采取一定的方式进行意思表示。在一般情况下，经济法律关系主体对经济法律行为采取何种形式，可以相互协商决定，有些情况则由法律直接规定。凡是法律规定必须采用书面形式或需要经过批准、鉴证、公证以及办理登记过户等手续的，均必须履行上述手续，否则无效。

（2）经济违法行为是指经济法律、法规所禁止的损害国家、集体和他人经济权利的行为。它不仅没有任何法律效力，而且还要受到法律的制裁。经济违法行为就其社会危害程度可分为两种：一种是严重的经济违法行为。这种行为是指触犯刑事法律、法规、构成犯罪的经济行为。另一种是一般的经济违法行为。这是指触犯行政管理法规和经济法规，只需追究经济责任和行政责任的经济违法行为。

2. 事件

事件是不以经济法律关系主体的意志为转移的客观事实，即与经济法律关系主体的意志无关的客观情况，也叫不可抗力。事件可能由自然现象引起，例如，地震、雪灾、水灾、台风等各种自然灾害的发生可以使财产所有权关系或合同关系变更或终止，也可以引起保险赔偿关系的发生，自然现象又称绝对事件。另外，事件也可能由社会现象引起，如战争的爆发、工人罢工、重大政策或法律的修改等。社会现象又叫相对事件，相对事件虽然由人的行为引起，但主要特征表现在它们的发生是不以当事人的意志为转移的，是不能预见和避免也不能够克服的客观情况。

在社会经济生活中，行为和事件这两类不同的法律事实，由于出现的原因不同，其社会效果和作用也有显著的区别。一般来说，行为是以对社会产生积极效果为主的，因此是处于主导和主动地位的法律事实；事件是以对社会产生消极作用为主的，因而是一种处于次要和被动地位的法律事实。

（三）经济法律关系的保护

经济法律关系的保护，就是国家依法严格监督经济法律关系的主体正确行使经济权利和切实履行经济义务，以及发生争议纠纷时要通过法定程序予以解决。

1. 经济法律关系的监督保护机构

（1）审计机构。审计机构代表国家行使审计监督权，对国家财政和企事业单位财务收支进行审计监督。审计机构有权向被审计单位索取、调阅各种专题报告、账册、凭证、报表、预决算文本、经济合同等资料；有权指派由审计员和其他人员组成的检查组，到审计单位进行必要的财务检查和经济效益的检查。国家保证审计活动的独立性，不受其他单位和个人的干涉。审计决定是审计检查的最终结论，具有法律效力，当事人应认真执行。在审计过程中如果发现需要追究刑事责任的，可移交司法机关审理。

（2）国家经济管理机关和其他职能部门。国家经济管理机关是指国务院主管经济工作的部委，均有权对全国的或所属的经济部门和经济组织进行经济监督，对违反国家经济法规并对经济建设造成损害的单位，有权依法对其进行处理，有权责令其停业整顿或关、停、并、转，并给予必要的行政制裁。其他职能部门，主要指审计、统计、会计、银行、财税、物价、环保、卫生等部门。这些部门的经济监督具有法律的强制力，对保证经济法的实施具有重要的意义。

（3）仲裁机构。双方当事人发生争议时，首先应协商解决，协商不成时，可根据双方的仲裁协议，由仲裁机构进行仲裁。

（4）经济审判机构，即人民法院的经济审判庭和森林法院、海事法院等专门法院。这些法院通过行使经济审判权，保护经济法主体的合法权益。

2. 保护经济法律关系的方法

经济法律关系保护的实质就在于保证经济法律关系权利与义务的实现，这是由经济法律关系的特点所决定的。因此，保护经济法律关系的方法也是多种多样的。

（1）追究经济责任。这是对违法的单位或个人进行经济制裁，是对经济权利进行保护的一项有效措施。制裁的形式主要有赔偿经济损失以及支付违约金、滞纳金、罚款、罚息、强制收购和没收财产等。

（2）追究行政责任。这是指对一般违反经济法的单位或个人所进行的处分。对单位的处分形式有警告、停业整顿、吊销营业执照等；对有关责任人员的处分形式有警告、记过、记大过、降级、降职、留用察看、开除公职等。

（3）追究刑事责任。这是指人民法院对违反经济法的情节严重的单位或者直接责任人员依法所给予的刑事制裁。根据我国现行法律的规定，凡是法人犯罪的，只对法人处以罚金，对责任人员则根据犯罪的性质，处以相应的刑罚。以上经济法律关系的保护方法，是通过行政保护和司法保护的手段实现的。

思考题

1. 经济法的概念、特征和调整对象是什么？
2. 试述我国经济法的基本原则。
3. 什么是经济法律关系？经济法律关系有哪些特征？
4. 经济法律关系的主体有哪些？简述经济法律关系的内容和客体。

案例分析题

［案例 1-1］某厂实行内部承包经营责任制，该厂员工赵师傅中标承包了某车间。赵师傅与厂方签订了承包合同，合同中规定了赵师傅承包的车间应完成的各项经济指标，允许赵师傅承包的车间对外独立开展经营活动，同时也规定了厂部必须保证供应该车间生产经营活动所需的原材料、电力、水等。试分析：该厂与赵师傅签订的承包合同的行为是否能够形成经济法律关系？

［分析］赵师傅承包的车间虽然属于工厂的内部组织，但能以自己的名义开展经营活动，独立承担责任，因此有资格成为经济法律关系主体，赵师傅与工厂签订的承包合同属于经济法律行为，在赵师傅与工厂之间能够形成经济法律关系。

［案例 1-2］2008 年 4 月，宁波市某企业向四川省某企业购买一套机器，并且签订了买卖合同，约定当年 6 月交货。但由于在合同履行之前四川发生强烈地震，该企业厂房倒塌，不能开工生产，无法履行合同。宁波市某企业据此解除了双方的买卖合同。请指出引起双方经济法律关系终止的法律事实是什么。

［分析］地震属于自然现象，因此致使企业厂房设备被破坏，导致企业无法履行合同，属于不可抗力，属于法律事实中的绝对事件。

［案例 1-3］2024 年国庆长假，上海的于某准备与妻子趁假期外出旅游。于某在报纸上查阅了不少旅行社登载的广告，决定选择新江旅行社提供的昆明大理五日游。于是，于某在 9 月 25 日亲自到新江旅行社办妥了手续，预约旅行时间为 10 月 2 日上午乘坐飞机去昆明，10 月 7 日上午飞回；在云南期间有空调大巴接送至旅馆及各景点；住宿条件为三星级宾馆、双人房；旅行社承担第一门票及三餐，每日餐费为 50 元/人；旅行社为每一名游客提供人身意外伤害险，保额为 2 万元；费用为 4500 元/人。于某当即付款 9000 元。10 月 2 日上午，参加旅行的游客来到指定地点，应到 45 人，实到 44 人，有一位叫方某的游客因昨夜打麻将突发脑梗死死亡。大家来到机场，不料由于机场有大雾，航班推迟了两个小时才起飞。到达昆明后，在机场又等了近两个小时，才开来了一辆大巴车，但未开空调。游客们表示不满，而司机则责怪是他们迟到违约在先。车至旅馆后，游客们发现该旅馆实为二星级宾馆，而且因是旅游旺季，在双人房里均加铺一张。游客们提出不满，但在旅游期间一直未能解决。在以后几天的旅游中，游客对景点游览时间太短、三餐价高质次等颇为不满。10 月 6 日，在去景点游览途中，游客与司机、导游又发生争执。司机竟然殴打游客，将于某等三人打伤。后在当地警方的干涉下，司机被治安拘留。结束这次不愉快的旅行回到上海后，游客们纷纷向新江旅行社和消费者协会投诉，于某等三人向保险公司要求赔偿。试问：本案例中有哪些法律事实及其引起的法律后果？

［分析］①于某等游客与新江旅行社约定昆明大理五日游，这是合法行为，引起了游客与旅行社之间的旅游劳务法律关系的发生，受到法律法规的保护。②10 月 2 日上

午飞机误点是因为机场大雾，是自然现象引起了乘客与航空公司的运输法律关系发生变更（时间延后）。这种绝对事件往往被认为是不可抗力，当事人都无过错，所以任何一方均不应承担责任。③游客方某在旅行前死亡，他与旅行社的法律关系随之终止，他的死亡不是他自己和旅行社所能决定的，是绝对事件。④游客们到达云南后，旅行社未提供原先约定的住宿、就餐及出行条件，是违约行为，应当承担违约责任。如果旅游合同中已约定过违约责任，就按约定；若没有约定，按照《中华人民共和国民法典》（以下简称《民法典》）和《中华人民共和国消费者权益保护法》等的规定，也要承担赔礼道歉、赔偿等责任。⑤司机殴打游客是违法行为，侵犯了他人人身权利，应受到法律制裁。⑥受伤的游客可以向保险公司请求保险金。保险赔偿关系的发生需要订立保险合同和发生保险事故两个法律事实出现才能成立。本案中以上两个事实均已出现，所以引起了保险赔偿关系的发生。保险公司赔偿后，可以向加害人追偿。受伤的游客也可直接要求新江旅行社给予损害赔偿，因为导游、司机都是旅行社的雇用人员，他们在行使职务时给第三人造成的损害，应由旅行社承担后果。

第二章　公司法

学习目标

【知识目标】

1. 明确公司的概念、特征、分类和设立条件。
2. 掌握公司的设立、组织机构，股权转让和股份的发行与转让的法律规定。
3. 掌握公司董事、监事、高级管理人员任职资格的法律规定。
4. 掌握公司债券、公司财务与会计及公司的合并、分立、清算的法律规定。
5. 了解违反《中华人民共和国公司法》的法律责任的相关规定。

【能力目标】

1. 确保公司的经营活动符合国家法律法规的要求，避免因违法行为导致的法律责任和风险。

2. 建立有效的纠纷解决机制，及时处理公司内部和外部的法律纠纷，维护公司的正常运营。

【素质目标】

1. 通过学习公司法，树立正确的价值观，理解并尊重法律的权威性和公正性，培养对法治社会的信仰和追求。

2. 公司法的学习不仅仅是为了个人的职业发展，更是为了服务社会、贡献国家。通过学习公司法，增强社会责任感，认识到每个人在社会中的角色和使命。

3. 公司法涉及众多商业活动和交易行为，要求从业者具备高度的职业道德水平。通过学习公司法，可以了解并遵守商业伦理和道德规范，提高职业道德水平。

案例引入

某有限责任公司有4位股东，该公司没有设立董事会和监事会。股东甲持有40%的股份，担任公司执行董事；股东乙持有30%的股份，担任公司监事；股东丙持有20%的股份；股东丁持有10%的股份。2024年9月1日，股东甲提议召开临时股东会，审议事项是：为股东乙提供担保。全体股东出席了临时股东会，虽然股东丁反对，但是股东会还是通过了该项决议。为此，股东丁要求公司按照合同的价格收购其股权，退出公司。根据上述事实及有关法律规定，回答下列问题：

(1) 股东甲是否有权提议召开临时股东会?

(2) 股东会通过提供担保的决议是否符合法律规定?

(3) 股东丁要求退出公司是否符合法律规定?

第一节 公司法概述

一、公司的特征与分类

(一) 公司的概念和特征

公司是指依照法定的条件与程序设立的、以盈利为目的,由股东投资形成的企业法人。一般而言,公司具有四个基本的法律特征。

1. 依法设立

公司必须依法定条件、法定程序设立,即一方面要求公司的设立条件、组织机构、活动原则等合法;另一方面要求公司设立要经过法定程序,进行工商登记。有的公司设立,还必须符合其他行业特别法律规定,如商业银行法、保险法等。

2. 以盈利为目的

以盈利为目的,是指股东即出资者设立公司的目的是盈利,即从公司经营中取得利润。因此,盈利的目的不仅要求公司本身为盈利而活动,而且要求公司有盈利时应当分配给股东,并且这种盈利活动应当是连续的,而不是一次性的、间歇性的。

3. 以股东投资行为为基础设立公司

公司由股东的投资行为设立。股东投资行为形成的权利是股权。股权是一种独立的特殊权利,不同于所有权,也不同于经营权,更不同于债权。公司股东依法享有资产受益、参与重大决策和选择管理者等权利。

4. 具有法人资格

法人是指依法成立的,具有民事权利能力和民事行为能力,能够依法独立承担民事责任的组织。公司是企业法人,能够独立地承担责任,即股东以其出资额或所持股份为限对公司债务承担有限责任,公司以其全部财产为限对其债务承担责任。

(二) 公司的分类

根据不同的标准,对公司可以有不同的分类。

1. 以公司股东的责任范围为标准分类

以公司股东的责任范围为标准分类,可将公司分为无限责任公司、股份两合公司、股份有限公司和有限责任公司。无限责任公司指公司以全部资产对公司债务承担责任,股东对公司债务承担无限连带责任的公司。股份两合公司是指由部分对公司债务负无限连带责任的股东和部分以所持任的公务承担有限责任的股东共同组建的公司。股份有限公司是指公司由一定以上人数组成，公司全部资本划分为等额股份，股东以认购的股份为限对公司承担责任，公司以其全部财产对公司债务承担责任的公司。有限责任公司是指股东以其出资额为限对公司承担责任，公司以其全部资产对公司债务承担责任的公司。《中华人民共和国公司法》（以下简称《公司法》）规定，我国只可以设立股份有限公司和有限责任公司。

2. 以公司股份转让方式为标准分类

以公司股份转让方式为标准分类，可将公司分为开放式公司、封闭式公司。

（1）开放式公司的特征有如下几个。①股东没有最高人数的限制；②可以向社会公开筹集资本；③经营状况、财务状况必须向社会公开；④股份的转让是自由的。

（2）封闭式公司的特征有如下几个。①股东有最高人数的限制；②不可以向社会公开筹集资本；③经营状况、财务状况无须向社会公开；④股份的转让不是自由的。我国《公司法》中的有限责任公司属于封闭式公司，股份有限公司中的上市公司是开放式公司。

3. 以公司的信用基础为标准分类

以公司的信用基础为标准，即以公司的交易信用来源和责任承担依据为标准分类，可将公司分为人合公司、资合公司以及人合兼资合公司。人合公司是指公司的经营活动以股东个人信用而非公司资本的多寡为基础的公司。人合公司的对外信用主要取决于股东个人的信用状况，所以人合公司的股东之间通常存在特殊的人身信任或人身依附关系。无限责任公司是典型的人合公司。资合公司是指公司的经营活动以公司的资本规模而非股东个人信用为基础的公司。由于资合公司的对外信用和债务清偿保障主要取决于公司的资本总额及其现有财产状况，因此，为防止公司由于资本不足而损害公司债权人利益，各国法律都对资合公司的设立和运行作了较严的规定，如强调最低注册资本额、法定公示制度等。股份有限公司是典型的资合公司。人合兼资合公司是指公司的设立和经营同时依赖于股东个人信用和公司资本规模，从而兼有两种公司的特点。部分有限责任公司属于以人合为主但兼资合性质的公司。

4. 以公司相互之间的法律上的关系为标准分类

以公司相互之间的法律上的关系为标准分类，可将公司分为总公司与分公司、母公司与子公司。总公司又称本公司，是指依法设立并管辖公司全部组织的具有企业法人资格的总机构。总公司通常先于分公司而设立，在公司内部管辖系统中，处于领导、支配地位。分公司是指在业务、资金、人事等方面受本公司管辖而不具有法人资格的分支机构。分公司不具有法律上和经济上的独立地位，但其设立程序简单。我国《公司法》第13条第2款规定：“公司可以设立分公司。分公司不具有法人资格，其民事责任由公司承担。”母公司是指拥有其他公司一定数额的股份或根据协议，能够控制、支配其他公司的人事、财务、业务等事项的公司。母公司最基本的特征，不在于是否持有子公司的股份，而在于是否参与子公司业务经营。子公司是指一定数额的股份被另一公司控制或依照协议被另一公司实际控制、支配的公司。子公司具有独立法人资格，拥有自己所有的财产，自己的公司名称、章程和董事会，对外独立开展业务和承担责任。涉及公司利益的重大决策或安排，仍要由母公司决定。我国《公司法》第 13 条第 1 款规定：“公司可以设立子公司，子公司具有法人资格，依法独立承担民事责任。”

5. 以公司的国籍为标准分类

以公司的国籍为标准分类，可将公司分为本国公司、外国公司和跨国公司。依照我国《公司法》的规定，允许外国公司和跨国公司在中国境内设立分支机构，从事生产经营活动，但外国公司和跨国公司属于外国法人，其在中国境内设立的分支机构不具有中国法人资格，该分支机构在中国境内进行经营活动而产生的民事责任，由其所属外国公司承担。

二、公司法的概念和公司的登记管理

1. 公司法的概念

公司法的概念有广义、狭义之分。广义上的公司法，是指规定各种公司的设立、组织、活动、解散以及公司对内对外关系的法律规范的总称，包括涉及公司的所有法律、法规，如《公司法》《中华人民共和国市场主体登记管理条例》等。狭义上的公司法，专指《中华人民共和国公司法》。公司法的概念可表述为：规定公司的设立、组织、运营、变更、解散、股东权利与义务和其他公司内部、外部关系的法律规范的总称。最新修订的《公司法》于 2023 年 12 月 29 日由第十四届全国人民代表大会常务委员会第七次会议表决通过，自 2024 年 7 月 1 日起施行。

2. 公司的登记管理

公司登记是国家赋予公司法人资格与企业经营资格，并对公司的设立、变更、终止加以规范、公示的一种行政行为。根据《公司法》规定，设立公司应当依法向公司登记机关申请设立登记。符合《公司法》规定的设立条件的，由公司登记机关分别登记为有限责任公司或者股份有限公司；不符合《公司法》规定的设立条件的，不得登记为有限责任公司或者股份有限公司。法律、行政法规规定设立公司必须报经批准的，应当在公司登记前依法办理批准手续。公众可以向公司登记机关申请查询公司登记事项，公司登记机关应当提供查询服务。此外，公司登记机关要在每年的 3 月 1 日至 6 月 30 日对公司进行年度检验。公司应当按《公司法》规定，向公司登记机关提交年度检验报告书、年度资产负债表、利润表和企业法人营业执照。

三、公司的法人财产权与公司股东权利

（一）公司的法人财产权

《公司法》第 3 条规定：“公司是企业法人，有独立的法人财产，享有法人财产

权。公司以其全部财产对公司的债务承担责任。”有限责任公司的股东以其认缴的出资额为限对公司承担责任；股份有限公司的股东以其认购的股份为限对公司承担责任。公司的法定代表人依照公司章程的规定，由代表公司执行公司事务的董事或者经理担任。担任法定代表人的董事或者经理辞任的，视为同时辞去法定代表人。法定代表人辞任的，公司应当在法定代表人辞任之日起30日内确定新的法定代表人。为保护公司的财产及股东的权益，《公司法》对公司法人财产权的行使作了以下限制性规定。

1. 对外担保

公司向他人提供担保，按照公司章程的规定，由董事会或者股东会、股东大会决议，总经理、董事长无权决定；公司章程对投资或担保的总额及单项投资或者担保的数额有限额规定的，不得超过规定的限额。公司为公司股东或者实际控制人提供担保的，必须经股东会或者股东大会决议。公司实际控制人是指虽不是股东，但通过投资关系、协议或其他安排，能够实际支配公司行为的人。接受担保的股东或者受实际控制人支配的股东，不得参加上述事项的表决。该项表决由出席会议的其他股东所持表决权过半数通过。

2. 对外投资或借款

公司可以向其他企业投资，除法律另有规定外，公司不得成为对所投资企业的债务承担连带责任的出资人。公司向其他企业投资，按照公司章程的规定，由董事会或者股东会、股东大会决议。非经股东大会或股东会的批准同意，总经理、董事长不能将公司资金借贷给他人。

（二）公司的股东权利

《公司法》第4条第2款规定：“公司股东对公司依法享有资产收益、参与重大决策和选择管理者等权利。”股东是持有公司股份或出资的人，股东权是基于股东资格而享有的权利。对股东权利可以依据不同的标准进行分类。最主要的分类，是以股东权行使的目的是为全体股东共同利益还是为股东个人利益为标准，将股东权利分为共益权和自益权。共益权是股东依法参加公司事务的决策和经营管理的权利，它是股东基于公司利益同时兼为自己的利益而行使的权利，包括股东大会参加权、提案权、质询权，在股东大会上的表决权、选举权和被选举权，累积投票权，股东大会召集请求权和自行召集权，了解公司事务、查阅公司账簿和其他文件的知情权，提起诉讼权等权利。自益权是股东仅以个人利益为目的而行使的权利，即依法从公司取得利益、财产或处分自己股权的权利，主要为股利分配请求权、剩余财产分配权、新股认购优先权、股份质押权和股份转让权等。为保护股东权益，《公司法》规定，公司股东会或者股东大会、董事会的决议内容违反法律、行政法规的无效。股东会或者股东大会、董事会的会议召集程序、表决方式违反法律、行政法规或者公司章程，或者决议内容违反公司章程的，股东可以自决议作出之日起60日内请求人民法院撤销。公司股东滥用公司法人独立地位和股东有限责任，逃避债务，严重损害公司债权人利益的，应当对公司债务承担连带责任。

第二节 有限责任公司

一、有限责任公司的概念和设立

（一）有限责任公司的概念

有限责任公司是指依据《公司法》设立的，由法定数额的股东出资组成，股东以其出资额为限对公司承担责任，公司以其全部资产对公司债务承担责任的企业法人组织。有限责任公司又可称为有限公司，是一种较为灵活的市场经济主体，比其他形式的公司产生得晚。有限责任公司的股东因负有限责任，克服了无限公司股东所负责任太重的缺点。有限责任公司股东数额受法律限制，股份不得随意转让，比之股份有限公司，股东较易控制。而且有限责任公司的设立也没有股份有限公司那么烦琐，一般适合于中小企业。

（二）有限责任公司的设立条件

设立有限责任公司，应当具备下列条件。

1. 股东符合法定人数

我国《公司法》规定，有限责任公司由 50 个以下股东出资设立。股东可以是自然人，也可以是法人或者其他经济组织。有限责任公司的股东人数没有下限规定，允许设立一人有限责任公司和国有独资公司。

2. 认缴出资要求

全体股东必须按照公司章程的规定认缴各自的出资额，这是股东对公司承担有限责任的基础。虽然现行《公司法》取消了最低注册资本的要求，但股东仍需承诺并最终完成出资。

3. 出资形式

有限责任公司的股东可以用货币出资，也可以以实物、知识产权、土地使用权等可用货币估价以及可依法转让的非货币财产作价出资，但是，股东不得以劳务、信用、自然人姓名、商誉、特许经营权或者设定担保的财产等作价出资。全体股东的货币出资额不得低于有限责任公司注册资本的 30%。有限责任公司成立后，发现作为设立公司出资的非货币财产的实际价额显著低于公司章程所定价额的，应当由交付该出资的股东补足其差额，公司设立时的其他股东承担连带责任。

4. 股东共同制定公司章程

章程是记载公司组织活动基本准则的公开性法律文件。有限责任公司的章程由股东共同制定，股东应当在公司章程上签名、盖章。公司章程对公司、股东、董事、监事、高级管理人员具有约束力。高级管理人员是指公司的经理、副经理、财务负责人、上市公司董事会秘书和公司章程规定的其他人员。有限责任公司的公司章程应当载明下列事项：①公司名称和住所；②公司的经营范围；③公司的注册资本；④股东的姓名或者名称；⑤股东的出资方式、出资额和出资时间；⑥公司的机构及其产生办法、职权、议事规则；⑦公司的法定代表人；⑧股东会会议认为需要规定的其他事项。

5. 有公司名称，建立符合有限责任公司要求的组织机构

公司只能使用一个名称。有限责任公司必须在公司的名称中标明“有限责任公司”或者“有限公司”的字样。公司应当设立符合有限责任公司要求的组织机构，即股东会、董事会或执行董事、监事会或监事。

6. 有公司住所

任何公司都必须有其固定的住所，不允许设立无住所的公司。公司以其主要办事机构所在地为住所。公司的住所只能有一个。

（三）有限责任公司的设立程序

有限责任公司是一种非公众性、封闭性的法人，其设立只能以发起设立为限，而不能采取募集设立方式。有限责任公司的设立主要有以下程序。

1. 订立公司章程

股东设立有限责任公司，必须先订立公司章程，将要设立的公司的基本情况以及各方面的权利与义务进行明确规定。

2. 股东缴纳出资

股东应当按期缴纳公司章程中规定的各自所认缴的出资额。股东以货币出资的，应当将货币出资足额存入有限责任公司在银行开设的账户。以非货币出资的，应当对作为出资的非货币财产评估作价，并且依法办理财产权的转移手续。股东不按照规定缴纳出资的，除应当足额缴纳外，还应当向已按期足额缴纳出资的股东承担违约责任。当股东完成出资后，公司有义务向股东出具出资证明书，并将股东的姓名或名称、缴纳的出资额和出资日期等记载于股东名册中，同时向股东发放出资证明书。

3. 申请设立登记

（1）确定公司类型与名称。首先，需要确定要设立的公司类型（如有限责任公司、股份有限公司等），并拟定几个公司名称作为备选。公司名称应当符合国家有关规定，避免与已有公司重名，并且能够体现公司的业务性质和特点。

（2）制定公司章程。公司章程是规定公司内部管理和运作的基本文件，它由所有股东共同制定并签署。章程中应明确公司的基本信息、股东的权利和义务、利润分配方式等重要事项。

（3）准备必要文件。除了公司章程外，还需要准备其他必要的文件，如股东会决

议、董事会决议（如果适用）、监事会决议（如果适用）等。这些文件应当真实、合法、有效，并符合相关法律法规的要求。

（4）提交申请材料。公司将准备好的申请材料提交给当地的市场监督管理部门或行政审批部门进行审核。申请材料通常包括公司设立申请书、公司章程、股东身份证明、注册资本证明等。

（5）领取营业执照。如果申请材料齐全且符合要求，市场监督管理部门或行政审批部门将核发营业执照。营业执照是公司合法经营的凭证，上面载明了公司的名称、住所、法定代表人、注册资本、经营范围等信息。

（6）刻制印章。在领取营业执照后，公司需要刻制正式的公章、财务章等印章，以便在日后的经营中使用。

（7）开设银行账户。公司还需要到银行开设基本存款账户，用于日常的资金收付和结算。

（8）税务登记。公司需要在领取营业执照后的一定时间内，到税务部门办理税务登记手续，领取税务登记证，并开始履行纳税义务。

不同地区的具体要求和流程可能有所不同，因此在申请设立登记前，建议咨询当地的市场监督管理部门或行政审批部门以获取准确的信息和指导。

二、有限责任公司的组织机构

公司组织机构又称公司机关，有限责任公司的组织机构包括股东会、董事会（执行董事）、经理及监事会（监事），但其设置较股份有限公司更灵活。

（一）股东会

1. 股东会的性质和职权

有限责任公司的股东会由全体股东组成。股东会是公司的权力机构，但一人有限责任公司和国有独资公司不设股东会。有限责任公司的股东会行使下列职权：①决定公司的经营方针和投资计划；②选举和更换非由职工代表担任的董事、监事，决定有关董事、监事的报酬事项；③审议批准董事会的报告；④审议批准监事会或者监事的报告；⑤审议批准公司的年度财务预算方案、决算方案；⑥审议批准公司的利润分配方案和弥补亏损方案；⑦对公司增加或者减少注册资本作出决议；⑧对发行公司债券作出决议；⑨对公司合并、分立、解散、清算或者变更公司形式作出决议；⑩修改公司章程；⑪公司章程规定的其他职权。对上述事项股东以书面形式一致表示同意的，可以不召开股东会会议，直接作出决定，并由全体股东在决定文件上签名、盖章。

2. 股东会的形式与召开

股东会会议分为定期会议和临时会议。定期会议依照公司章程的规定按时召开。临时会议是在公司章程规定的会议时间以外召开的会议。有权提议召开临时会议的人员有：代表 1/10 以上表决权的股东；1/3 以上的董事会、监事会或者不设监事会的公司的监事。提议召开临时股东会议的，应当在 2 个月内召开。首次股东会会议由出资最多的股东召集和主持，依照法律规定行使职权。以后的股东会会议，设立董事会的，由董事会召集，董事长主持。公司不设董事会的，股东会议由执行董事召集和主持。董事长不能或者不履行职务的，由副董事长主持；副董事长不能或者不履行职务的，由监事会或不设监事会的公司的监事主持；监事会或者监事不履行职务的，代表 1/10 以上表决权的股东可以自行主持。召开股东会会议，应当于会议召开 15 日前通知全体股东，但公司章程另有规定或者全体股东另有约定的除外。股东会应当对所议事项的决定作会议记录，并且出席会议的股东应当在会议记录上签名。

3. 股东会决议的通过

股东会会议由股东按照出资比例行使表决权，但公司章程另有规定的除外。股东会的议事方式和表决权，除《公司法》有规定的以外，由公司章程来规定。股东会会议作出修改公司章程、增加或者减少注册资本的决议，以及公司合并、分立、解散或者变更公司形式的决议，必须经代表 2/3 以上表决权的股东通过。

（二）董事会（执行董事）

1. 董事会的设置与组成

董事会是依法由股东会选举产生的董事组成，代表公司并行使经营决策的常设机关。董事会是公司股东会的执行机构，对股东会负责。有限责任公司设董事会，其成员为 3 人以上。2 个以上的国有企业或者 2 个以上的其他国有投资主体投资设立的有限责任公司，其董事会成员中应当有公司职工代表；其他有限责任公司董事会成员中也可以有公司职工代表。董事会中的职工代表由公司职工通过职工代表大会、职工大会或者其他形式民主选举产生。董事会设董事长 1 人，可以设副董事长。董事长、副董事长的产生办法由公司章程规定。股东人数较少或者规模较小的有限责任公司可以不设董事会，而设 1 名执行董事。董事任期由公司章程规定，但董事每届任期不得超过 3 年。董事任期届满，连选可以连任。董事任期届满未及时改选，或者董事在任期内辞职导致董事会成员低于法定人数的，在改选出的董事就任前，原董事仍应当依照法律、行政法规和公司章程的规定履行董事职务。

2. 董事会的职权

董事会行使下列职权：①召集股东会议，并向股东会报告工作；②执行股东会的决议；③决定公司的经营计划和投资方案；④制定公司的年度财务预算方案、决算方案；⑤制定公司的利润分配方案和弥补亏损方案；⑥制定公司增加或者减少注册资本以及发行公司债券的方案；⑦制定公司合并、分立、解散或者变更公司形式的方案；⑧决定公司内部管理机构的设置；⑨决定聘任或者解聘公司经理及其报酬事项，并根据经理的提名决定聘任或者解聘公司副经理、财务负责人及其报酬事项；⑩制定公司的基本管理制度；⑪公司章程规定的其他职权。

3. 董事会会议方式和表决程序

董事会会议由董事长召集和主持；董事长不能履行职务或者不履行职务的，由副董事长召集和主持；副董事长不能履行职务或者不履行职务的，由半数以上董事共同推举一名董事召集和主持。董事会的议事方式和表决程序，除《公司法》有规定的外，由公司章程规定。董事会决议的表决，实行一人一票。董事会应对所议事项的决定作成会议记录，出席会议的董事应当在会议记录上签名。股东人数较少或者规模较小的有限责任公司，可以设一名执行董事，不设董事会。执行董事可以兼任公司经理。执行董事的职权由公司章程规定。

（三）经理

有限责任公司的经理不是必设机构，而是选设机构。有限责任公司设经理时，由董事会决定聘任或解聘。经理对董事会负责，行使下列职权：①主持公司的生产经营管理工作，组织实施董事会决议；②组织实施公司的年度经营计划和投资方案；③拟定公司内部管理机构设置方案；④拟定公司的基本管理制度；⑤制定公司的具体规章；⑥提请聘任或者解聘公司的副经理、财务负责人；⑦决定聘任或者解聘除应由董事会决定聘任或者解聘以外的负责管理人员；⑧董事会授予的其他职权。经理列席董事会会议。公司章程对经理职权另有规定的，从其规定。

（四）监事会（监事）

1. 监事会的组成

有限责任公司设监事会，其成员不得少于 3 人。股东人数较少或者规模较小的有限责任公司，可以设 1 名监事，不设监事会。监事会应当包括股东代表和适当比例的公司职工代表，其中职工代表的比例不得低于 1/3，具体比例由公司章程规定。监事会中的职工代表由公司通过职工代表大会、职工大会或者其他形式的民主选举产生。董事、高级管理人员不得兼任监事。监事会设主席 1 人，由全体监事过半数选举产生。监事会主席召集和主持监事会会议；监事会主席不能履行职务或者不履行职务的，由半数以上的监事共同推举一名监事召集和主持监事会会议。监事的任期每届为 3 年。监事任期届满，连选可以连任。监事任期届满未及时改选，或者监事在任期内辞职导致监事会成员低于法定人数的，在改选出的监事就任前，原监事仍应当依照法律、行政法规和公司章程的规定履行监事职务。

2. 监事会的职权

监事会、不设监事会的公司的监事可行使下列职权：①检查公司财务；②对董事、高级管理人员执行公司职务的行为进行监督，对违反法律、行政法规、公司章程或者股东会决议的董事、高级管理人员提出罢免的建议；③当董事、高级管理人员的行为损害公司的利益时，要求董事、高级管理人员予以纠正；④提议召开临时股东会议，在董事会不履行《公司法》规定的召集和主持股东会议职责时召集和主持股东会议；⑤向股东会议提出提案；⑥依照《公司法》的规定，对董事、高级管理人员提起诉讼；⑦公司章程规定的其他职权。除此之外，监事会、不设监事会的公司的监事发现公司经营情况异常，可以进行调查；必要时，可以聘请会计师事务所等协助其工作，费用由公司承担。监事可以列席董事会会议，并对董事会决议事项提出质询或者建议。

3. 监事会的议事方式和表决程序

监事会每年度至少召开 1 次会议，监事可以提议召集临时监事会会议。监事会的议事方式和表决程序，除《公司法》有规定的外，由公司章程规定。监事会决议应当经半数以上的监事通过。监事会应当对所议事项的决定作会议记录，出席会议的监事应当在会议记录上签名。

三、有限责任公司的股权转让

有限责任公司作为人合兼资合的公司，其股东转让股权受到一定的法律限制。

1. 股东对内转让股权

《公司法》规定，有限责任公司的股东之间可以相互转让其全部或部分股权。股东之间转让股权，无须通知其他股东或取得其他股东同意。

2. 股权的对外转让

股东向股东以外的人转让股权，应当经其他股东过半数同意。股东应就其股权转让事项书面通知其他股东，征求同意，其他股东自接到书面通知之日起满 30 日未答复的，视为同意转让。其他股东半数以上不同意转让的，不同意的股东应当购买该转让的股权；不购买的，视为同意转让。经股东同意转让的股权，在同等条件下，其他股东有优先购买权。2 个以上股东主张行使优先购买权的，协商确定各自的购买比例；协商不成的，按照转让时各自的出资比例行使优先购买权。公司章程对股权转让另有规定的，从其规定。

3. 股权的强制执行转让

人民法院依照法律规定的强制执行程序转让股东的股权时，应当通知公司及全体股东，其他股东在同等条件下有优先购买权。其他股东自人民法院通知之日起满 20 日不行使优先购买权的，视为放弃优先购买权。

4. 收购股权

收购股权是指股东向公司出售股权。《公司法》第 89 条规定："有下列情形之一的，对股东会该项决议投反对票的股东可以请求公司按照合理的价格收购其股权：①公司连续 5 年不向股东分配利润，而公司该 5 年连续盈利，并且符合本法规定的分配利润条件；②公司合并、分立、转让主要财产；③公司章程规定的营业期限届满或者章程规定的其他解散事由出现，股东会通过决议修改章程使公司存续。自股东会决议作出之日起六十日内，股东与公司不能达成股权收购协议的，股东可以自股东会决议作出之日起九十日内向人民法院提起诉讼。”

5. 股权的继承

自然人股东死亡后，其合法继承人可以继承股东资格；但是，公司章程另有规定的除外。

四、国家出资公司组织机构的特别规定

（一）概念

国家出资公司，是指国家出资的国有独资公司、国有资本控股公司，包括国家出资的有限责任公司、股份有限公司。

（二）出资人职责

国家出资公司由国务院或者地方人民政府分别代表国家依法履行出资人职责，享有出资人权益。国务院或者地方人民政府可以授权国有资产监督管理机构或者其他部门、机构代表本级人民政府对国家出资公司履行出资人职责。国家出资公司的党组织，按照中国共产党章程的规定发挥领导作用，研究讨论公司重大经营管理事项，支持公司的组织机构依法行使职权。

（三）特别规定

国有独资公司，是指国家单独出资、由国务院或者地方人民政府委托本级人民政府国有资产监督管理机构履行出资人职责的有限责任公司。

国有独资公司不设股东会，由履行出资人职责的机构行使股东会职权。履行出资人职责的机构可以授权公司董事会行使股东会的部分职权，但公司章程的制定和修改，公司的合并、分立、解散、申请破产，增加或者减少注册资本，分配利润等重大事项，应当由履行出资人职责的机构决定。

国有独资公司的董事会成员中，应当过半数为外部董事，并应当有公司职工代表。董事会成员由履行出资人职责的机构委派；但是，董事会成员中的职工代表由公司职工代表大会选举产生。董事会设董事长一人，可以设副董事长。

国有独资公司的经理由董事会聘任或者解聘。经履行出资人职责的机构同意，董事会成员可以兼任经理。

国有独资公司的董事、高级管理人员，未经履行出资人职责的机构同意，不得在其他有限责任公司、股份有限公司或者其他经济组织兼职。

国有独资公司在董事会中设置由董事组成的审计委员会行使《公司法》规定的监事会职权的，不设监事会或者监事。

第三节　股份有限公司

一、股份有限公司的概念和特征

股份有限公司是指全部注册资本由等额股份构成并通过发行股票（或股权证）筹集资本，公司以其全部资产对公司债务承担有限责任的企业法人。股份有限公司与有限责任公司相比有如下特征。

1. 两种公司的成立条件和募集资金方式不同

有限责任公司的成立条件比较宽松灵活，股份有限公司的成立条件比较严格复杂；有限责任公司只能由发起人集资，不能向社会公开募集资金，股份有限公司可以向社会公开募集资金。

2. 两种公司的股份转让难易程度不同

在有限责任公司中，股东转让自己的出资有严格的要求，受到的限制较多，比较困难；在股份有限公司中，股东转让自己的股份比较自由，比有限责任公司灵活。

3. 两种公司的股权证明形式不同

在有限责任公司中，股东的股权证明是出资证明书，出资证明书不能转让、流通；在股份有限公司中，股东的股权证明是股票，股票是股东所持股份的凭证，股票可以转让、流通。

4. 两种公司的股东会、董事会权限大小和两权分离程度不同

在有限责任公司中，由于股东人数有上限且相对来说比较少，召开股东会等也比较方便，因此股东会的权限较大，董事一般是由股东自己兼任的，在所有权和经营权的分离上，程度较低；在股份有限公司中，由于股东人数较多且分散，召开股东会比较困难，股东会的议事程序也比较复杂，所以股东会的权限有所限制，董事会的权限较大，在所有权和经营权的分离上，程度也比较高。

5. 两种公司的财务状况的公开程度不同

在有限责任公司中，由于公司的人数有限，财务会计报表可以不经过注册会计师的审计，也可以不公告，只要按照规定期限送交各股东就行了，是封闭式公司；在股份有限公司中，由于股东人数众多很难分类，所以会计报表必须经过注册会计师的审计并出具报告，还要存档以便股东查阅，其中以募集设立方式成立的股份有限公司，还要公告其财务会计报告，是开放式公司。

二、股份有限公司的设立

（一）股份有限公司的设立方式

股份有限公司的设立，可以采取发起设立或募集设立的方式。发起设立，是指由

发起人认购公司应发行的全部股份而设立的公司。募集设立是指由发起人认购公司应发行股份的一部分，其余股份向社会公开募集或向特定对象募集而设立的公司。以募集设立方式设立股份公司的，发起人认购的股份不得少于公司章程规定的公司设立时应发行股份总数的35%。但是，法律另有规定的，从其规定。

1. 发起人的概念

发起人是指为设立公司而依照法定条件和程序进行筹办事务并享有法定权利和承担法定义务的人，包括企业法人和个人。发起人在进行公司设立行为过程中，应当签订发起人协议，提出设立公司申请，认购公司出资或者股份，明确各自在公司设立过程中的权利和义务。发起人在公司设立过程中的相互关系属于合伙性质的关系，其权利、义务、责任可以适用合伙企业的有关规定。

2. 发起人的责任

在设立公司的过程中，发起人应当承担下列责任。

（1）费用责任。在公司不能成立的情况下，发起人需对设立行为所产生的债务和费用负连带责任。这意味着如果公司在筹备过程中产生了任何费用或债务，且最终未能成功注册为法人实体，那么这些费用和债务将由所有发起人共同承担。

（2）返还股款责任。如果公司未能成立，发起人还需返还认股人已缴纳的股款，并加算银行同期存款利息。这是为了保护投资者的利益，确保他们在公司设立失败时不会遭受经济损失。

（3）损害赔偿责任。在公司设立过程中，如果由于发起人的过失导致公司利益受损，发起人需对公司承担赔偿责任。这种损害赔偿责任是基于过错原则，即只有在发起人存在主观过失的情况下，才需要承担责任。

（4）出资补缴责任。对于以实物、工业产权、非专利技术或土地使用权等非货币财产出资的发起人，如果其实际价额显著低于公司章程所定价额，该发起人需补交差额，且公司设立时的其他股东对其承担连带责任。

（5）抽逃出资责任。如果发起人在公司设立后抽逃出资，除了需要补回抽逃的资金外，还可能面临按抽逃资金数额处以一定比例罚款的处罚。

（二）股份有限公司的设立条件

1. 发起人符合法定人数

《公司法》第九十二条规定："设立股份有限公司，应当有一人以上二百人以下为发起人，其中应当有半数以上的发起人在中华人民共和国境内有住所。"同时，允许一人设立股份有限公司。

2. 发起人认购和募集的股本达到法定注册资本

《公司法》引入了授权资本制，允许公司章程或者股东会授权董事会发行股份，同时要求发起人全额缴纳股款。这意味着股份有限公司在成立时，发起人需要全额实缴其认购的股份。

根据《公司法》的规定，股份有限公司注册资本的最低限额为人民币 500 万元。这一规定确保了公司具有一定的资本实力和偿债能力，保护了债权人的利益。

3. 股份发行符合法律规定

股份的发行是指股份有限公司在设立时为了筹集公司资本，出售和募集股份的法律行为。设立阶段的发行分为发起设立发行和募集设立发行两种。

4. 发起人制定公司章程，采用募集方式设立的经创立大会通过

股份有限公司的章程是股份有限公司的重要文件，其中规定了公司最重要的事项，它不仅是设立公司的基础，也是公司及其股东的行为准则。股份有限公司应当将公司章程、股东名册、股东大会会议记录、财务会计报告置备于公司，并允许股东查阅这些文件。因此，公司章程虽然由发起人制定，但以募集设立方式设立股份有限公司的，必须召开由认股人组成的创立大会，并经创立大会决议通过。

5. 有公司名称和组织机构

设立股份有限公司，应当具备公司名称、明确的公司经营范围、合格的发起人、有符合公司章程规定的全体发起人认缴的出资额、股份发行事项、筹办事项、公司章程以及公司住所等条件。另外，最新修订的《公司法》还新增了股份有限公司可设立审计委员会的规定，审计委员会行使监事会的职权，不设监事会或者监事。

（三）股份有限公司的设立程序

发起设立方式的程序：①发起人书面认购公司章程规定的股份；②缴纳出资，章程规定一次缴纳的，应缴纳全部出资；章程规定分期缴纳的，应缴纳首期出资；③选举董事会和监事会；④由董事会向公司登记机关申请设立登记。

募集设立方式的程序：①发起人认购股份，发起人认购的股份不得少于公司股份总数的 35%，但法律另有规定的除外；②向社会公开募集股份，公告招股说明书，并制作认股书，应当由依法设立的证券公司承销；③召开创立大会，发行股份的股款缴足后，必须经依法设立的验资机构出具证明，发起人应当自股款缴足后 30 日内主持召开公司创立大会；④申请设立登记，董事会应于创立大会结束后 30 日内向公司登记机关申请设立。

三、股份有限公司的组织机构

股份有限公司的组织机构由三部分组成：股东大会、董事会和经理、监事会。上市公司还可增设独立董事和董事会秘书。

（一）股东大会

股份有限公司的股东大会由全体股东组成。股东大会是公司的权力机构。

1. 股东大会的职权

股份有限公司的股东大会是公司的最高权力机构和议事机构。公司的一切重大事项均由股东大会作出决议，其职权范围与有限责任公司股东会相同。

2. 股东大会的形式

股份有限公司的股东大会分为股东年会和临时股东大会 2 种。股东大会应当每年召开一次年会。发生下列情形之一，应当在 2 个月内召开临时股东大会：①董事会人数不足《公司法》规定人数或者公司章程所定人数的 2/3 时；②公司未弥补的亏损达实收股本总额 1/3 时；③单独或者合计持有公司 10%以上股份的股东请求时；④董事会认为必要时；⑤监事会提议召开时；⑥公司章程规定的其他情形。

3. 股东大会的召开

股东大会会议由董事会召集，董事长主持；董事长不能履行职务或者不履行职务的，由副董事长主持；副董事长不能履行职务或者不履行职务的，由半数以上董事共同推举一名董事主持。董事会不能履行或者不履行召集股东大会会议职责的，监事会应当及时召集和主持；监事会不召集和主持的，连续 90 日以上单独或者合计持有公司 10%以上股份的股东可以自行召集和主持。召开股东大会会议，应当将会议召开的时间、地点和审议的事项于会议召开 20 日前通知各股东；临时股东大会应当于会议召开 15 日前通知各股东；发行无记名股票的，应当于会议召开 30 日前公告会议召开的时间、地点和审议的事项。单独或者合计持有公司 1%以上股份的股东，可以在股东大会召开 10 日前提出临时提案并书面提交董事会；董事会应当在收到提案后 2 日内通知其他股东，并将该临时提案提交股东大会审议。临时提案的内容应当属于股东大会的职权范围，并有明确议题和具体决议事项。股东大会不得对通知中未列出的事项作出决议。无记名股票持有人出席股东大会会议的，应当于会议召开 5 日前至股东大会闭会时将股票交存于公司。

4. 股东大会的决议

股东出席股东大会会议，所持每一股份有一表决权。但是，公司持有的公司股份没有表决权。股东大会作出决议，必须经出席会议的股东所持表决权过半数通过。但是，股东大会作出修改公司章程、增加或者减少注册资本的决议，以及公司合并、分立、解散或者变更公司形式的决议，必须经出席会议的股东所持表决权的 2/3 以上通过。股东大会选举董事、监事，可以依照公司章程的规定或者股东大会的决议，实行累积投票制。累积投票制是指股东大会选举董事或者监事时，每一股份拥有与应选董事或者监事人数相同的表决权，股东拥有的表决权可以集中使用。股东可以委托代理人出席股东大会，代理人应当向公司提交股东授权委托书，并在授权范围内行使表决权。股东大会应当对所议事项的决定作会议记录，主持人、出席会议的董事应当在会议记录上签名。会议记录应当与出席股东的签名册及代理出席的委托书一并保存。

（二）董事会和经理

1. 董事会的组成

董事由股东大会选举产生。董事会成员中可以有公司职工代表。董事会中的职工代表由公司职工通过职工代表大会、职工大会或者其他形式民主选举产生。董事任期由公司章程规定，但每届任期不得超过 3 年。董事任期届满，连选可以连任。董事任期届满未及时改选，或者董事在任期内辞职导致董事会成员低于法定人数的，在改选出的董事就任前，原董事仍应当依照法律、行政法规和公司章程的规定履行董事职务。上市公司应在其公司章程中规定规范、透明的董事选聘程序，保证董事选聘公开、公平、公正、独立。上市公司应和董事签订聘任合同，明确公司和董事之间的权利义务、董事的任期、董事违反法律法规和公司章程的责任以及公司因故提前解除合同的补偿等内容。股份有限公司董事会的职权适用有限责任公司董事会职权的规定。股份有限公司董事会设董事长 1 人，可以设副董事长。董事长和副董事长由董事会以全体董事的过半数选举产生。董事长召集和主持董事会会议，检查董事会决议的实施情况。副董事长协助董事长工作，董事长不能履行职务或者不履行职务的，由副董事长履行职务；副董事长不能履行职务或者不履行职务的，由过半数以上董事共同推举一名董事履行职务。

2. 董事会的召开

董事会每年度至少召开 2 次会议，每次会议应当于会议召开前 10 日通知全体董事和监事。代表 1/10 以上表决权的股东、1/3 以上董事或者监事，可以提议召开董事会临时会议。董事长应当自接到提议后 10 日内召集和主持董事会会议。董事会召开临时会议，可以另定召集董事会的通知方式和通知时限。

3. 董事会的决议

董事会会议应当由董事本人出席；董事本人因故不能出席，可以书面委托其他董事代为出席，委托书中应载明授权范围。董事会应当对会议所议事项的决定作会议记录，出席会议的董事应当在会议记录上签名。董事会应当对董事会的决议承担责任。董事会的决议违反法律、行政法规或者公司章程、股东大会决议，致使公司遭受严重损失的，参与决议的董事对公司负责任。但经证明在表决时曾表明异议并记载于会议记录的，该董事可以免除责任。董事会会议应有半数的董事出席方可举行。董事会作出决议，必须经全体董事的过半数通过。董事会决议的表决，实行一人一票。

4. 经理

股份有限公司设经理，由董事会决定聘任或者解聘。公司董事会可以决定由董事会成员兼任经理。股份有限公司的经理职权适用有限责任公司经理职权的规定。公司不得直接或者通过子公司向董事、监事、高级管理人员提供借款。公司应当定期向股东披露董事、监事、高级管理人员从公司获得报酬的情况。

（三）监事会

股份有限公司设监事会，履行监督职能，其成员不得少于 3 人。董事、高级管理人员不得兼任监事。监事会应当包括股东代表和适当比例的职工代表，其中职工代表的比例不得低于 1/3，具体比例由公司章程规定。监事会设主席 1 人，可以设副主席。监事会主席和副主席由全体监事过半数选举产生。监事会主席召集和主持监事会会议；监事会主席不能履行职务或者不履行职务的，由监事会副主席召集和主持监事会会议；监事会副主席不能履行职务或者不履行职务的，由过半数以上监事共同推举 1 名监事召集和主持监事会会议。上市公司的监事应具有法律、会计等方面的专业知识或者工作经验，以便能有效地对公司高管及公司运营情况进行监督检查。股份有限公司监事会职权和监事任期与有限责任公司相同。监事会行使职权所必需的费用，由公司承担。

（四）上市公司

上市公司是指其股票在证券交易所上市交易的股份有限公司。

1. 增加股东大会特别决议事项

上市公司在一年内购买、出售重大资产或者担保金额超过公司资产总额 30% 的，应当由股东大会作出决议，并经出席会议的股东所持表决权的 2/3 以上通过。

2. 上市公司设立独立董事

独立董事是指不在公司担任除董事外的其他职务，并与其受聘的上市公司及其主要股东不存在可能妨碍其进行独立客观判断的关系的董事。

3. 上市公司设董事会秘书

董事会秘书负责公司股东大会和董事会会议的筹备、文件保管以及公司股东资料的管理，办理信息披露事务等事宜。

4. 增设关联关系董事的表决权的排除制度

上市公司董事与董事会会议决议事项所涉及的企业有关联关系的，不得对该项决议行使表决权，也不得代理其他董事行使表决权。该董事会会议由过半数的无关联关系董事出席即可举行，董事会会议所作决议须经无关联关系董事过半数通过。出席董事会的无关联关系的董事人数不足 3 人的，应将该事项提交上市公司股东大会审议。

（五）上市公司的独立董事制度

为完善上市公司治理结构，促进其规范运作，中国证券监督管理委员会（以下简称证监会）于 2001 年 8 月发布《关于在上市公司建立独立董事制度的指导意见》，对独立董事制度的建立、任职资格、职权责任等事项作了规定。2023 年 4 月，《国务院办公厅关于上市公司独立董事制度改革的意见》发布，进一步优化了上市公司独立董事制度。独立董事对公司及全体股东负有诚信与勤勉义务，应当认真履行职责，维护公司整体利益，尤其是保护中小股东的合法权益不受损害。独立董事应当独立履行职责，不受上市公司主要股东、实际控制人或者其他与上市公司存在利害关系的单位或个人的影响。

1. 独立董事任职条件

独立董事之所以有设置的必要，就在于其具有独立性，即不存在可能妨碍其对公司利益进行独立客观判断的各种关系。据此，担任独立董事应当符合的任职基本条件如下：①根据法律、行政法规及其他有关规定，具备担任上市公司董事的资格；②具有《公司法》与有关规定要求的独立性；③具备上市公司运作的基本知识，熟悉相关法律、行政法规、规章及规则；④具有 5 年以上法律、经济或者其他履行独立董事职责所必需的工作经验；⑤公司章程规定的其他条件。

2. 独立董事任职的禁止条件及任职期限

下列人员不得担任独立董事：①在上市公司或者其附属企业任职的人员及直系亲属、主要社会关系；②直接或间接持有上市公司已发行股份 1%以上或者是上市公司前 10 名股东中的自然人股东及其直系亲属；③在直接或间接持有上市公司已发行股份 5%以上的股东单位或者在上市公司前 5 名股东单位任职的人员及其直系亲属；④最近一年内曾经具有前三项所列举情形的人员；⑤为上市公司或者其附属企业提供财务、法律、咨询等服务的人员；⑥公司章程规定的其他人员；⑦中国证监会认定的其他人员。独立董事每届任期与该上市公司其他董事任期相同，任期届满，连选可以连任，但是连任时间不得超过 6 年。独立董事应当积极履行职责，如果连续 3 次未出席董事会会议，应由董事会提请股东大会予以撤换。除出现上述情况及《公司法》中规定的不得担任董事的情形外，独立董事在任期届满前不得无故被免职。提前免职的，上市公司应将其作为特别披露事项予以披露，被免职的独立董事认为公司的免职理由不当的，可以作出公开的声明。独立董事在任期届满前可以提出辞职。独立董事辞职应向董事会提交书面辞职报告，对任何与其辞职有关或其认为有必要引起公司股东和债权人注意的情况进行说明。如果因独立董事辞职导致公司董事会中独立董事所占的比例低于规定的最低要求时，该独立董事的辞职报告应当在下任独立董事填补其缺额后生效。

3. 独立董事的职权

为了充分发挥独立董事的作用，独立董事除应具有董事的职权外，还应当行使以下特别职权：①重大关联交易（指上市公司拟与关联人达成的总额高于 300 万元或高于上市公司最近经审计净资产值的 5%的关联交易）应由独立董事认可后，提交董事会讨论；独立董事作出判断前，可以聘请中介机构出具独立财务顾问报告，作为其判断的依据；②向董事会提议聘用或解聘会计师事务所；③向董事会提请召开临时股东大会；④提议召开董事会；⑤独立聘请外部审计机构和咨询机构；⑥可以在股东大会召开前公开向股东征集投票权。独立董事行使上述职权应当取得全体独立董事的 1/2 以上同意。如果上述提议未被采纳或上述职权不能正常行使，上市公司应将有关情况予以披露。上市公司董事会下设薪酬、审计、提名等委员会的，独立董事应当在委员会成员中占有1/2。

除行使上述特别职权外，独立董事应当对上市公司的以下重大事项向董事会或股东大会发表独立意见：①提名、任免董事；②聘任或解聘高级管理人员；③公司董事、高级管理人员薪酬；④上市公司的股东、实际控制人及其关联企业对上市公司现有或新发生的总额高于300万元或高于上市公司最近经审计净资产值的5%的借款或其他资金往来，以及公司是否采取有效措施回收欠款；⑤独立董事认为可能损害中小股东权益的事项；⑥公司章程规定的其他事项。独立董事应当就上述事项发表以下几类意见之一：同意；保留意见及其理由；反对意见及其理由；无法发表意见及其障碍。如果有关事项属于需要披露的事项，上市公司应当将独立董事的意见予以公告，独立董事出现意见分歧无法达成一致时，董事会应将各独立董事的意见分别披露。独立董事聘请中介机构的费用及其他行使职权时所需的费用由上市公司承担。

4. 独立董事的津贴

上市公司应当给予独立董事适当的津贴。津贴的标准由董事会制定预案，股东大会审议通过，并在公司年报中进行披露。除上述津贴外，独立董事不应从该上市公司及其主要股东或有利害关系的机构和人员取得额外的、未予披露的其他利益。为保障独立董事正常履行职责，上市公司可以建立必要的独立董事责任保险制度，以降低可能导致的风险。

四、股份有限公司股票的发行与转让

股份有限公司的注册资本划分为金额相等的股份。股份是指按相等金额或相同比例，平均划分公司资本的基本计量单位，是公司资本的最小划分单位。股份的表现形式是股票。

（一）公司股票的概念和特征

股票一般可以通过买卖方式有偿转让，股东能通过股票转让收回其投资，但不能要求公司返还其出资。股东与公司之间的关系不是债权债务关系。股东是公司的所有者，以其出资额为限对公司负有限责任，承担风险，分享收益。股票具有以下基本特征。

1. 不可偿还性

股票是一种无偿还期限的有价证券，投资者认购了股票后，就不能再要求退股，只能到二级市场卖给第三者。

2. 参与性

股东有权出席股东大会，选举公司董事会，参与公司重大决策。股票持有者的投资意志和享有的经济利益，通常是通过行使股东参与权来实现的。股东参与公司决策的权力大小，取决于其所持有的股份的多少。从实践中看，只要股东持有的股票数量达到左右决策结果所需的实际多数时，就能掌握公司的决策控制权。

3. 收益性

股东凭其持有的股票，有权从公司领取股息或红利，获取投资的收益。股息或红利的大小，主要取决于公司的盈利水平和公司的盈利分配政策。

4. 流通性

股票的流通性是指股票在不同投资者之间的可交易性。流通性通常以可流通的股票数量、股票成交量以及股价对交易量的敏感程度来衡量。通过股票的流通和股价的变动，可以看出人们对于相关行业和上市公司的发展前景和盈利潜力的判断。那些在流通市场上吸引大量投资者、股价不断上涨的行业和公司，可以通过增发股票，不断吸收大量资本进入生产经营活动，收到了优化资源配置的效果。

5. 价格波动性和风险性

股票在交易市场上作为交易对象，同商品一样，有自己的市场行情和价格。由于股票价格要受到诸如公司经营状况、供求关系、银行利率、大众心理等多种因素的影响，其波动有很大的不确定性。这种不确定性，有可能使股票投资者遭受损失。价格波动的不确定性越大，投资风险也越大。因此，股票是一种高风险的金融产品。

（二）股票发行

1. 股票发行的原则

我国股份有限公司股票的发行实行公开、公平、公正原则；同股同权、同股同价。

2. 股票发行价格

股票发行价格可以按票面金额，也可以超过票面金额，但不得低于票面金额。即股票可以平价和溢价发行，但不能折价发行。因为低于票面金额发行股票，违背资本充实原则，使股票发行募集的资金低于公司相应的注册资本数额，出现资本虚增，会影响交易安全，危及债权人的利益。

3. 股票发行形式及记载事项

股票采用纸面形式或者国务院证券监督管理机构规定的其他形式。目前，我国上市公司股票的发行、交易均已通过计算机采用存储信息等无纸化方式进行。股票应当载明下列主要事项：①公司名称；②公司的成立日期；③股票种类、票面金额及代表的股份数；④股票的编号。

4. 公司发行的股票，应当为记名股票

公司向发起人、法人发行的股票，应当为记名股票，并应当记载该发起人、法人的名称或者姓名，不得另立户名或者以代表人姓名记名。股票由法定代表人签名，公司盖章。在股份有限公司成立后，即向股东正式交付股票。公司成立之前不能向任何股东交付股票。

5. 发行股票

公司发行新股，依照公司章程的规定由股东大会或者董事会对下列事项作出决议：①股东的姓名或者名称及住所；②各股东所持股份数；③新股发行起止日期；④向原有股东发行新股的种类及数量。公司经国务院证券监督管理机构核准公开发行新股时，必须公告新股招股说明书和财务会计报告，并制作认股书。公司公开发行新股应由依法设立的证券公司承销，签订承销协议，并可以根据公司经营状况，确定新股作价方案。公司发行新股募足股款后，必须向公司登记机关办理变更登记，并予以公告。

（三）股份转让

股份的转让是指股份有限公司股份所有人依法将其持有的股份让与他人的行为。一般而言，股份有限公司的股份可以自由转让，但是股份的自由转让不是绝对的。股份转让的限制主要有以下几方面。

1. 股东持有的股份可以依法转让

依法转让股份，即应当在依法设立的证券交易场所进行或者按照国务院规定的其他方式进行。

2. 发起人持有的本公司股份，自公司成立之日起 1 年内不得转让

公司公开发行股份前已发行的股份，自公司股票在证券交易所上市交易之日起 1 年内不得转让。

3. 限制公司高管股份转让

公司董事、监事、高级管理人员应当向公司申报所持有的本公司的股份及其变动情况，在任职期间每年转让的股份不得超过其所持有本公司股份总数的 25%；所持本公司的股份自公司股票上市交易之日起 1 年内不得转让。上述人员在离职后半年内，不得转让其所持有的本公司股份。但是因司法强制执行、继承、遗赠、依法分割财产导致股份变动的除外。

4. 股东以背书方式或者法律、行政法规规定的其他方式转让

在记名股票转让后，必须由公司将受让人的姓名或名称及住所记载于股东名册，即转让时必须到公司办理过户手续。否则，该记名股票的转让对公司不发生效力。

5. 公司不得收购本公司的股份

但是，有下列情形之一的除外：①减少公司的注册资本；②与持有本公司股份的其他公司合并；③将股份奖励给本公司职工；④股东因对股东大会作出的公司合并、分立决议持异议，要求公司收购其股份的。为防止变相违规收购本公司股份，公司不得接受本公司的股票作为质押权的标的物。

五、公司董事、监事、高级管理人员的资格和义务

1. 公司董事、监事、高级管理人员的资格

公司董事、监事、高级管理人员处于公司的重要地位并且具有法定职权，为保障其正确履行职责，《公司法》对其任职资格作必要的限制。有下列情形之一的，不得担任公司的董事、监事、高级管理人员：①无民事行为能力或者限制民事行为能力；②因贪污、贿赂、侵占财产、挪用财产或者破坏社会主义市场经济秩序，被判处刑罚，执行期满未逾 5 年，或者因犯罪被剥夺政治权利，执行期满未逾 5 年；③担任破产清算的公司、企业的董事或者厂长、经理，对该公司、企业的破产负有个人责任的，自该公司、企业破产清算完结之日起未逾 3 年；④担任因违法被吊销营业执照、责令关闭的公司、企业的法定代表人，并负有个人责任的，自该公司、企业被吊销营业执照之日起未逾 3 年；⑤个人所负数额较大的债务到期未清偿。如果公司违反前款规定选举、委派董事、监事或者聘任高级管理人员的，该选举、委派或者聘任无效。董事、监事、高级管理人员在任职期间出现上述情形的，应当解除其职务。

2. 公司董事、监事、高级管理人员的义务

公司董事、监事、高级管理人员应当遵守法律、行政法规和公司章程，对公司负有忠实义务和勤勉义务；不得利用职权收受贿赂或者其他非法收入，不得侵占公司的财产；执行公司职务时违反法律、行政法规或者公司章程的规定，给公司造成损失的，应当承担赔偿责任。根据《公司法》有关规定，公司董事、监事、高级管理人员不得有下列行为：①挪用公司资金；②将公司资金以其个人名义或者以其他人名义开立账户存储；③违反公司章程的规定，未经股东会、股东大会或者董事会同意，将公司资金借贷给他人或者以公司财产为他人提供担保；④违反公司章程的规定或者未经股东会、股东大会同意，与本公司订立合同或者进行交易；⑤未经股东会或者股东大会同意，利用职务便利为自己或者他人谋取属于公司的商业机会，自营或者为他人经营与所任职公司同类的业务；⑥接受他人与公司交易的佣金并归为己有；⑦擅自披露公司秘密；⑧违反对公司忠实义务的其他行为。公司董事、监事、高级管理人员违反上述规定所得的收入应当归公司所有。

第四节　公司合并、分立、解散与清算

一、公司合并与分立

（一）公司合并

公司合并是指两个或两个以上的公司，订立合并协议，依照《公司法》的规定，

不经过清算程序，直接结合为一个公司的法律行为。公司合并有两种形式：一是吸收合并，是指一个公司吸收其他公司后存续，被吸收的公司解散；二是新设合并，是指两个或两个以上的公司合并设立一个新的公司，合并各方解散。依照《公司法》规定，公司合并的程序如下。

1. 合并协议的订立

合并各方需要就合并的意向和相关事项进行磋商，并最终签订合并协议。

2. 董事会决议

合并各方的董事会需作出合并的决议，这是企业合并决策过程中的关键一步。

3. 股东会决议

公司合并对公司的重大变更事项，对股东利益影响甚大，因此，公司合并必须经由股东会同意后方可实施。有限责任公司中，必须经代表 2/3 以上有表决权的股东通过；股份有限公司中，必须经出席会议的股东所持表决权的 2/3 以上通过。

4. 政府批准

如果合并需要取得主管机关审批的，则需要取得其批准。例如，股份有限责任公司的合并必须经国务院授权的部门或者省级人民政府批准。

5. 债权人公告

公司应当自作出合并决议之日起 10 日内通知债权人，并于 30 日内在报纸上或者国家企业信用信息公示系统内至少公告 3 次。债权人自接到通知书之日起 30 日内，未接到通知书的自第一次公告之日起 45 日内，有权要求公司清偿债务或者提供相应的担保。

6. 编制资产负债表及财产清单

合并各方需要分别编制自己的资产负债表及财产清单，以便清晰地反映各自的财务状况。

7. 办理合并登记手续

合并完成后，存续公司或新设的公司需要进行重新注册登记，被合并的公司则需要办理解散登记。

（二）公司分立

公司分立是指一个公司通过依法签订分立协议，不经过清算程序，分为两个或两个以上公司的法律行为。公司分立有两种形式：一是派生分立，是指公司以其部分资产另设一个或数个新的公司，原公司存续；二是新设分立，是指公司全部资产分别划归两个或两个以上的新公司，原公司解散。根据《公司法》相关规定，法人分立后，除债权人和债务人另有约定的以外，由分立的法人对合同的权利和义务享有连带债权，承担连带债务。

二、公司解散与清算

（一）公司解散

公司解散是指已成立的公司基于一定的合法事由而使公司消灭的法律行为。我国《公司法》规定了公司解散的原因，主要有：①公司章程规定的营业期限届满或者公司章程规定的其他解散事由出现；②股东会决议解散；③因公司合并或者分立需要解散；④依法被吊销营业执照、责令关闭或者被撤销；⑤人民法院依法予以解散。

（二）公司清算

1. 成立清算组

公司自愿解散的，应当在解散事由出现之日起15日内成立清算组，开始清算。有限责任公司的清算组由股东组成，股份有限公司的清算组由董事会或者股东大会确定的人员组成。逾期不成立清算组进行清算的，债权人可以申请人民法院指定有关人员组成清算组进行清算。人民法院应当受理该申请，并及时组织清算组进行清算。清算组是依法成立的，接管解散公司、负责解散公司财产的保管、清理、估价、处理、分配等事务的专门机构。

清算组在清算期间行使下列职权：①清理公司财产，分别编制资产负债表和财产清单；②通知、公告债权人；③处理与清算有关的公司未了结的业务；④清缴所欠税款以及清算过程中产生的税款；⑤清理债权、债务；⑥处理公司清偿债务后的剩余财产；⑦代表公司参与民事诉讼活动。清算组应当自成立之日起10日内通知债权人，并于60日内公告。债权人应当自接到通知书之日起30日内，未接到通知书的自公告之日起45日内，向清算组申报其债权。债权人申报债权，应当说明债权的有关事项，并提供证明材料。清算组应当对债权进行登记。在申报债权期间，清算组不得对债权人进行清偿。清算组在清理公司财产、编制资产负债表和财产清单后，应当制定清算方案，并报股东会、股东大会或者人民法院确认。

2. 清算程序

公司财产在分别支付清算费用、职工的工资、社会保险费用和法定补偿金，缴纳所欠税款后，清偿公司债务后的剩余财产，有限责任公司按照股东的出资比例分配，股份有限公司按照股东持有的股份比例分配。

3. 资不抵债与破产

清算期间，公司存续，但不得开展与清算无关的经营活动。公司财产在未依照前款规定清偿前，不得分配给股东。清算组在清理公司财产、编制资产负债表和财产清单后，发现公司财产不足清偿债务的，应当依法向人民法院申请宣告破产。公司经人民法院裁定宣告破产后，清算组应当将清算事务移交给人民法院。公司清算结束后，清算组应当制作清算报告，报股东会、股东大会或者人民法院确认，并报送公司登记机关，申请注销公司登记，公告公司终止。

第五节　违反《公司法》的法律责任

一、公司发起人、股东的法律责任

1. 出资责任

《公司法》第 50 条规定：“有限责任公司设立时，股东未按照公司章程规定实际缴纳出资，或者实际出资的非货币财产的实际价额显著低于所认缴的出资额的，设立时的其他股东与该股东在出资不足的范围内承担连带责任。”股份有限公司发起人不按照其认购的股份缴纳股款，或者作为出资的非货币财产的实际价额显著低于所认购的股份的，其他发起人与该发起人在出资不足的范围内承担连带责任。未按期足额出资的股东，除应当向公司足额缴纳外，还应当对公司的损失承担赔偿责任，无须再对其他足额出资的股东承担违约责任。股东未按期足额缴纳出资的，由公司发出书面催缴书，催缴出资义务。

2. 滥用法人地位和股东有限责任

公司股东滥用公司法人独立地位和股东有限责任，逃避债务，严重损害公司债权人利益的，应当对公司债务承担连带责任。股东利用其控制的两个以上公司实施前款规定行为的，各公司应当对任一公司的债务承担连带责任。只有一个股东的公司，股东不能证明公司财产独立于股东自己的财产的，应当对公司债务承担连带责任。

3. 抽逃出资

根据《公司法》规定，公司成立后，股东不得抽逃出资。违反前款规定的，股东应当返还抽逃的出资；给公司造成损失的，负有责任的董事、监事、高级管理人员应当与该股东承担连带赔偿责任。

4. 虚假出资、提交虚假材料等

违反《公司法》规定，虚报注册资本、提交虚假材料或者采取其他欺诈手段隐瞒重要事实取得公司登记的，由公司登记机关责令改正，对虚报注册资本的公司，处以虚报注册资本金额 5%以上 15%以下的罚款；对提交虚假材料或者采取其他欺诈手段隐瞒重要事实的公司，处以 5 万元以上 20 万元以下的罚款；情节严重的，撤销公司登记或者吊销营业执照。公司的发起人、股东虚假出资，未交付或者未按期交付作为出资的货币或者非货币财产的，由公司登记机关责令改正，处以虚假出资金额 5%以上 15%以下的罚款。

5. 关联交易

公司的控股股东、实际控制人、董事、监事、高级管理人员不得利用其关联关系损害公司利益。违反前述规定，给公司造成损失的，应当承担赔偿责任。

6. 法定代表人过错追偿

法定代表人因执行职务造成他人损害的，由公司承担民事责任。公司承担民事责任后，依照法律或者公司章程的规定，可以向有过错的法定代表人追偿。

二、公司的法律责任

《公司法》对公司的法律责任规定如下。

1. 出资责任

根据《公司法》规定，有限责任公司设立时，股东未按公司章程规定实际缴纳出资，或者非货币财产价额显著低于所认缴的出资额的，设立时的其他股东与该股东在出资不足的范围内承担连带责任。股份有限公司的发起人也有类似规定。股东抽逃出资的，负有责任的董事、监事、高级管理人员应当与该股东承担连带赔偿责任。

2. 滥用法人独立地位和股东有限责任的责任

公司股东滥用公司法人独立地位和股东有限责任，逃避债务，严重损害债权人利益的，应当对公司债务承担连带责任。

3. 违法减资的责任

公司违法减资，给公司造成损失的，负有责任的董事、监事、高级管理人员应当承担赔偿责任。

4. 违规关联交易的责任

董事、监事、高级管理人员不得利用关联关系损害公司利益，否则所得收入归公司所有。

5. 执行职务过错赔偿责任

董事、监事、高级管理人员执行职务，给他人造成损害的，公司应当承担赔偿责任；存在故意或者重大过失的，也应当承担赔偿责任。

6. 违法分配利润的责任

公司违反规定向股东分配利润的，股东应当将违反规定分配的利润退还公司；给公司造成损失的，负有责任的董事、监事、高级管理人员应当承担赔偿责任。

7. 财务资助的责任

公司违法进行财务资助，给公司造成损失的，负有责任的董事、监事、高级管理人员应当承担赔偿责任。

8. 受指示损害公司利益的责任

公司的控股股东、实际控制人指示董事、高级管理人员从事损害公司或者股东利益的行为的，与该董事、高级管理人员承担连带责任。

三、清算组的法律责任

1. 清算义务人未及时履行清算义务的责任

董事为公司清算义务人，应当在解散事由出现之日起 15 日内组成清算组进行清算。如果清算义务人未及时履行清算义务，给公司或者债权人造成损失的，应当承担赔偿责任。这意味着清算义务人（即董事）若未能在法定期限内启动清算程序，导致公司财产贬值、流失、毁损或者灭失，从而给公司或债权人带来损失，需要对此承担相应的赔偿责任。

2. 清算组成员怠于履行清算职责的责任

根据《公司法》的规定，清算组成员应当忠于职守，依法履行清算义务。如果清算组成员怠于履行清算职责，给公司或者债权人造成损失的，应当承担赔偿责任；因故意或者重大过失给债权人造成损失的，也应当承担赔偿责任。这要求清算组成员在清算过程中要尽到勤勉、忠实的义务，认真负责地进行清算工作，否则将对自己的失职行为承担责任。

3. 清算组成员恶意处置公司财产的责任

如果在清算过程中，清算组成员恶意处置公司财产，损害了公司或债权人的利益，那么他们需要对公司债务承担相应的赔偿责任。这种恶意行为包括但不限于私自转移、隐匿、私分公司财产等。

4. 未按规定通知债权人的责任

清算组有义务在成立后 10 日内通知债权人，并于 60 日内在报纸上或者国家企业信用信息公示系统公告。如果清算组未按照规定向债权人发出通知书及公告，导致债权人未及时申报债权而未获清偿，造成了债权人的损失，清算组应当对此承担相应的法律责任。

5. 执行未经确认的清算方案的责任

清算组制定的清算方案需要经过股东会、股东大会或者人民法院确认后方可执行。如果清算组执行未经确认的清算方案给公司或者债权人造成损失的，也需要承担相应的赔偿责任。

6. 违法分配剩余财产的责任

清算组在分配公司剩余财产时，必须按照法定的顺序和比例进行。如果清算组违法分配剩余财产，例如，在未清偿公司债务之前就向股东分配财产，那么清算组成员可能需要对此承担连带责任，将违法分配的财产重新收回并按照正确的顺序进行分配。

四、资产评估、验资机构的法律责任

1. 资产评估的责任

《公司法》要求对作为出资的非货币财产进行评估作价，核实财产，不得高估或者低估作价。评估作价时应当注意，对于认缴出资的非货币财产，应当在实际缴纳时进行评估。如果评估结果与章程所定价额显著不符，可能会被认定为出资不实。

2. 验资机构的责任

虽然《公司法》没有直接提到验资机构，但根据相关法律解释和实践，验资机构在验资过程中应当遵循相关法律法规和行业标准，确保验资结果的真实性和准确性。如果验资机构未能尽职尽责，导致验资结果不实，可能会面临法律责任，包括但不限于民事赔偿、行政处罚等。

3. 法律责任

对于未依法评估作价的情况，如果非货币财产出资未依法评估作价，公司、其他股东或者公司债权人请求认定出资人未履行出资义务的，人民法院应当委托具有合法资格的评估机构对该财产评估作价。评估确定的价额显著低于公司章程所定价额的，人民法院应当认定出资人未依法全面履行出资义务。

4. 其他相关责任

《公司法》还规定了股东抽逃出资、虚假出资等行为的法律责任，验资机构在验资过程中如果未能发现这些问题，也可能需要承担相应的责任。

五、有关国家机关及其直接责任人员的法律责任

1. 公司登记机关的责任

最新修订的《公司法》增设了“公司登记”专章，明确了公司登记机关的职责和责任。公司登记机关有责任确保公司登记信息的真实性和透明度。如果登记机关未能履行职责，导致登记信息不实或错误，可能会面临法律责任。

2. 直接责任人的责任

《公司法》对公司法人和直接责任人建立了“双重惩戒”制度。这意味着，如果公司未依法履行如实登记、公示、出资等义务，不仅公司本身会受到处罚，直接负责的主管人员和其他直接责任人员也会承担相应的法律责任。

3. 国家机关工作人员的责任

虽然《公司法》没有直接提到国家机关工作人员的责任，但根据《中华人民共和国公务员法》和其他相关法律法规，国家机关工作人员在执行职务过程中如果存在违法行为，如滥用职权、玩忽职守等，也需要承担相应的法律责任。

4. 法律责任的具体形式

法律责任的形式可能包括民事责任、行政责任和刑事责任。例如，如果国家机关工作人员在执行职务过程中存在违法行为，导致公司或他人利益受损，可能会被追究民事赔偿责任；如果违法行为构成犯罪，还可能被追究刑事责任。

5. 加强监督和问责

《公司法》通过加强公司登记信息的公示和透明度，以及建立“双重惩戒”制度，

旨在加强对国家机关及其工作人员的监督和问责，确保其依法履行职责。

思考题

1. 公司有何法律特征？
2. 有限责任公司的设立应当具备哪些条件？
3. 股份有限公司与有限责任公司有何区别？
4. 设立股份有限公司应当具备哪些条件？
5. 简述股份有限公司的组织机构。
6. 《公司法》对上市公司组织机构有哪些特别规定？
7. 股份有限公司的股票有何特征？
8. 《公司法》对公司董事、监事、高级管理人员的资格和义务有哪些规定？
9. 什么是公司债券？公司债券和公司股票有何区别？
10. 公司应当按照什么顺序进行收益分配？公积金有哪些用途？

案例分析题

［案例 2-1］甲、乙、丙三人共同设立了一家有限责任公司。为了防止股权落入他人手中从而制约公司运作，三人在公司章程中约定“不得向公司股东以外的人转让出资”。公司运营一段时间后，乙认为公司发展前景不佳，且受到甲的排挤，因此，提出将自己的股权转让给甲或丙，自己拿回股金，退出公司。甲和丙不愿意购买乙的出资，又以公司章程有规定为由，拒绝他人购买乙的股权。乙无奈之下只得向法院起诉。试分析：乙转让股权的要求能否得到法律支持？

［分析］甲、乙、丙三人在公司章程中的约定因违反《公司法》而无效。根据我国《公司法》的规定，公司允许股东向股东以外的人转让出资，但受到严格的限制。根据《公司法》规定，有限责任公司股东向股东以外的人转让出资时，必须经全体股东过半数同意；不同意转让的股东应当购买该股东转让的出资，如果不购买该转让的出资，则视为同意转让；经股东同意转让的出资，在同等条件下，其他股东对该出资有优先购买权。因此，乙向法院起诉有理有据。

［案例 2-2］赵某、钱某、孙某共同出资设立了一个有限责任公司，公司设立时间为 2022 年 3 月，2023 年 4 月又吸收李某入股。2024 年 10 月，公司由于经营不善而严重亏损，拖欠了巨额债务，被依法宣告破产。法院在清算中查明赵某在公司设立时作为出资的房产，其实际价额明显低于入股时的评估作价，赵某的个人财产不能弥补出资额与实际差额。试分析：根据我国《公司法》的规定，赵某出资不实的责任应该由谁承担？

［分析］根据《公司法》规定，有限公司成立后，发现作为设立公司出资的非货币财产的实际价额显著低于入股时的评估作价，应当由交付该出资的股东补足其差额；公司设立时的其他股东承担连带责任。本案例中，赵某以个人财产补缴差额，不足部分由钱某、孙某补足。李某是新加入人员，所以不承担责任。

［案例 2-3］甲有限责任公司注册资本为 200 万元，共 15 家股东，其中 A 出资 40 万元，B 出资 70 万元且是出资最多的股东。公司成立后，由 A 召集和主持了首次股东会议；经过几年运作，产品的市场销售看好，董事会提议将公司现有注册资本 200 万元增加到 300 万元。增资方案提交股东会讨论表决时，有 11 家股东赞成增资，其出资额合计为 124 万元；有 4 家股东反对，其出资额合计为 76 万元，股东会通过了增资决议，并授权董事会执行。试分析：甲公司上述行为中有无不合法之处？并说明理由。

［分析］①首次股东会会议由 A 召集和主持不合法。股东会的首次会议由出资最多的股东召集和主持，应由 B 召集和主持。②股东会通过增资决议不合法。增加注册资本的，必须经代表注册资本 2/3 以上表决权的股东通过。本案中虽然有 11 家股东赞成增资，但所代表的表决权只有 62%，不够 2/3。

［案例 2-4］A、B、C、D、E 发起设立苏格兰饮食有限责任公司，注册资本 100 万元，出资比例分别为 30%、20%、20%、20%、10%。A、B、C、D 以现金或实物出资；E 作为专业西餐特级厨师，以西餐特级技术出资。董事会成员 2 名，A、B 分别担任正、副董事长。C 担任总经理同时兼任监事。D 虽然出资，但其不参与任何管理工作，仅参与分红。试分析：苏格兰饮食有限责任公司的出资与组织机构设置有哪些违反《公司法》？

［分析］①成立有限责任公司，劳务不能出资，所以 E 出资不合法。②设立董事会的，成员应当为 3~13 人，所以该公司董事会人数不合法。该公司可不设立董事会，仅设立 1 名执行董事。③监事不能担任公司高级管理人员，所以若 C 担任监事，就不能担任总经理。④D 的行为合法。

［案例 2-5］2022 年，郑州市的钱某与劳某约定准备开设一家公司。在公司设立的过程中，钱某提供了公司成立所需要的注册资本，并提供了公司的营业场地和全部的办公用品所需要的费用。在此期间，劳某为该公司的成立四处奔走，独自办理了公司成立的全部手续，办理了公司办公处的租赁，购买了全部的办公用品，招聘了公司的全部工作人员。该公司于 2022 年 10 月正式成立，名称为“郑州市万邦物资有限责任公司”，钱某为该公司的总经理，劳某为该公司的副总经理。2023 年底，钱某见公司的效益很好，又因为在工作中与劳某发生了一系列的矛盾，故不愿与劳某分享利润，在劳某缺席的情况下，钱某召集了公司全体员工会议，解除了劳某副总经理的职务。劳某认为，其在公司成立的过程中付出了劳动，应该是公司的主要股东之一，理应参加公司的分红，并且钱某在其缺席的情况下除去了自己的副总经理职务，是不合程序

的，钱某的行为侵犯了他的股东权益，于是诉之法院，要求明确其股东地位并恢复其副总经理的职务，分给他应有的分红并对其进行赔偿。试分析：劳某是否具有成为该公司股东的资格？劳某恢复副总经理和获得赔偿的要求能否得到法院支持？

[分析] 劳某的诉讼关系到公司的出资问题，即能否以劳务的形式进行。所谓劳务出资，是指股东以精神上、身体上的劳务抵冲出资，一些大陆法系国家的公司法允许无限责任股东以信用和劳务作为出资。但是，依据我国的《公司法》，劳务不能作为公司资本的组成要素，即我国的公司不能以劳务入股。本案中，劳某虽然在公司的成立过程中付出了很多的劳务，但是根据我国法律的规定，这些劳务是不能作为劳某的出资的，即劳某自始都没有取得该公司的股东的身份，所以劳某主张要求取得分红的诉讼请求是得不到法院支持的。劳某仅能通过要求公司对其为公司付出的劳务给予合理的报酬来进行救济，而免去劳某的副总经理的职务也符合《公司法》有关规定，故不能以此为理由要求公司对其进行赔偿。因此，法院会驳回劳某的诉讼请求。

[案例 2-6] 2024 年 1 月，甲、乙拟共同投资设立饮品有限责任公司，并就公司的问题达成一致意见，遂签订出资协议。协议的主要内容是：甲投资 35 万元，乙投资 45 万元；出资各方按投资比例分享利润、分担风险；公司筹备具体事宜及办理注册登记由甲负责。随后，乙将投资款 45 万元交付给甲，甲随即开始办理公司设立登记的有关事宜，并产生了部分费用。但在同年 2 月，乙以世界经济形式的冲击使国内经济形势严峻和饮品市场利润率走低为由通知甲取消公司的注册登记，并要求甲退回投资 45 万元。甲认为，双方签订了协议，缴纳了出资，制定了章程，并产生了部分费用，虽然未办理登记手续，但事实上公司已经成立。试分析：甲的说法是否合法？

[分析] 甲的说法不合法。因为我国关于有限责任公司的规定是，只有履行了登记注册手续，公司才算成立。本案的饮品有限责任公司还没有到公司登记管理机关办理设立登记，更没有领到企业法人营业执照。甲认为该公司事实上已经成立，是没有法律依据的。

[案例 2-7] 南京某股份有限公司的发起人在招股说明书中承诺从 2023 年 2 月 15 日至 2023 年 6 月 15 日，4 个月向社会募集首批资金 6000 万元。公司如期募足了 6000 万元资金，但直至 2023 年 9 月 1 日，仍未发出召开创立大会的通知。很多股东要求南京某股份有限公司的发起人返还所认购的股款并加计同期银行存款利息。但南京某股份有限公司的发起人认为股东出资后不得撤资，拒绝了股东的要求。试分析：发起人与股东之间谁对谁错？

[分析] 股东的要求是合理的，发起人的观点不符合《公司法》的规定。发行股份的股款缴足后，发起人在 30 日内未召开创立大会的，认股人可以按照所缴纳股款并加算银行同期利息，要求发起人返还。

[案例 2-8] A、B、C 三人共同出资成立了一家有限责任公司，出资比例分别为 60%、25%、15%。根据公司章程规定，以下内容必须经公司代表 2/3 以上表决权

的股东通过：决定公司的经营方针和投资计划；审议批准公司的利润分配方案；公司增加或者减少注册资本作出决议；对发行公司债券作出决议；对公司合并、分立、解散、清算或者变更公司形式作出决议。2024 年 8 月公司召开股东会审议表决公司利润分配方案，表决结果 A 同意，B、C 不同意。试分析：公司利润分配方案是否通过？

［分析］公司利润分配方案未通过。根据《公司法》规定，股东会会议由股东按照出资比例行使表决权；但是，公司章程另有规定的除外。股东会的议事方式和表决程序，除《公司法》有规定的外，由公司章程规定。公司章程规定审议批准公司的利润分配方案必须经公司代表 2/3 以上表决权的股东通过，并不违反《公司法》的规定，因此在表决时只有 A 同意，而其代表的表决权未达到 2/3 以上表决权的股东通过，因此，按照《公司法》和公司章程的规定，公司利润分配方案未通过。

［案例 2–9］宇通公司是一家濒临倒闭的有限责任公司，现有资产 500 万元。但由于宇通公司一直是其所在市的纳税大户，市政府采取积极扶持的政策。为了转产而筹集资金，宇通公司经理向市政府申请发行债券，市政府予以批准，并协助宇通公司向社会宣传。于是，宇通公司发行的价值 200 万元的债券很快顺利发行完毕。试分析：宇通公司债券的发行有哪些问题？

［分析］①发行公司债券要由公司董事会作出方案，经股东大会作出决议，由公司向国务院证券监督管理机构申请批准后才能发行。而本案中，由市政府批准发行债券，这是不符合法律规定的。②有限责任公司发行公司债券，其净资产不得低于人民币 6000 万元。本案中，宇通公司不具备发行公司债券的条件。③证券的发行应当由证券公司承销，而不能由宇通公司自行发售。

第三章　个人独资企业法和合伙企业法

学习目标

【知识目标】

1. 明确个人独资企业、合伙企业的概念。

2. 掌握个人独资企业设立、投资人及事务管理和权利义务的有关法律规定。

3. 掌握合伙企业设立、合伙企业财产、合伙企业的事务执行、合伙企业与第三人的关系、入伙与退伙、特殊的普通合伙企业的有关规定。

4. 掌握有限合伙企业的特殊规定。

5. 掌握个人独资企业和合伙企业这二者解散与清算的法律规定。

【能力目标】

1. 个人独资企业的投资者需要具备良好的经营管理能力，包括市场分析、决策制定、资源调配等方面。通过不断学习和实践，提高自身的管理水平，以应对市场竞争和企业发展的需求。

2. 合伙人通常来自不同的背景，拥有各自的资源和优势。学习将这些资源进行整合，发挥最大的效益。

3. 具备良好的沟通能力和解决问题的能力，能够及时化解矛盾，保持企业的稳定发展。

【素质目标】

1. 具备强烈的风险意识，能够正确评估业务风险，并做好应对风险的准备。同时，提高心理承受能力，在面对困难和挫折时，能够保持冷静，积极寻找解决问题的方法。

2. 为保证合伙企业的长期稳定发展，培养学生具备共同的目标和价值观。

案例引入

2023 年，孙某兄弟俩与方某共同出资 20 万元（其中方某出资 10 万元，孙某兄弟俩各 5 万元）合伙开办一家酒品超市，具体业务由孙某兄弟俩负责。经营一年多后，该超市便盈利 10 万元，按照当时的合伙协议，方某分得了 5 万元的红利，孙某兄弟俩则一人分得 2.5 万元。兄弟俩见该超市利润丰厚，便以“方某不会经营”为借口，将方某的投资从超市提出，退给方某，并强制将方某从该超市除名，不让方某到超市上班。方某曾多次找孙某兄弟俩质问，都没有结果。于是他决定到法院起诉孙某兄弟俩，请求法院确认除名无效，以维护自己的合法权益。试分析：方某的诉讼请求能得到法院的支持吗？为什么？

第一节　个人独资企业法

一、个人独资企业概述

企业是依法设立的、以盈利为目的、从事生产经营活动的、独立核算的经济组织。在市场经济条件下，按企业投资人的构成及其投资责任的不同，企业大体分为三种组织形式：一是由一人投资设立、投资者对所设企业债务负无限责任的独资企业；二是由两人以上共同投资设立、投资者对所设企业债务负无限连带责任的合伙企业；三是由法定数目的人投资设立、投资者仅对企业负有限责任的公司企业。

《中华人民共和国个人独资企业法》（以下简称《个人独资企业法》）第 2 条规定："本法所称个人独资企业，是指依照本法在中国境内设立，由一个自然人投资，财产为投资人个人所有，投资人以其个人财产对企业债务承担无限责任的经营实体。"个人独资企业具有以下基本特征。

1. 个人独资企业是由一个自然人单独投资设立的企业

自然人单独投资设立的具体含义包括：①投资人只能是一个自然人，而不能是法人或者其他社会组织；②投资人只能是中国公民，而不包括外国公民和无国籍的自然人，非中国公民单独在中国境内设立的企业属于外商独资企业，应适用《中华人民共和国外商投资法》而不适用《个人独资企业法》；③投资人应具有完全民事行为能力，而不能是限制行为能力或无行为能力的自然人；④投资人应具有从事经营性活动的资格，而不能是有关法律、行政法规禁止以个人名义从事经营性活动的人，如国家公务员及其他公职人员。

2. 个人独资企业的财产由投资人个人所有

个人独资企业的财产，是指投资人对企业的实际出资和以企业名义取得的一切收益。投资人对本企业的财产依法享有所有权，其有关权利可以依法进行转让或继承。投资人既是企业的所有者，又是企业的经营者。

3. 个人独资企业的投资人对企业债务承担无限责任

因投资人对企业财产及企业的经营管理享有绝对权利，因而企业的义务也与投资人不可分离，这就是无限责任。无限责任首先表现在当企业的财产不足以清偿企业到期债务时，投资人应以其个人或其家庭共有的全部财产用于清偿。其次，无限责任还表现在，即便企业解散后，投资人对未能清偿的企业债务仍有依法继续偿还的责任。

4. 个人独资企业为非法人企业

由于个人独资企业是由一个自然人投资设立的经营实体，投资人充分享有该企业一切权利，企业的权利义务与投资者个人的权利义务融为一体，企业不能独立承担责任，所以企业不具有法人资格；但是，个人独资企业是独立的经营实体，依法可以以独立民事主体的名义独立从事经营性活动，因而是一种独立的企业类型，也是一种特定的法律主体。随着市场经济的发展，个人独资企业所占的比重将越来越大。

个人独资企业法是指确认个人独资企业的法律地位，调整个人独资企业经营关系的法律规范的总称。为了规范个人独资企业的行为，保护个人独资企业投资人和债权人的合法权益，维护社会经济秩序，促进社会主义市场经济发展，完善企业的组织形式、我国《个人独资企业法》于1999年8月30日第九届全国人民代表大会常务委员会第十一次会议通过，并于2000年1月1日起施行。

二、个人独资企业的设立

（一）个人独资企业的设立条件

设立个人独资企业，应当具备下列条件。

1. 投资人为一个中国自然人

按照我国立法用语的惯例，“个人”专指自然人，法人和其他组织不包括在内。所以，“个人独资企业”只能以自然人为投资人。关于投资人的资格问题，我国《个人独资企业法》第16条规定：“法律、行政法规禁止从事营利性活动的人，不得作为投资人申请设立个人独资企业。”例如，法官、检察官和国家行政人员，依照有关法律、行政法规，被禁止从事营利性活动，因而不能成为个人独资企业的投资人。

2. 有合法的企业名称

个人独资企业应有独立于投资人的名称，从而使该经营实体特定化。个人独资企业的名称应当与其责任形式和所从事的营业活动相适应，其名称中不得使用“有限”“有限责任”“公司”等字样，实践中一般可以将个人独资企业称“厂”“店”“厅”“坊”“中心”“工作室”等。

3. 有投资人申报的出资

投资人出资的方式可以是货币，也可以是能折算成货币数额的实物、土地使用权、知识产权或者其他财产权利；投资人申报的出资额应当与企业所申请从事的经营活动相适应。投资人可以以其个人财产出资，也可以以其家庭共有财产作为其个人的出资，但后者应当在企业设立或变更登记申请书上予以注明。

4. 有固定的生产经营场所和必要的生产经营条件

个人独资企业应有确定的生产经营场所和开展其业务所必备的相关条件，企业应以其主要办事机构所在地为其法定住所，并应有开展业务所需的必要环境、设施等物质条件。

5. 有必要的从业人员

个人独资企业应有适量的从业人员，其人数应与企业的生产经营范围和规模相适应。

（二）个人独资企业的设立程序

所谓企业的设立程序，是指开办一家企业依法应办理的有关手续。设立个人独资企业，一般只需办理登记手续，但从事法律、行政法规规定须报经有关部门审批的业务的，如资源开采、建筑设计、施工、交通运输、食品生产、药品生产与销售、印刷、图书、旅店、外贸、计量器具制造及修理等，则应当在申请登记前报经有关业务主管部门审批。

1. 提出设立申请

设立个人独资企业，应由投资人或者其委托的代理人向个人独资企业所在地的登记机关（工商行政管理部门）提出书面申请，一般应提交下列文件：①设立申请书，该申请书应载明企业的名称和住所、投资人的姓名和居所、投资人的出资额和出资方式、企业经营范围等事项；②投资人身份证明，如身份证、户籍证明等；③生产经营场所使用证明，如房屋产权证书、土地使用证书、房屋及土地的租赁合同等。另外，委托代理人申请设立登记时，还应当出具投资人的委托书和代理人的合法证明。企业拟从事法律、行政法规规定须报经有关部门审批的业务的，还应当在申请登记时提交有关部门的批准文件。

2. 工商登记

登记机关应当在收到设立申请文件之日起 15 日内对符合上述法定条件的，予以登记，发给营业执照；对不符合法定条件的，不予登记，并应当给予书面答复，说明理由。个人独资企业以营业执照的签发日期为企业成立日期。在领取营业执照前，投资人不得以个人独资企业的名义从事经营活动。

三、个人独资企业的事务管理

（一）个人独资企业事务管理的方式与权限

个人独资企业的投资人可以自己管理企业事务，也可以委托或者聘用其他具有民事行为能力的人负责企业事务的管理。有权管理个人独资企业事务的人，即为该企业的负责人。投资人自己管理企业事务的，在法律赋予企业的权利与义务的范围内对外代表该企业，其行为后果归属该企业。投资人委托或者聘用他人管理个人独资企业事务的，涉及投资人与受托人或被聘用人双方的权利和义务，关系到双方的切身利益，应当与受托人或者被聘用人签订书面合同，明确委托的具体内容和授予的权利范围。

（二）受托人或者被聘用人的义务

受托人或者被聘用的人应当履行诚信、勤勉义务，按照与投资人签订的合同负责个人独资企业的事务管理，并且不得有下列行为：①利用职务上的便利，索取或者收受贿赂；②利用职务或者工作上的便利，侵占企业财产；③挪用企业的资金，归个人使用或者借贷给他人；④擅自将企业资金以个人名义或者他人名义开立账户存储；⑤擅自以企业财产提供担保；⑥未经投资人同意，从事与本企业相竞争的业务；⑦未经投资人同意，同本企业订立合同或者进行交易；⑧未经投资人同意，擅自将企业商标或者其他知识产权转让他人使用；⑨泄露本企业的商业秘密；⑩法律、行政法规禁止的其他行为。投资人既然可以决定委托的具体内容和授予的权力范围，也就可以对受托人或者被聘用人的职权予以限制，但是这种限制不得对抗善意第三人。这是为了保护善意第三人的利益，以免其因这种限制而受到不应有的损害。所谓善意第三人，是相对于恶意而言的，指第三人在与个人独资企业的交易中没有与委托人或受托人串通损害投资人利益的，如果受托人或被聘用的人违反委托越权管理事务与不知情的第三人发生关系时，投资人及其企业不得以此为由拒绝承担由此产生的后果。当然，投资人及其企业由此造成的损失，可以要求受托人或被聘用的人承担。

（三）个人独资企业的基本权利与义务

1. 个人独资企业的基本权利

（1）财产所有权。个人独资企业投资人对本企业的财产依法享有所有权，其有关权利可以依法进行转让或继承。

（2）管理权。个人独资企业投资人可以自行管理企业事务，也可以委托或者聘用其他具有民事行为能力的人负责企业的事务管理。

（3）申请贷款权。个人独资企业有资格作为借款人，依法向金融机构申请贷款，以借贷方式筹集借入资本，用于企业的生产经营。

（4）土地使用权。个人独资企业可以依法用地，以合法方式（如接受出资、受让、承租、接受抵押等）取得土地使用权。

（5）拒绝摊派权。摊派是指行为人违反法律、行政法规的规定，强制企业提供财力、物力、人力的行为。对于任何单位和个人的摊派，个人独资企业均有权拒绝。

（6）法律、行政法规规定的其他权利。如名称权、名誉权、知识产权、自主经营权、平等竞争权、请求权等。

2. 个人独资企业的义务

（1）依法经营。个人独资企业从事经营活动必须遵守法律、行政法规，遵守诚实信用原则，不得损害社会公共利益。

（2）依法纳税。个人独资企业应依法履行纳税义务，依照国家税收法律、法规和规章的规定，缴纳各项税款。

（3）依法设账与核算。个人独资企业应当依法设置会计账簿，进行会计核算。根据《中华人民共和国会计法》的规定，个人独资企业应当按照国家统一会计制度的要求和会计业务的需要设置会计账簿；必须根据实际发生的经济业务进行会计核算，填制会计凭证，登记会计账簿，编制财务会计报告。

（4）依法用工。个人独资企业应当依法招用职工，应与招用的职工签订劳动合同，保障职工的劳动安全，按时、足额发放职工工资。

（5）参加社会保险。个人独资企业应当按照国家规定参加社会保险，为职工缴纳社会保险费。依照现行有关法律、行政法规的规定，企业应参加的强制性社会保险包括养老保险、工伤保险、医疗保险、失业保险和企业职工生育保险。

四、个人独资企业的解散和清算

（一）个人独资企业解散的法定原因

个人独资企业的解散是指个人独资企业基于一定的法律事由而使其民事主体资格消灭的行为。《个人独资企业法》第26条规定："个人独资企业有下列情形之一时，应当解散：①投资人决定解散；②投资人死亡或者被宣告死亡，无继承人或者继承人决定放弃继承；③被依法吊销营业执照；④法律、行政法规规定的其他情形。"

（二）个人独资企业的清算

个人独资企业的清算是指解散的个人独资企业清理债权债务，分配剩余财产，了结个人独资企业的法律关系，从而使企业归于消灭的活动。个人独资企业解散时，应当依照以下规定进行清算。

1. 清算的方式

个人独资企业解散，由投资人自行清算或者由债权人申请人民法院指定清算人进行清算。

2. 通知和公告债权人

投资人进行清算的，应当在清算前15日内书面通知债权人，无法通知的，应当予以公告。债权人应当在接到通知之日起30日内、未接到通知的应当在公告之日起60日内，向投资人申报其债权。

3. 财产的清偿次序

个人独资企业清算偿债时，其财产应当按照下列顺序清偿：①所欠职工工资和社会保险费用；②所欠税款；③其他债务。前一顺序的债务未偿清的，不得偿还后一顺序的债务。

4. 无限责任与责任消灭

个人独资企业的财产不足以清偿债务的，投资人应当以其个人的其他财产予以清偿；投资人在申请企业设立登记时明确以其家庭共有财产作为个人出资的，应当以其家庭共有的其他财产清偿。对清算时未能清偿的个人独资企业存续期间的债务，在企业解散后，原投资人仍应承担偿还责任；但债权人在5年内未向债务人提出偿债请求的，该责任消灭。个人独资企业清算结束后，投资人或者人民法院指定的清算人应当编制清算报告，并于15日内到登记机关办理注销登记。注销登记即由登记机关缴销企业营业执照，企业的法律主体资格因此而消灭。

五、违反《个人独资企业法》的法律责任

《个人独资企业法》对不同主体的不同违法行为分别设定了法律责任，包括投资人及其个人独资企业、受托或者聘用的事务管理人、登记机关及其他人员。

（一）投资人及其个人独资企业的违法行为及法律责任

（1）违反《个人独资企业法》规定，提交虚假文件或采取其他欺骗手段取得企业登记的，责令其改正，处以5000元以下的罚款；情节严重的，并处吊销其营业执照。

（2）违反《个人独资企业法》规定，个人独资企业使用的名称与其在登记机关登记的名称不相符的，责令限期改正，处以2000元以下的罚款。

（3）涂改、出租、转让营业执照的，责令改正，没收其违法所得，处以3000元以下的罚款；情节严重的，吊销其营业执照。

（4）伪造营业执照的，责令停业，没收违法所得，处以5000元以下的罚款；构成犯罪的，依法追究其刑事责任。

（5）个人独资企业成立后无正当理由超过6个月未开业的，或者开业后自行停业连续6个月以上的，吊销其营业执照。

（6）违反《个人独资企业法》规定，未领取营业执照，以个人独资企业名义从事经营活动的，责令其停止经营活动，处以3000元以下的罚款。

（7）个人独资企业登记事项发生变更时，未按《个人独资企业法》规定办理有关变更登记的，责令其限期办理变更登记；逾期不办理的，处以2000元以下的罚款。

（8）个人独资企业及其投资人在清算前或清算期间隐匿或转移财产，逃避债务的，依法追回其财产，并按照有关规定予以处罚；构成犯罪的，依法追究其刑事责任。

（9）个人独资企业违反《个人独资企业法》规定，侵犯职工合法权益，没有保障职工的劳动安全，不缴纳社会保险费用的，按照有关法律、行政法规予以处罚，并追究有关责任人员的责任。

（10）投资人违反《个人独资企业法》规定，应当承担民事赔偿责任和缴纳罚款、罚金，其财产不足以支付的，或者被判处没收财产的，应当先承担民事赔偿责任。

（二）受托或者被聘用的事务管理人员的违法行为及法律责任

（1）投资人委托或者聘用的人员管理个人独资企业事务时违反委托或聘用合同，给投资人造成损害的，承担民事赔偿责任。

（2）投资人委托或者聘用的人员违反法定义务，侵犯个人独资企业财产权益的，责令退还侵占的财产；给企业造成损失的，依法承担赔偿责任；有违法所得的，没收违法所得；构成犯罪的，依法追究刑事责任。

（三）登记机关及其他人员的违法行为及法律责任

（1）登记机关对不符合法定条件的个人独资企业予以登记，或者对符合法定条件的企业不予登记的，对直接责任人员依法给予行政处分；构成犯罪的，依法追究刑事责任。

（2）登记机关的上级部门的有关主管人员强令登记机关对不符合法定条件的企业予以登记，或者对符合法定条件的企业不予登记的，或者对登记机关的违法登记行为进行包庇的，对直接责任人员依法给予行政处分；构成犯罪的，依法追究刑事责任。

（3）违反法律、行政法规的规定，强制个人独资企业提供财力、物力、人力的，按照有关法律、行政法规予以处罚，并追究有关责任人员的责任。

（4）登记机关对符合法律条件的不予登记或者超过法定时限不予答复的，当事人可依法申请行政复议或者向人民法院提起行政诉讼。

第二节　合伙企业法

一、合伙企业概述

（一）合伙企业的概念和特征

合伙企业是指自然人、法人和其他组织依照《中华人民共和国合伙企业法》（以下简称《合伙企业法》）在中国境内设立的，由各合伙人订立合伙协议，共同出资、合伙经营、共享收益、共担风险的普通合伙企业和有限合伙企业。合伙企业属于人合型企业，合伙企业具有以下法律特征。

1. 合伙企业的合伙人主体多样化

个人独资企业的投资人只能是自然人，合伙企业的合伙人包括自然人、法人和其他组织。

2. 合伙企业是不具有法人资格的营利性组织

合伙企业既不是自然人，也不是法人，而是其他组织。

3. 合伙企业的设立和内部管理是以合伙协议为基础的

合伙协议是合伙人之间的约定，在不违法的情况下，合伙企业许多事务以合伙协议为依据，是典型的契约企业。

4. 合伙事务可以授权部分合伙人执行

每一位合伙人平等的经营管理权的享有，并不意味着合伙人必须亲自行使该权利。无论是普通合伙企业还是有限合伙企业，都可以由一个或几个合伙人负责执行合伙事务。

5. 合伙人共担风险

普通合伙人对合伙企业债务负无限连带责任，有限合伙人承担有限责任。

（二）合伙企业的分类

在我国，合伙企业分为普通合伙企业和有限合伙企业。普通合伙企业由普通合伙人组成，承担无限连带责任。有限合伙企业由普通合伙人和有限合伙人共同组成，普通合伙人对企业的债务承担无限连带责任，有限合伙人以其认缴的出资额为限对合伙企业债务承担责任。

（三）合伙企业法的概念

合伙企业法有广义和狭义之分。广义的合伙企业法，是指国家立法机关或者其他有权机关依法制定的，调整合伙企业合伙关系的各种法律规范的总称。狭义的合伙企业法，是指由国家最高立法机关依法制定的，规范合伙企业合伙关系的专门法律，即《合伙企业法》。该法于 1997 年 2 月 23 日第八届全国人民代表大会常务委员会第二十四次会议通过，于 2006 年 8 月 27 日第十届全国人民代表大会常务委员会第二十三次会议修订，新修订的《合伙企业法》自 2007 年 6 月 1 日起施行。

二、合伙企业的设立

（一）设立条件

1. 有 2 个以上的合伙人

《合伙企业法》对合伙企业合伙人数有如下规定。

（1）合伙人数的规定。合伙企业合伙人至少为 2 人以上，这是合伙人数的下限规定。普通合伙企业没有合伙人数的上限，但有限合伙企业的合伙人不得超过 50 人，其中必须至少有 1 个普通合伙人。

（2）合伙人资格的规定。合伙人可以是自然人，也可以是法人或其他组织。普通合伙人是自然人的，要求其具有完全民事行为能力，无民事行为能力人和限制民事行为能力人不能成为普通合伙人，但无民事行为能力人和限制民事行为能力人可以成为有限合伙人。国有独资公司、国有企业、上市公司以及公益性事业单位、社会团体不得成为普通合伙人，但可以成为有限合伙人。

2. 有书面合伙协议

合伙协议应当依法由全体合伙人协商一致，以书面形式订立。合伙协议应当载明下列事项：①合伙企业的名称和其主要经营场所的地点；②合伙目的和合伙经营范围；③合伙人的姓名或者名称、住所；④合伙人的出资方式、数额和缴付期限；⑤利润分配、亏损分担方式；⑥合伙事务的执行；⑦入伙与退伙；⑧争议解决办法；⑨合伙企业的解散与清算；⑩违约责任。合伙协议经全体合伙人签名、盖章后生效。修改或者补充合伙协议，应当经全体合伙人一致同意；但是，合伙协议另有约定的除外。合伙协议未约定或者约定不明确的事项，由合伙人协商决定；协商不成的，依照《合伙企业法》和其他有关法律、行政法规的规定处理。

3. 有合伙人认缴或实缴的出资

合伙协议生效后，合伙人应当按照合伙协议的规定缴纳出资。合伙企业为人合企业，其信用来自合伙人的个人信用而非企业的资本信用，故没有法定最低资本额的要求，所以不以合伙人的实际缴纳资本为其成立条件，认缴即可。

4. 有合伙企业的名称和生产经营场所

合伙企业的名称必须有“合伙”二字，普通合伙企业应当在其名称中标明“普通合伙”字样，特殊普通合伙企业应当在其名称中标明“特殊普通合伙”；有限合伙企业名称中应当标明“有限合伙”的字样。生产经营场所是指合伙企业从事生产经营活动的所在地，即是在企业登记机构登记的营业地点。

5. 法律、行政法规规定的其他条件

（二）设立登记

1. 申请合伙企业设立登记

申请设立合伙企业，应当向企业登记机关提交下列文件：①全体合伙人签署的设立登记申请书；②全体合伙人的身份证明；③全体合伙人指定代表或者共同委托代理人的委托书；④合伙协议；⑤全体合伙人对各合伙人认缴或者实际缴付出资的确认书；⑥主要经营场所证明；⑦国务院工商行政管理部门规定提交的其他文件。法律、行政法规或者国务院规定设立合伙企业须经批准的，还应当向企业登记机关提交有关批准文件。

2. 登记发照

申请人提交的登记申请材料齐全、符合法定形式，企业登记机关能够当场登记的，应予以当场登记，发给营业执照。若不能当场登记的，企业登记机关应当自受理申请之日起 20 日内，作出是否登记的决定。予以登记的，发给营业执照；不予登记的，应当给予书面答复，并说明理由。合伙企业营业执照的签发之日，为合伙企业的成立日期。根据《合伙企业法》规定，合伙企业实行单层税负制，由合伙人分别缴纳所得税。

三、普通合伙企业

（一）普通合伙企业的概念与特征

普通合伙企业，是指由普通合伙人组成，合伙人对合伙企业债务依照《合伙企业法》的规定承担无限连带责任的一种合伙企业。普通合伙企业具有以下特点。

1. 由普通合伙人构成

所谓普通合伙人，是指在合伙企业中对合伙企业的债务依法承担无限连带责任的自然人、法人和其他组织。根据《合伙企业法》的规定，国有独资公司、国有企业、上市公司以及公益性的事业单位、社会团体不得成为普通合伙人。

2. 合伙人对合伙企业的债务依法承担无限连带责任，法律另有规定的除外

所谓无限连带责任，包括两个方面：一是连带责任，即所有的合伙人对合伙企业的债务都有责任向债权人偿还，不管自己在合伙协议中所承担的比例如何。一个合伙人不能清偿对外债务的，其他合伙人都有清偿的责任。但当某一合伙人偿还合伙企业的债务超过自己所应承担的份额时，有权向其他合伙人追偿。二是无限责任，即所有的合伙人不仅以自己所有投入合伙企业的资金和合伙企业的其他资金对债权人承担清偿责任，而且在不能清偿时还要以合伙人自己所有的其他财产承担清偿责任。

（二）合伙人的出资

1. 出资形式

合伙人可以用货币、实物、知识产权、土地使用权或者其他财产权利出资，也可以用劳务出资。

2. 出资评估

合伙人以实物、知识产权、土地使用权或者其他财产权利出资，需要评估作价的，可以由全体合伙人协商确定，也可以由全体合伙人委托法定评估机构评估；合伙人以劳务出资的，其评估办法由全体合伙人协商确定，并在合伙协议中载明；以非货币财产出资的，依照法律、行政法规的规定，需要办理财产权转移手续的，应当依法办理。

（三）合伙企业的财产

1. 合伙企业财产的组成

合伙企业的财产大体由以下几方面构成。

（1）原始财产，即全体合伙人的出资。合伙人可以用货币、实物、知识产权、土地使用权或者其他财产权利出资，也可以用劳务出资。这些出资形成合伙企业的原始财产。合伙企业的原始财产是全体合伙人"认缴"的财产，而非各合伙人"实际缴纳"的财产。

（2）积累财产，即合伙企业取得的收益。以合伙企业名义取得的收益作为合伙企业获得的财产，是合伙企业财产的重要构成部分。积累财产主要包括公共积累资金、未分配盈余、合伙企业债权、合伙企业取得的工业产权、非专利技术以及合伙企业的名称、商誉等财产权利。

（3）合伙企业依法取得的其他财产，即根据法律、法规的规定合法取得的财产，如合法接受赠与的财产等。

2. 合伙企业财产的性质

合伙企业财产具有独立性和完整性两方面的特征。所谓独立性，是指合伙企业的财产独立于合伙人，合伙人出资后，一般来说，便丧失了对其作为出资部分的财产的所有权或持有权、占有权。所谓完整性，是指合伙企业的财产作为一个完整的统一体而存在，合伙人对合伙企业财产权益的表现形式仅是依照合伙协议所确定的财产收益份额或者比例。合伙人不得请求分割合伙企业财产和私自处分合伙企业财产。

3. 合伙人财产份额的转让

由于合伙企业及其财产性质的特殊性，合伙人财产份额的转让将会影响到合伙企业以及合伙人的切身利益，因此，《合伙企业法》对合伙人财产份额的转让作了以下特别的规定。

（1）合伙人之间转让在合伙企业中的全部或者部分财产份额时，应当通知其他合伙人。

（2）除合伙协议另有约定外，合伙人向合伙人以外的人转让其在合伙企业中的全部或者部分财产份额时，须经其他合伙人的一致同意。因为合伙人是人合企业，财产份额的外部转让涉及合伙协议的变更和第三人入伙的问题，所以必须经全体合伙人一致同意，从而才表明其他合伙人同意与受让人共同维持原合伙企业，合伙企业才能继续存续下去。如果其他合伙人不同意接受受让人，则合伙企业无法继续存续下去。

（3）合伙人向合伙企业以外的人转让财产份额时，在同等条件下，其他合伙人有优先购买权；但是，合伙协议另有约定的除外。这一规定的目的在于维护合伙企业现有合伙人的利益，维护合伙企业在现有基础上的稳定。合伙人以外的人依法受让合伙人在合伙企业中的财产份额的，经修改合伙协议即成为合伙企业的合伙人，依照《合伙企业法》和修改后的合伙协议享有权利，履行义务。

4. 合伙人财产份额的出质

合伙人财产份额的出质，是指合伙人将其在合伙企业中的财产份额作为质押物来担保债权人债权实现的行为。合伙人以其在合伙企业中的财产份额出质的，需经其他合伙人的一致同意；未经其他合伙人一致同意的，其行为无效，由此给善意第三人造成损失的，由行为人依法承担赔偿责任。

（四）合伙事务执行

1. 合伙事务执行的形式

合伙事务执行可以采用灵活的方式，根据《合伙企业法》的规定，合伙企业的事务执行方式有以下两种。

（1）全体合伙人共同执行。这是合伙事务执行的基本形式。

（2）委托一个或数个合伙人执行。该形式是根据合伙协议的约定或者经全体合伙人决定，委托全体合伙人中的一个或数个合伙人对外代表合伙企业执行合伙事务。委托一个或数个合伙人执行合伙事务的，其他合伙人不再执行合伙事务。

2. 合伙事务执行的决议

根据《合伙企业法》规定，合伙事务执行的决议规定如下。

（1）表决权数。合伙人对合伙企业有关事项作出决议，按照合伙协议约定的表决办法办理。合伙协议未约定或者约定不明确的，实行合伙人一人一票并经全体合伙人过半数通过的表决办法。合伙企业的表决办法另有规定的，遵从其规定。

（2）表决规则。一般合伙事务的决定，经全体合伙人表决过半数即可通过，但对下列重要的合伙事务，除合伙协议另有约定外，需经全体合伙人一致同意：①改变合伙企业的名称；②改变合伙企业的经营范围、主要经营场所的地点；③处分合伙企业的不动产；④转让或者处分合伙企业的知识产权和其他财产权利；⑤以合伙企业的名义为他人提供担保；⑥聘任合伙人以外的人担任合伙企业的经营管理人员。

3. 合伙人在执行合伙事务中的权利

（1）合伙人不论其出资多少，都对执行合伙事务享有同等权利。

（2）对外代表权。执行合伙事务的合伙人对外代表合伙企业，执行合伙事务的情况。

（3）查阅会计账簿、资料的权利。

（4）提出异议权。《合伙企业法》规定，合伙人分别执行合伙事务的，执行事务合伙人可以对其他合伙人执行的事务提出异议。提出异议时，应当暂停该项事务的执行。如果发生争议，按照合伙协议约定的表决办法办理。合伙协议未约定或者约定不明确的，实行合伙人一人一票并经全体合伙人表决过半数通过的表决办法。

（5）撤销委托执行事务权。《合伙企业法》规定，受委托执行合伙事务的合伙人不按照合伙协议或者全体合伙人的决定执行事务的，其他合伙人可以决定撤销该委托。

4. 合伙人在执行合伙事务中的义务

（1）执行事务合伙人应当定期向其他合伙人报告事务执行情况以及合伙企业的经营和财务状况，其执行合伙事务所产生的收益归合伙企业，所产生的费用和亏损由合伙企业承担。

（2）合伙人不得自营或者同他人合作经营与本合伙企业相竞争的业务。

（3）除合伙协议另有约定或者经全体合伙人一致同意外，合伙人不得同本合伙企业进行交易。

（4）合伙人不得从事损害本合伙企业利益的活动。

5. 合伙企业的损益分配

合伙损益包括合伙利润和合伙亏损，根据《合伙企业法》规定，合伙损益分配遵循如下原则。

（1）合伙企业的利润分配、亏损分担，按照合伙协议的约定办理；合伙协议未约定或者约定不明确的，由合伙人协商决定；协商不成的，由合伙人按照实缴出资比例分配、分担；无法确定出资比例的，由合伙人平均分配、分担。

（2）合伙协议不得约定将全部利润分配给部分合伙人或者由部分合伙人承担全部亏损。

6. 非合伙人参与经营管理

根据《合伙企业法》的规定，除合伙协议另有约定外，经全体合伙人一致同意，可以聘任合伙人以外的人担任合伙企业的经营管理人员。被聘任的经营管理人员，不是合伙企业的合伙人，不具有合伙人的资格，应当在合伙企业的授权范围内履行职务。超越合伙企业授权范围从事经营活动，或因故意或重大过失给合伙企业造成损失的，应依法承担赔偿责任。

（五）合伙企业与第三人的关系

1. 合伙事务执行中的对外代表权

执行合伙企业事务的合伙人在取得对外代表权后，即可以合伙企业的名义进行经营活动，在其授权的范围内作出法律行为。合伙人的这种代表行为，对全体合伙人发生法律效力，即其执行合伙事务所产生的收益归合伙企业，所产生的费用和亏损由合伙企业承担。

2. 合伙企业与其债权人的关系

（1）合伙企业财产优先清偿。《合伙企业法》规定，合伙企业对其债务，应先以其全部财产进行清偿。

（2）合伙人之间的债务分担和追偿。《合伙企业法》规定，合伙人由于承担无限连带责任，清偿数额超过规定的亏损分担比例的，有权向其他合伙人追偿。

3. 合伙企业与合伙人的债权人之间的关系

合伙企业存续期间，可能发生个别合伙人因不能偿还其私人债务而被追索的情况。为了保护合伙企业及其他合伙人的合法权益，《合伙企业法》作了如下规定。

（1）禁止的两类行为。合伙人发生与合伙企业无关的债务，相关债权人不得以其债权抵消其对合伙企业的债务；也不得代位行使合伙人在合伙企业中的权利。

（2）债权实现的两个途径。合伙人的自有财产不足清偿其与合伙企业无关的债务的，该合伙人可以以其从合伙企业中分取的收益用于清偿。债权人也可以依法请求人民法院强制执行该合伙人在合伙企业中的财产份额用于清偿。人民法院强制执行合伙人的财产份额时，当通知全体合伙人，其他合伙人有优先购买权；其他合伙人未购买，又不同意将财产份额转让给他人的，依照《合伙企业法》的规定为该合伙人办理退伙结算，或者办理削减该合伙人相应财产份额的结算。

（六）入伙与退伙

1. 入伙

入伙是指在合伙企业存续期间，合伙人以外的第三人加入合伙，从而取得合伙人资格。

（1）入伙的条件和程序。《合伙企业法》规定，新合伙人入伙，除合伙协议另有约定外，应当经全体合伙人一致同意，并依法订立书面入伙协议。订立入伙协议时，原合伙人应当向新合伙人如实告知原合伙企业的经营状况和财务状况。

（2）入伙的法律效果。一般来讲，入伙的新合伙人与原合伙人享有同等权利，承担同等责任。但是，如果原合伙人愿意以更优越的条件吸引新合伙人入伙，或者新合伙人愿意以较为不利的条件入伙，也可以在入伙协议中另行约定。新合伙人对入伙前合伙企业的债务承担无限连带责任。

2. 退伙

退伙是指合伙人退出合伙企业，从而丧失合伙人资格。退伙的形式有以下几种。

（1）声明退伙，又称自愿退伙，是指合伙人基于自愿的意思表示而退伙，可以分为协议退伙和通知退伙两种。

①协议退伙。根据《合伙企业法》规定，合伙协议约定合伙期限的，在合伙企业存续期间，有下列情形之一时，合伙人可以退伙：a. 合伙协议约定的退伙事由出现；b. 经全体合伙人一致同意；c. 发生合伙人难以继续参加合伙企业的事由；d. 其他合伙人严重违反合伙协议约定的义务。②通知退伙。根据《合伙企业法》规定，合伙协议未约定合伙期限的，合伙人在不给合伙企业事务执行造成不利影响的情况下，可以退伙，但应当提前30日通知其他合伙人。合伙人违反上述规定退伙的，应当赔偿由此给合伙企业造成的损失。

（2）法定退伙，是指合伙人因出现法律规定的事由而退伙。法定退伙分为当然退伙和除名退伙两种。

①当然退伙。根据《合伙企业法》规定，合伙人有下列情形之一的，当然退伙：a. 作为合伙人的自然人死亡或者被依法宣告死亡；b. 个人丧失偿债能力；c. 作为合伙人的法人或者其他组织依法被吊销营业执照、责令关闭、撤销或者被宣告破产；d. 法律规定或者合伙协议约定合伙人需具有相关资格而丧失该资格；e. 合伙人在合伙企业中的全部财产份额被人民法院强制执行。当然退伙以退伙事由实际发生之日为退伙生效日。合伙人被依法认定为无民事行为能力人或者限制民事行为能力人的，经其他合伙人一致同意，可以依法转为有限合伙人，普通合伙企业依法转为有限合伙企业。其他合伙人未能一致同意的，该无民事行为能力或者限制民事行为能力的合伙人退伙。②除名退伙。根据《合伙企业法》规定，合伙人有下列情形之一的，经其他合伙人一致同意，可以决议将其除名：a. 未履行出资义务；b. 因故意或者重大过失给合伙企业造成损失；c. 执行合伙事务时有不正当行为；d. 发生合伙协议约定的事由。对合伙人的除名决议应当书面通知被除名人。被除名人自接到除名通知之日起除名生效，被除名人退伙。被除名人对除名决议有异议的，可以自接到除名通知之日起30日内向人民法院起诉。

3. 退伙的法律效果

（1）退伙人的责任。退伙人脱离原合伙协议约定的权利义务关系，对退伙后的合伙企业债务不再承担任何责任；但退伙人对退伙前已经发生的合伙企业债务与其他合伙人承担连带责任。

（2）合伙份额的继承。根据《合伙企业法》规定，合伙人死亡或者被依法宣告死亡的，对该合伙人在合伙企业中的财产份额享有合法继承权的继承人，按照合伙协议的约定或者经全体合伙人一致同意，从继承开始之日起，取得该合伙企业的合伙人资格。有下列情形之一的，合伙企业应当向合伙人的继承人退还被继承合伙人的财产份额：①继承人不愿意成为合伙人；②法律规定或者合伙协议约定合伙人必须具有相关资格，而该继承人未取得该资格；③合伙协议约定不能成为合伙人的其他情形。合伙人的继承人为无民事行为能力人或者限制民事行为能力人的，经全体合伙人一致同意，可以依法成为有限合伙人，普通合伙企业依法转为有限合伙企业。全体合伙人未能一致同意的，合伙企业应当将被继承合伙人的财产份额退还该继承人。

（3）合伙财产的清理和结算。合伙人退伙，其他合伙人应当与该退伙人按照退伙时的合伙企业财产状况进行结算，退还退伙人的财产份额。退伙人对给合伙企业造成的损失负有赔偿责任的，相应扣减其应当赔偿的数额。退伙时有未了结的合伙企业事务的，待该事务了结后进行结算。退伙人在合伙企业中财产份额的退还办法，由合伙协议约定或者由全体合伙人决定，可以退还货币，也可以退还实物。合伙人退伙时，合伙企业财产少于合伙企业债务的，退伙人应当依照法律规定分担亏损，即如果合伙协议约定亏损分担比例的，按照合伙协议的约定办理；合伙协议未约定或者约定不明确的，由合伙人协商决定；协商不成的，由合伙人按照实缴出资比例分担；无法确定出资比例的，由合伙人平均分担。

（七）特殊的普通合伙企业

特殊的普通合伙企业是指采用合伙制形式，以专业知识和专门技能为客户提供有偿服务的专业服务机构，如会计师事务所、审计师事务所、评估师事务所等。非企业专业机构采用合伙制的，其合伙人承担责任的形式可以适用《合伙企业法》关于特殊的普通合伙企业合伙人承担责任的规定。特殊的普通合伙企业本质上还是普通合伙企业，因此，其合伙人原则上都要对合伙企业的债务承担无限连带责任。但是，也有不同于普通合伙企业的特殊之处。

1. 对外

一个合伙人或者数个合伙人在执业活动中因故意或者重大过失造成合伙企业债务时，应由其承担无限责任或者无限连带责任，而其他合伙人只要以他们在合伙企业中的财产份额为限承担责任；当合伙人在执业活动中非因故意或者重大过失造成合伙企业债务以及合伙企业的其他债务时，则由全体合伙人承担无限连带责任。

2. 对内

合伙人在执业活动中因故意或者重大过失造成的合伙企业债务，以合伙企业财产对外承担责任后，该合伙人应当按照合伙协议的约定对给合伙企业造成的损失承担赔偿责任。

3. 提取执业风险基金

执业风险基金，主要是为了化解经营风险，特殊的普通合伙企业从其经营收益中提取相应比例的资金留存或根据相关规定上缴至指定机构所形成的资金。执业风险基金是用于偿付合伙人执业活动造成的债务，并实行单独立户管理。

四、有限合伙企业

有限合伙企业，是指由有限合伙人和普通合伙人共同组成，普通合伙人对合伙业债务承担无限连带责任，有限合伙人以其认缴的出资额为限对合伙企业债务承担责任的合伙组织。有限合伙企业名称中应标明“有限合伙”字样。普通合伙人与有限合伙人在主体资格、权利享有、义务承受与责任承担等方面存在着明显的差异。

（一）有限合伙企业设立的特殊规定

1. 有限合伙企业的合伙人

有限合伙企业一般由 2 个以上 50 个以下合伙人设立，但是法律另有规定的除外。有限合伙企业至少应当有 1 个普通合伙人。按照规定，自然人、法人和其他组织都可以成为有限合伙企业的有限合伙人，但是国有独资公司、国有企业、上市公司、公益性的事业单位及社会团体不能成为有限合伙企业的普通合伙人。

2. 有限合伙企业的合伙协议

有限合伙企业的合伙协议除符合普通合伙企业合伙协议的规定外，还应当载明下列事项：①普通合伙人和有限合伙人的姓名或者名称、住所；②执行事务合伙人应具备的条件和选择程序；③执行事务合伙人的权限与违约处理办法；④执行事务合伙人的除名条件和更换程序；⑤有限合伙人入伙、退伙的条件、程序以及相关责任；⑥有限合伙人和普通合伙人的相互转变程序。

（二）有限合伙人出资的特殊规定

1. 出资形式及其限制

有限合伙人可以用货币、实物、知识产权、土地使用权或者其他财产权利作价出资，但有限合伙人不得以劳务出资。普通合伙人可以劳务出资，而有限合伙人及个人独资企业的投资人都不能以劳务出资。因为劳务出资的实质是用未来劳动创造的收入来投资，而有限合伙人并不参与企业事务的执行。

2. 出资义务与违约责任

有限合伙人应当按照合伙协议的约定按期足额缴纳出资。未按期足额缴纳的，应当承担补缴义务，并对其他合伙人承担违约责任。

3. 出资登记事项

有限合伙企业登记事项中应当载明有限合伙人的姓名或者名称及认缴的出资数额。

（三）有限合伙企业事务执行的特殊规定

1. 有限合伙企业的事务执行人

有限合伙企业由普通合伙人执行合伙事务。如果合伙协议约定数个普通合伙人执行合伙事务，这些普通合伙人就是合伙事务的执行人，如果合伙协议无约定，全体普通合伙人就是合伙事务的共同执行人。执行事务合伙人可以要求在合伙协议中确定执行事务的报酬及报酬提取方式。对于报酬的支付方式以及数额，应当由合伙协议规定或者由全体合伙人讨论决定。

2. 禁止有限合伙人执行的合伙事务

根据《合伙企业法》规定，有限合伙人不执行合伙事务，不得对外代表有限合伙企业。第三人有理由相信有限合伙人为普通合伙人并与其交易的，该有限合伙人对该笔交易承担与普通合伙人同样的责任。有限合伙人未经授权以有限合伙企业的名义与他人进行交易，给有限合伙企业或者其他合伙人造成损失的，该有限合伙人应当承担赔偿责任。

3. 有限合伙人的民事行为能力

由于不参与执行合伙企业事务，所以对作为自然人的有限合伙人不要求其必须具有完全行为能力。

4. 有限合伙人的权利

（1）有限合伙人可以同本企业进行交易。根据《合伙企业法》规定，普通合伙人不得同本合伙企业进行交易；而有限合伙人一般可以同本企业进行交易，合伙协议另有约定的除外。因为有限合伙人并不参与有限合伙企业事务的执行，有限合伙人与本有限合伙企业进行交易时，一般不会损害本有限合伙企业的利益。

（2）有限合伙人可以经营与本企业相竞争的业务。根据《合伙企业法》规定，有限合伙人可以自营或者同他人合作经营与本有限合伙企业相竞争的业务；但是，合伙协议另有约定的除外。因为有限合伙人实质上是投资者，如果有限合伙人承担竞业禁止义务，则会限制投资者的投资热情，不利于经济的良性发展。

（四）有限合伙人财产出质与转让的特殊规定

1. 有限合伙人财产份额的出质

根据《合伙企业法》规定，有限合伙人可以将其在有限合伙企业中的财产份额出质；但是，合伙协议另有约定的除外。

2. 有限合伙人财产份额的转让

《合伙企业法》规定，有限合伙人可以按照合伙协议的约定向合伙人以外的人转让其在有限合伙企业中的财产份额，但应当提前30日通知其他合伙人，其他合伙人有优先购买权。不同的是，普通合伙人财产份额的出质与对外转让，必须经全体合伙人一致同意，否则无效。

（五）有限合伙企业的利润分配与债务清偿

1. 利润分配

根据《合伙企业法》规定，有限合伙企业不得将全部利润分配给部分合伙人，但是，合伙协议另有约定的除外。有限合伙企业合伙协议可以约定将全部利润分给部分合伙人；而普通合伙企业合伙协议不得约定将全部利润分配给部分合伙人。

2. 债务清偿

有限合伙人的自有财产不足清偿其与合伙企业无关的债务的，该合伙人可以以其从有限合伙企业中分取的收益用于清偿；债权人也可以依法请求人民法院强制执行该合伙人在有限合伙企业中的财产份额用于清偿。人民法院强制执行有限合伙人的财产份额时，应当通知全体合伙人。在同等条件下，其他合伙人有优先购买权。

（六）有限合伙人入伙与退伙的特殊规定

1. 入伙

根据《合伙企业法》规定，新入伙的有限合伙人对入伙前有限合伙企业的债务，以其认缴的出资额为限承担责任。这里需要注意，在普通合伙企业中，新入伙的合伙人对入伙前合伙企业的债务承担连带责任。

2. 退伙

有限合伙人当然退伙。根据《合伙企业法》规定，有限合伙人出现下列情形时，当然退伙：①作为有限合伙人的自然人死亡或被依法宣告死亡；②作为有限合伙人的法人及其他组织被依法吊销营业执照、责令关闭撤销或者依法宣告破产；③法律规定或者合伙协议约定，合伙人必须符合相关条件而丧失该资格；④合伙人在合伙企业中的全部财产份额被人民法院强制执行。

3. 有限合伙人退伙后的责任承担

有限合伙人退伙后，对基于其退伙前发生的有限合伙企业债务，以其退伙时从有限合伙企业中取回的财产承担责任。

（七）普通合伙人与有限合伙人的转换

1. 合伙企业形式变更

有限合伙企业仅剩下有限合伙人的，予以解散；有限合伙企业只剩下普通合伙人的，转变为普通合伙企业。

2. 角色转换

根据《合伙企业法》规定，除合伙协议另有约定外，普通合伙人转变为有限合伙人，或者有限合伙人转变为普通合伙人，应当经全体合伙人一致同意。

3. 责任承担

有限合伙人转变为普通合伙人的，对以后的债务承担无限连带责任，对其作为有限合伙人期间有限合伙企业发生的债务也承担无限连带责任；普通合伙人转变为有限合伙人的，对以后的企业债务承担有限责任，且对其作为普通合伙人期间合伙企业发生的债务承担无限连带责任。

五、合伙企业解散和清算

（一）合伙企业解散

合伙企业解散，是指各合伙人解除合伙协议，合伙企业终止活动。根据《合伙企业法》规定，合伙企业有下列情形之一的，应当解散：①合伙期限届满，合伙人决定不再经营；②合伙协议约定的解散事由出现；③全体合伙人决定解散；④合伙人已不具备法定人数满 30 天；⑤合伙协议约定的合伙目的已经实现或者无法实现；⑥依法被吊销营业执照、责令关闭或者被撤销；⑦法律、行政法规规定的其他原因。

（二）合伙企业清算

合伙企业解散的，应当进行清算。《合伙企业法》对合伙企业清算作了以下规定。

1. 确定清算人

合伙企业解散，应当由清算人进行清算。清算人由全体合伙人担任；经全体合伙人过半数同意，可以自合伙企业解散事由出现后 15 日内指定一个或者数个合伙人，或者委托第三人担任清算人。自合伙企业解散事由出现之日起 15 日内未确定清算人的，合伙人或者其他利害关系人可以申请人民法院指定清算人。

2. 清算人的职责

清算人在清算期间执行下列事务：①清理合伙企业财产，分别编制资产负债表和财产清单；②处理与清算有关的合伙企业未了结事务；③清缴所欠税款；④清理债权、债务；⑤处理合伙企业清偿债务后的剩余财产；⑥代表合伙企业参加诉讼或者仲裁活动。

3. 通知和公告债权人

清算人自被确定之日起 10 日内将合伙企业解散事项通知债权人，并于 60 日内作出公告。债权人应当自接到通知书之日起 30 日内，未接到通知书的自公告之日起 45 日内，向清算人申报债权。债权人申报债权，应当说明债权的有关事项，并提供证明材料。清算人应当对债权进行登记。清算期间，合伙企业存续，但不得开展与清算无关的经营活动。

4. 财产清偿顺序

合伙企业财产在支付清算费用和职工工资、社会保险费用、法定补偿金以及缴纳所欠税款、清偿债务后的剩余财产，依照《合伙企业法》关于利润分配和亏损分担的规定进行分配。

5. 注销登记

清算结束，清算人应当编制清算报告，经全体合伙人签名、盖章后，在15日内向企业登记机关报送清算报告，申请办理合伙企业注销登记。合伙企业注销后，原普通合伙人对合伙企业存续期间的债务仍应承担无限连带责任。

6. 合伙企业不能清偿到期债务的处理

合伙企业不能清偿到期债务的，债权人可以依法向人民法院提出破产清算申请，也可以要求普通合伙人清偿。合伙企业依法被宣告破产的，普通合伙人对合伙企业的债务仍应承担无限连带责任。

六、违反《合伙企业法》的法律责任

（一）违法行为及其法律责任

1. 合伙企业及合伙人违法行为应承担的法律责任

（1）违反《合伙企业法》规定，提交虚假文件或者采取其他欺骗手段取得合伙企业登记的，由企业登记机关责令其改正，处以5000元以上5万元以下的罚款；情节严重的，撤销企业登记，处以5万元以上20万元以下的罚款。

（2）违反《合伙企业法》规定，合伙企业未在其名称中标明“普通合伙”“特殊普通合伙”或者“有限合伙”字样的，由企业登记机关责令其限期改正，处以2000元以上1万元以下的罚款。

（3）违反《合伙企业法》规定，未领取营业执照，而以合伙企业或者合伙企业分支机构名义从事合伙业务的，由企业登记机关责令其停止，处以5000元以上5万元以下的罚款。

（4）合伙企业登记事项发生变更时，未依照规定办理变更登记的，由企业登记机关责限期登记；逾期不登记的，处以2000元以上2万元以下的罚款。合伙企业登记事项发生变更，执行合伙事务的合伙人未按期申请办理变更登记的，应当赔偿由此给合伙企业、其他合伙人或者善意第三人造成的损失。

（5）合伙人执行合伙事务，或者合伙企业从业人员利用职务上的便利，将应当归合伙企业的利益据为己有的，或者采取其他手段侵占合伙企业财产的，应当将该利益和财产退还合伙企业；给合伙企业或者其他合伙人造成损失的，依法承担赔偿责任。

（6）合伙人对《合伙企业法》规定或者合伙协议约定必须经全体合伙人一致同意后执行的事务擅自处理，给合伙企业或者其他合伙人造成损失的，依法承担赔偿责任。

（7）不具有事务执行权的合伙人擅自执行合伙事务，给合伙企业或者其他合伙人造成损失的，依法承担赔偿责任。

（8）合伙人违反《合伙企业法》规定或者合伙协议的约定，从事与本合伙企业相竞争的业务或者与本合伙企业进行交易的，该收益归合伙企业所有；给合伙企业或者其他合伙人造成损失的，依法承担赔偿责任。

（9）合伙人违反合伙协议的，应当依法承担违约责任。合伙人履行合伙协议发生争议的，合伙人可以通过协商或者调解解决。不愿通过协商、调解解决或者协商、调解不成的，可以按照合伙协议约定的仲裁条款或者事后达成的书面仲裁协议，向仲裁机构申请仲裁。合伙协议中未订立仲裁条款，事后又没有达成书面仲裁协议的，可以向人民法院起诉。

2. 合伙企业清算人违法行为应承担的法律责任

（1）清算人未依照《合伙企业法》的规定向企业登记机关报送清算报告，或者报送清算报告隐瞒重要事实，或者有重大遗漏的，由企业登记机关责令改正。由此产生的费用和损失，由清算人承担和赔偿。

（2）清算人执行清算事务，谋取非法收入或者侵占合伙企业财产的，应当将该收入和侵占的财产退还合伙企业；给合伙企业或者其他合伙人造成损失的，依法承担赔偿责任。

（3）清算人违反《合伙企业法》的规定，隐匿、转移合伙企业财产，对资产负债表或者财产清单作虚假记载，或者在未清偿债务前分配财产，损害债权人利益的，依法承担赔偿责任。

3. 行政管理机关及其人员违法行为应承担的法律责任

有关行政管理机关的工作人员违反规定，滥用职权、徇私舞弊、收受贿赂、侵占合伙企业合法权益的，依法应给予行政处分。

（二）其他有关规定

1. 违反《合伙企业法》的刑事责任

违反《合伙企业法》规定，构成犯罪的，依法追究刑事责任。

2. 民事赔偿责任和缴纳罚款、罚金的承担顺序

违反《合伙企业法》规定，应当承担民事赔偿责任和缴纳罚款、罚金，其财产不足以同时支付的，先承担民事赔偿责任。

思考题

1. 什么是个人独资企业？它有哪些特征？
2. 个人独资企业有哪些基本权利和义务？

3. 简述合伙企业的设立条件和程序。
4. 简述普通合伙企业的概念和特征。
5. 合伙人在执行合伙事务中有哪些权利和义务？
6. 简述合伙人退伙的原因及其法律后果。
7. 什么是有限合伙企业？《合伙企业法》对有限合伙企业活动有哪些特殊规定？

案例分析题

[案例 3-1] 2023 年 3 月 17 日，庄某出资 10 万元设立康达个人独资企业，并聘请辛某管理企业事务，同时规定辛某对外业务签订的金额超过 2 万元以上的合同，须经庄某同意。10 月 6 日，辛某未经庄某同意，以康达企业名义向羊某订购价格为 3 万元的货物。庄某拒付货款。2023 年 11 月 7 日，由于康达企业亏损，不能支付到期债务，庄某决定解散该企业，于是债权人羊某申请人民法院指定清算人。11 月 12 日，人民法院指定岳某为清算人，对康达企业进行清算。经查证，康达企业和庄某的资产及债权债务情况如下：①康达企业欠税款 2 万元，欠职工工资 4 万元，欠社会保险费用 2.5 万元，欠羊某货款 3 万元，合计债务 11.5 万元；②康达企业的银行存款 0.5 万元，资产折价 9 万元；③庄某在某合伙企业出资 8 万元，占 20%的出资额，庄某每年可以从这个合伙企业分得约 3 万元利润。试分析：(1) 辛某 10 月 6 日以康达企业名义向羊某购买的价格为 3 万元的货物行为是否有效？(2) 康达企业解散后，清偿到期债务的顺序是什么？

[分析] (1) 辛某于 10 月 6 日以康达企业名义向羊某购买价格为 3 万元货物的行为有效。根据《个人独资企业法》的规定，投资人对被聘用的人员职权的限制，不得对抗善意第三人。尽管辛某向羊某购买货物的行为超越职权，但羊某为善意第三人，因此该行为有效。

(2) 根据《个人投资企业法》的规定，用康达企业的银行存款和资产折价共 9.5 万元，清偿所欠职工的工资、社会保险费用、税款后，剩余 1 万元，用于偿还欠羊某的货款时，不足部分，可用庄某个人其他可执行的财产清偿，也可用庄某在某合伙企业取得的收益清偿，如果庄某不予配合，羊某可申请人民法院强制执行。

[案例 3-2] 李某、班某和张某是浙江某大学同学，三人协商成立普通合伙企业，李某出资人民币现金 5 万元、班某拥有发明专利一项，作价人民币 2 万元出资；张某无资金，但有专业技能和经营管理能力。合伙协议约定李某与班某以上述方式出资，张某以劳务出资，依法进行了登记，领取合伙企业营业执照后由张某具体执行合伙企业事务，后因经营不善，该合伙企业欠黄某 5 万元债务。黄某向该合伙企业追讨债务，但一直没找到执行合伙企业事务的张某，也没找到班某，只找到了李某，但李某拒绝偿还合伙企业的 5 万元债务，称自己已履行了 5 万元的出资义务，认为应由张某和班

某来偿还。试分析：李某拒绝偿还合伙企业债务的理由是否成立？为什么？

[分析] 李某拒绝偿还合伙企业债务的理由是否成立，关键在于李某是不是普通合伙人。根据《合伙企业法》规定，合伙企业是指自然人、法人和其他组织依照《合伙企业法》在中国境内设立的普通合伙企业和有限合伙企业。普通合伙企业由普通合伙人组成，合伙人对合伙企业债务承担无限连带责任。本案中李某、班某和张某依法进行工商登记，领取了合伙企业营业执照，三人均为普通合伙人，均对合伙企业债务承担无限连带责任，所以李某拒绝偿还合伙企业债务的理由不能成立。但李某清偿黄某欠款后，可以依合伙协议向班某和张某追索。

[案例 3-3] 王某和刘某是相识多年的同事，2024 年 1 月，二人商量，合伙买一辆车跑运输。他们的朋友张某听说后，也想入伙，王、刘同意，并说买汽车找他，他认识二手车交易市场的管理人员，于是王、刘、张三人订立了书面合伙协议，三人投资跑运输，亏损三人承担，盈利三人平均分配。王某和刘某各给了张某 1 万元钱让他去买车，张某也出了 1 万元，共花了 3 万元买回一辆货车。谁知王某一看 3 万元买了一部旧车，就生气了，要求退伙，刘某曾是司机，对车有研究，他认为这辆车外观虽旧，但质量不错，愿意和张某一起跑运输，二人同意王某退伙，并签订了退伙协议。张某和刘某将 1 万元退给王某。

张某和刘某由于经营有方、活源充足，效益很好，2024 年 5 月，他们每人各分得 5 万元。王某见此情景后悔了，拿了 1 万元钱找到张某，说不退伙了。张某表示等刘某出车回来和刘某商量决定，王某留下 1 万元钱走了。当天晚上，刘某驾车发生事故，车毁货损，还撞伤一个行人，需赔偿伤者损失。王某得知后，第三天又赶到张某家表示不入伙了，要求退还自己的 1 万元。张某很生气，拒绝退还王某的 1 万元。于是王某起诉到人民法院。试分析：人民法院应当如何处理此案？

[分析] 人民法院应判决张某退还给王某 1 万元钱。根据《合伙企业法》相关规定，经全体合伙人同意，合伙人可以退伙。本案经张某和刘某同意，王某已经退伙，并达成了退伙协议。因此，王某的退伙是合法的、有效的。王某的再次入伙不能成立。根据《合伙企业法》规定，新合伙人入伙，除合伙协议另有约定外，应当经全体合伙人一致同意，并依法订立书面入伙协议。本案由于王某入伙没有得到合伙人之一刘某的同意，更没有订立书面协议，因此，王某入伙不能成立，张某应当把 1 万元钱退还给王某。

[案例 3-4] 注册会计师赵某、王某、章某投资设立会计师事务所，该会计师事务所的形式为特殊的普通合伙企业，提供审计鉴证业务和验资业务。在 2023 年的审计业务中，发生了下列事项。一是赵某在对某上市公司的年度会计报告进行审计的过程中，因重大过失遗漏了一笔原材料欠款，经人民法院判决由该事务所向某上市公司的相关股东承担赔偿责任，赵某认为自己并非故意造成的损失，该赔偿责任应该由全体合伙人共同承担连带责任。二是王某在对某公司设立过程的验资服务中，因疏忽大意而出

具了证明不实的验资报告，该报告直接给某公司的债权人造成了一定的经济损失，经人民法院认定，王某的疏忽大意并不属于重大过失。试分析：（1）赵某的说法是否正确？（2）对于王某造成的损失，合伙企业的合伙人应该按照何种方式来承担责任？

[分析] 本案主要涉及特殊的普通合伙企业的相关规定。我国《合伙企业法》规定，以专业知识和专门技能为客户提供有偿服务的专业服务机构，可以设立为特殊的普通合伙企业，如会计师事务所、律师事务所等。另外，一个合伙人或者数个合伙人在执业活动中因故意或者重大过失造成合伙企业债务的，应当承担无限责任或者无限连带责任，其他合伙人以其在合伙企业中的财产份额为限承担责任。合伙人在执业活动中非因故意或者重大过失造成的合伙企业债务以及合伙企业的其他债务，由全体合伙人承担无限连带责任。所以本案中赵某的说法不正确。由于赵某是因为重大过失造成的损失，因此应该由其承担无限责任，其他合伙人承担有限责任。王某的行为被认定为非重大过失，因此其造成的损失应该由全体合伙人承担无限连带责任。

[案例 3-5] 2023 年 10 月，甲、乙、丙、丁按照《合伙企业法》的规定，共同投资设立一个从事生产服装的有限合伙企业。合伙协议约定了以下事项：甲以现金 5 万元出资，乙以房屋作价 8 万元出资，丙以劳务作价 4 万元出资，另外以商标权作价 5 万元出资，丁以现金 10 万元出资；丁为普通合伙人，甲、乙、丙均为有限合伙人；合伙企业的事务由丙和丁执行，甲和乙不执行合伙企业事务，也不对外代表合伙企业；约定将企业前 3 年的全部利润分配给甲、乙、丙三人。试分析：（1）合伙人丙以劳务作价出资的做法是否符合规定？（2）合伙企业事务执行方式是否符合规定？（3）合伙人利润分配是否符合法律规定？

[分析] 根据《合伙企业法》规定，有限合伙企业由普通合伙人和有限合伙人组成，普通合伙人对合伙企业债务承担无限连带责任，有限合伙人以其认缴的出资额为限对合伙企业债务承担责任。有限合伙人不执行合伙事务，不得对外代表有限合伙企业。因为有限合伙企业的普通合伙人对有限合伙企业的债务承担无限连带责任，而有限合伙人只以其认缴的出资额为限对合伙企业债务承担责任，所以按照权利义务相一致的原则，有限合伙企业的事务由普通合伙人负责，有限合伙人不执行合伙事务，不得对外代表有限合伙企业，故本案中有限合伙企业的事务由丙执行的做法不符合规定。关于合伙企业利润分配及亏损分担，《合伙企业法》第 69 条规定："有限合伙企业不得将全部利润分配给部分合伙人；但是，合伙协议另有约定的除外。"因为考虑到有限合伙企业的特殊性，有限合伙人可以在前几年分配合伙企业的全部利润，以收回投资。在一般情况下，有限合伙企业不得将全部利润分配给部分合伙人，但是，有限合伙企业协议可以对此问题进行特别约定。如果有特别约定，则按照特别约定执行。所以，甲、乙、丙、丁的合伙协议中关于利润分配的做法是符合法律规定的。

第四章　企业破产法

学习目标

【知识目标】

1. 掌握破产的概念及破产界限，明确破产的申请与受理程序。
2. 掌握破产管理人、债务人财产、破产费用和共益债务。
3. 掌握债权人会议及议事规则。
4. 熟悉重整和和解程序，掌握破产清算的主要规定。

【能力目标】

1. 能够准确识别和判断企业是否达到破产条件，包括资不抵债、不能清偿到期债务等情形。

2. 熟悉破产申请的法定步骤和程序，能够按照法律规定独立完成破产申请工作，包括准备相关材料、提交申请、参与听证会议等。

3. 能够准确界定破产财产、破产债权、破产费用以及共益债务之间的关系，确保各方利益得到合理保障。

【素质目标】

1. 通过依法推进企业破产工作，可以开拓视野，培养全局思维意识。
2. 培养公平意识，增强破产法律实践的社会效果。

案例引入

2019 年建立的周庄尚品家具厂，因长期经营管理不善，产品积压，造成亏损，到期债务不能清偿。截至 2023 年 3 月，根据周庄审计事务所、周庄仲惠会计师事务所审计、评估，全厂财产总值为 300 万元，债务总额为 589 万元，严重资不抵债。2024 年 5 月 10 日，周庄尚品家具厂向市中级人民法院申请破产。人民法院依法指定管理人接管尚品家具厂，管理人在履行管理职责时发现家具厂在申请破产之前的 3 个月内，已知本厂资产不足以清偿所有债务，便向 A 企业偿还未到期的借款 100 万元。在申请破产之前 7 个月，曾放弃对 B 企业 15 万元的债权，并向 B 企业无偿提供一套价值 30 万元的设备。试分析：管理人能否请求人民法院撤销周庄尚品家具厂的上述行为？

第一节 企业破产法律制度概述

一、破产的概念与特征

破产，是指在债务人不能清偿到期债务，并且资产不足以清偿全部债务或者明显缺乏清偿能力的情况下，在法院的审理与监督之下，强制清算其全部财产，公平清偿全体债权人的法律制度，或者由债权人或债务人申请，经人民法院同意进行整顿复苏企业，或者由债务人与债权人达成和解协议避免破产清算的制度。所以，破产从广义上理解还包括以挽救债务人、避免破产为目的的和解、重整等法律制度。破产是一种法律规定的债务清偿手段，通过破产程序，使全体债权人获得公平受偿，保护债权人的权益。破产制度与相关的民事诉讼和执行制度相比，具有以下特征。

1. 破产程序是公平解决全体债权人债务的清偿

破产程序中的债务人已丧失清偿能力，不能对债权人履行全部义务，因个别债权人的单独执行或债务人对个别债权人的自动履行违背对全体债权人公平清偿的原则，故需以破产方式公平解决债务清偿问题。民事诉讼和执行程序中的债务人通常具有清偿能力，强调债务人的自动履行和债权人主动行使权利，并在必要时需要强制履行。另外，民事诉讼是为个别债权人的利益进行的，目的只是债权人的个别履行，而破产程序更强调清偿在全体债权人之间的公平履行，解决了多数债权人之间因债务人财产不足清偿而发生的矛盾，同时也是对债务人正当权益的维护。

2. 破产是对债务人财产法律关系的全面清算与执行

破产宣告后，将终结企业法人即债务人的营业，并使其丧失民事主体资格。而民事执行的范围则仅限于与所执行债务相关的财产，且不涉及民事主体资格问题。同时，破产制度与民事诉讼与执行制度又有着密切的联系。《中华人民共和国企业破产法》（以下简称《企业破产法》）第 4 条规定："破产案件审理程序，本法没有规定的，适用民事诉讼法的有关规定。"

二、企业破产法的概念与特征

企业破产法，是指在企业法人不能清偿到期债务，并且资产不足以清偿全部债务或者明显缺乏清偿能力的情况下，法院强制对其全部财产清算分配，公平清偿债权人，或通过和解、重整延缓清偿债务，避免企业法人破产，以保护债权人、债务人合法权益的法律规范的总称。企业破产法有广义和狭义之分。狭义的企业破产法指对企业法人破产清算的法律。广义的企业破产法还包括其他有关破产的法律、法规、行政规章、司法解释及散见于其他立法中的调整破产关系的法律规范。现代的破产法均由破产清算制度与挽救债务人的和解、重整制度两方面的法律构成。2006 年 8 月 27 日第十届全国人民代表大会常务委员会第二十三次会议通过了《中华人民共和国企业破产法》，该法自 2007 年 6 月 1 日起施行。《企业破产法》与其他法律相比的重要特征如下。

(1)《企业破产法》的调整范围仅限于债务人丧失清偿能力及不能清偿到期债务的特殊情况，解决的主要是如何公平清偿债务的问题，对当事人之间的实体权利义务的争议则在破产程序之外通过民事诉讼、仲裁等方式解决。

(2)《企业破产法》是集实体法和程序法合一的法律制度。《企业破产法》的内容包括实体性规范、程序性规范和罚则三部分。实体性规范主要包括破产界限、破产财产、破产债权、取回权、别除权、抵消权、撤销权、破产费用等；程序性规范主要包括破产案件的管辖、破产申请与受理、破产宣告、债权人会议、破产管理人、破产财产的处理与分配、和解与重整程序、破产清算程序等内容；罚则主要规定对破产犯罪等违法行为的法律责任、破产人的免责与处罚等内容。

(3)《企业破产法》是一部涉及面甚广的法律，不仅与《民法典》《中华人民共和国民事诉讼法》(以下简称《民事诉讼法》) 相关，与《公司法》《中华人民共和国劳动法》，乃至《中华人民共和国刑法》(以下简称《刑法》) 等都有密切的联系，《企业破产法》的实施要依靠这些相关法律及配套制度的保障。

三、企业破产法的适用范围

1. 主体适用范围

根据《企业破产法》相关规定，其主体适用范围是所有的企业法人。其他法律规定企业法人以外的组织的清算，属于破产清算的，参照适用《企业破产法》规定的程序。如此一来，适当地扩大了《企业破产法》的适用范围，以适应市场经济秩序调整的需要。此外，由于金融机构破产存在特殊性，需要制定具体实施办法来解决，所以在《企业破产法》第 134 条第 2 款规定："金融机构实施破产的，国务院可以依据本法和其他有关法律的规定制定实施办法。"

2. 地域适用范围

《企业破产法》的地域适用范围是指破产宣告的域外效力问题，即一国的破产宣告对位于破产人的其他国家财产是否有效。破产宣告的域外效力发生在跨国破产的情况下。跨国破产又称国际破产、越界破产，是指同时涉及本国与外国因素的破产程序。《企业破产法》第 5 条规定："依照本法开始的破产程序，对债务人在中华人民共和国领域外的财产发生效力。对外国法院作出的发生法律效力的破产案件的判决、裁定，涉及债务人在中华人民共和国领域内的财产，申请或者请求人民法院承认和执行的，人民法院依照中华人民共和国缔结或者参加的国际条约，或者按照互惠原则进行审查，认为不违反中华人民共和国法律的基本原则，不损害国家主权、安全和社会公共利益，不损害中华人民共和国领域内债权人的合法权益的，裁定承认和执行。"

第二节 破产申请与受理

一、破产界限

破产界限或破产原因是指法院据以认定债务人丧失清偿能力，当事人得以提出破产申请，法院据以启动破产程序的法律标准。《企业破产法》第2条第1款规定：“企业法人不能清偿到期债务，并且资产不足以清偿全部债务或者明显缺乏清偿能力的，依照本法规定清理债务。”不能清偿的判断标准是：①债务人丧失清偿能力，不能以财产、信用或能力等任何方法清偿债务；②债务人不能清偿的是已到期、债权人提出偿还请求的、无争议或已有确定名义的债务；③债务人对全部或主要债务长期、连续不能偿还。为了解决债权人提出破产申请时的举证责任问题，最高人民法院在相关司法解释中提到，债务人停止支付到期债务并呈连续状态，如果无相反证据，可推定为不能清偿到期债务。此外，对债务人丧失清偿能力的认定，不以其他对其债务负有清偿义务者（如连带责任人、担保人）也不能代为清偿为条件。只要债务人本人不能清偿到期债务即为丧失清偿能力，其他人对其负债的连带责任、担保责任不能视为债务人的清偿能力或其延伸。《企业破产法》第7条第1款规定：“债务人有本法第2条规定的情形，可以向人民法院提出重整、和解或者破产清算申请。”可见达到破产界限的企业法人不一定均应宣告破产，可以依照《企业破产法》的规定进行重整。重整是为防止企业破产，经企业债权人或者债务人向法院申请，对该企业实施强制治理，以避免破产清算的制度。其主要目的是防止由于一些企业尤其是大中型企业的破产而引发的失业等社会问题，以稳定经济和社会。

二、申请和受理

（一）破产申请

根据《企业破产法》的规定，债务人当满足破产原因的时候，可以向人民法院提出重整、和解或者破产清算申请。债务人不能清偿到期债务，债权人可以向人民法院提出对债务人进行重整或者破产清算的申请。

1. 破产申请的主体

破产申请的主体包括：债务人、债权人以及依法负有清算责任的人。法律赋予债务人重整、和解或者破产申请权的目的，在于使企业主动地通过破产程序解决纠纷，摆脱债务困境，避免破产清算，恢复生产经营。债权人的重整或者破产清算申请权，其目的在于保护债权人的利益。债权人提出破产申请的条件仅为债务人不能清偿到期债务，而无须证明债务人资不抵债或明显缺乏清偿能力。因为债权人无法掌握债务人的财务状况。另外，债权人的申请，法律上没有人数的限制。因此，允许2个以上的债权人共同申请并提供各自债权到期未清偿的证明。对于债务人和债权人而言，申请破产是一项权利。破产企业的职工作为债权人也可以申请债务人企业破产，破产申请应经职工代表大会或全体职工2/3以上多数同意。在企业法人已经解散但未清算或者未清算完毕且资产不足以清偿债务的情况下，负有清算责任的人有向法院申请破产清算的法律义务。

2. 破产案件的管辖

根据《企业破产法》规定，破产案件的地域管辖由债务人住所地人民法院管辖。债务人住所地是指债务人的主要办事机构所在地，债务人主要办事机构不明确的，由其注册地人民法院管辖。

3. 破产申请的形式

破产申请应以书面形式提出。当事人向人民法院提出破产申请，应当提交破产申请书和有关证据。破产申请书应当载明下列事项：①申请人、被申请人的基本情况；②申请目的；③申请的事实和理由；④人民法院认为应当载明的其他事项。债务人提出申请的，还应当向人民法院提交财产状况说明、债务清册、债权清册、有关财务会计报告、职工安置预案以及职工工资的支付和社会保险费用的缴纳情况。

（二）破产申请的受理

1. 破产申请的审查和受理的期限

债权人提出破产申请的，人民法院应当自收到申请之日起5日内通知债务人。通知中应告知债务人不得转移资产、逃避债务，不得进行有碍于公平清偿的行为。债务人对债权人的破产申请有异议的，应当自收到人民法院通知之日起7日内向人民法院提出。人民法院应当自异议期满之日起10日内裁定提出的申请是否受理。除上述情形外，人民法院应当自收到破产申请之日起15日内裁定是否受理。有特殊情况需要延长受理案件期限的，经上一级人民法院批准，可以延长15日。人民法院受理破产申请的，应当将裁定自作出之日起5日内送达申请人。债权人提出申请的，人民法院应当自裁定作出之日起5日内送达债务人。债务人应当自裁定送达之日起15日内，向人民法院提交财产状况说明、债务清册、债权清册、有关财务会计报告以及职工工资的支付和社会保险费用的缴纳情况。债务人违反法律规定，拒不向人民法院提交或者提交不真实的上述文件与情况说明的，人民法院可以对直接责任人员依法处以罚款。人民法院裁定不予受理破产申请的，应当将裁定自作出之日起5日内送达申请人并说明理由。申请人对裁定不服的，可以自裁定送达之日起10日内向上一级人民法院提起上诉。人民法院受理破产申请后至破产宣告前，经审查发现债务人不符合《企业破产法》规定的破产情形的，可以裁定驳回申请。申请人对裁定不服的，可以自裁定送达之日起10日内向上一级人民法院提起上诉。

2. 公告

人民法院裁定受理破产申请的，应当同时指定管理人，并在裁定受理破产申请之日起 25 日内通知已知债权人，并予以公告。通知和公告应当载明下列事项：①申请人、被申请人的名称或者姓名；②人民法院受理破产申请的时间；③申报债权的期限、地点和注意事项；④管理人的名称或者姓名及其处理事务的地址；⑤债务人的债务人或者财产持有人应当向管理人清偿债务或者交付财产的要求；⑥第一次债权人会议召开的时间和地点；⑦人民法院认为应当通知和公告的其他事项。

3. 破产申请受理的效力

破产案件受理裁定作出后便产生应有的法律效力。

（1）禁止债务人对个别债权人的清偿行为。我国《企业破产法》第 16 条规定："人民法院受理破产申请后，债务人对个别债权人的清偿无效。"

（2）中止对债务人财产的执行程序。我国《企业破产法》第 19 条规定："人民法院受理破产申请后，有关债务人财产的保全措施应当解除，执行程序应当中止。"

（3）解除有关债务人财产的保全措施。人民法院受理破产申请后，债务人财产自动受到破产程序禁止个别清偿保全效力的保护，有关债务人财产的其他保全措施应当解除，包括民事诉讼的保全措施，还包括行政处罚程序中的保全措施等。

（4）对债务人企业的债务人和财产持有人的效力。人民法院受理破产申请后，债务人的债务人或者财产持有人应当向管理人清偿债务或者交付财产。债务人的债务人或者财产持有人故意违反相关规定向债务人清偿债务或者交付财产，使债权人受到损失的，不免除其清偿债务或者交付财产的义务。

（5）管理人对未履行完毕合同的处置权。人民法院受理破产申请后，管理人对破产申请受理前成立、而债务人和对方当事人均未履行完毕的合同有权决定解除或者继续履行，并通知对方当事人。管理人自破产申请受理之日起 2 个月内未通知对方当事人，或者自收到对方当事人催告之日起 30 日内未答复的，视为解除合同。管理人决定继续履行合同的，对方当事人应当履行；但是，对方当事人有权要求管理人提供担保。管理人不提供担保的，视为解除合同。

第三节　破产管理人与债务人财产

一、破产管理人

管理人，也称破产管理人，是人民法院依法受理破产申请的同时，指定的全面接管破产企业并负责破产财产的保管、清理、估价、处理和分配，总管破产事务的人。破产管理人制度是企业破产法律制度中一项重要的内容。

1. 管理人的产生和资格

根据《企业破产法》规定，管理人由人民法院指定。债权人会议认为管理人不能依法、公正地执行职务或者有其他不能胜任职务情形的，可以申请人民法院予以更换。管理人没有正当理由不得辞去职务，辞去职务应当经人民法院许可。管理人的报酬属于破产费用，标准由人民法院确定。债权人会议对管理人的报酬有异议的，有权向人民法院提出，由人民法院决定是否需要对管理人的报酬进行调整。管理人可以由有关部门、机构的人员组成的清算组或者依法设立的律师事务所、会计师事务所、破产清算事务所等社会中介机构担任。同时人民法院根据债务人的实际情况，可以在征询有关社会中介机构的意见后，指定该机构具备相关专业知识并取得执业资格的人员担任管理人。但有下列情形之一的，不得担任管理人：①因故意犯罪受过刑事处罚；②曾被吊销相关专业执业证书；③与本案有利害关系，与破产案件有利害关系的，包括破产企业的债权人、破产企业的管理人员、破产企业的投资人等。与本破产案件有利害关系的，如果担任破产管理人，会影响破产事务的公正处理，因此只要与本破产案件有利害关系，就不得担任破产管理人；④人民法院认为不宜担任管理人的其他情形。

2. 管理人的职责

管理人应当勤勉尽责，忠实执行职务，向人民法院报告工作，并接受债权人会议和债权人委员会的监督。根据《企业破产法》规定，管理人履行下列职责：①接管债务人的财产、印章和账簿、文书等资料；②调查债务人财产状况，制作财产状况报告；③决定债务人的内部管理事务；④决定债务人的日常开支和其他必要开支；⑤在第一次债权人会议召开之前，决定继续或者停止债务人的营业；⑥管理和处分债务人的财产；⑦代表债务人参加诉讼、仲裁或者其他法律程序；⑧提议召开债权人会议；⑨人民法院认为管理人应当履行的其他职责。

二、债务人财产

债务人财产，是指破产申请受理时属于债务人的全部财产，以及破产申请受理后至破产程序终结前债务人取得的财产。为保护债权人的利益，《企业破产法》就债务人的财产规定了撤销权、个别清偿的撤销、债务人的无效行为、取回权、抵销权等内容。

（一）撤销权

撤销权，是指因债务人实施的减少债务人财产的行为危及债权人的债权时，管理人可以请求人民法院撤销该行为的权利。设立撤销权的目的在于恢复债务人财产，防止因债务人对财产的不当处理损害债权人的利益，最大限度地确保债权人债权的实现。

1. 可撤销行为

根据《企业破产法》规定，人民法院受理破产申请前 1 年内，涉及债务人财产的下列行为，管理人有权请求人民法院予以撤销。

（1）无偿转让财产的。债务人如果以无偿转让财产的方式转让财产，将导致财产的减少，从而损害债权人的利益，因此，无论第三人主观上是否有过错，管理人均可以请求撤销该行为，以恢复债务人财产原状。

（2）以明显不合理的价格进行交易的。无论是以明显不合理的低价将财产或权益转让给第三人，还是以明显不合理的高价受让财产或权益，都将严重损害债权人的利益，因此，管理人均有权请求撤销该行为，恢复财产原状。

（3）对没有财产担保的债务提供财产担保的。这种行为对有财产担保的债权人是有利的，但是对其他债权人是不利的，因为如果该担保是有效的，那么有担保的债权人对该担保财产拥有优先受偿权。因此，对没有财产担保的债务提供财产担保会损害债权人的利益。

（4）对未到期的债务提前清偿的。债务是否到期以债务人与第三人之间签订的合同中约定的履行期限来确认。如果按约定债务尚未到履行期就已经履行，即可认定为对未到期的债务提前清偿。但是如果合同中对履行期限没有约定或约定不明确，按相关法律规定，债务人可以随时履行，在这种情况下不能认定对未到期的债务提前清偿。

（5）放弃债权的。放弃债权等于是放弃财产或者财产权益，也就意味着债权人可获得的财产的减少，因而损害了债权人的利益，所以管理人有权要求撤销该行为。

2. 撤销权的行使。

根据《企业破产法》的规定，撤销权的行使应当符合下列要求。

（1）必须由管理人行使撤销权。在人民法院受理破产申请后，管理人即全面接管破产企业并负责破产财产的保管、清理、估价、处理和分配，总管破产事务。

（2）可撤销的行为必须发生在人民法院受理破产申请前1年内，超过1年的，债务人即使发生上述行为，也不属于可撤销的行为。经管理人的请求被人民法院撤销的行为即归于消灭。如果据此取得财产，管理人有权予以追回。对于已领受债务人财产的第三人，应负有返还财产的义务，原物不存在时，应折价赔偿。

（二）个别清偿的撤销

个别清偿是指债务人在对多个债权人承担债务的情况下，对个别债权人进行债务清偿的行为。根据《企业破产法》规定，人民法院受理破产申请前6个月内，债务人不能清偿到期债务，并且资产不足以清偿全部债务或者明显缺乏清偿能力，仍对个别债权人进行清偿的，管理人有权请求人民法院予以撤销。但是，个别清偿使债务人财产受益的除外。经管理人的请求被人民法院撤销的行为即归于消灭。如果据此取得财产，管理人有权予以追回。个别债权人的债权，与其他债权人的债权一样计入破产债权。

（三）债务人的无效行为

所谓无效行为，也称无效民事行为，是指行为人的行为因不具备法律规定的有效条件而没有法律效力。无效行为自始无效，即行为从实施时起就没有法律约束力。因实施无效行为取得的财产，应当通过返还财产、赔偿损失等方式使行为人的财产恢复到行为之前的状态。

根据《企业破产法》的规定，涉及债务人财产的下列行为无效。

（1）为逃避债务而隐匿、转移财产的。为逃避债务而隐匿、转移财产，不但妨碍管理人接管债务人财产，影响破产程序的正常进行，而且严重损害债权人的合法权益。因此，为逃避债务隐匿、转移财产的行为为无效行为，该行为自实施之日起就没有法律效力，如果据此取得财产，管理人有权予以追回。

（2）虚构债务或者承认不真实的债务的。在破产案件中，虚构债务主要是指债务人故意制造虚假的合同、借据等债务凭证，增加债务人的债务，导致债务人财产的减少，损害债权人的合法权益。所谓承认不真实的债务，是指债务人故意对事实上不正确、不真实的债务予以确认，隐瞒债务人财产的情况。虚构债务或者承认不真实的债务，不但妨碍管理人履行职责，而且严重损害债权人的合法权益，因此，该行为同样为无效行为，自实施之日起就没有法律效力。

（四）取回权

债务人被宣告破产后，依法用于清偿债权人的财产是债务人的财产，这其中并不包括属于债务人占有的他人的财产。因此，要对债务人占有、使用、与他人共有的财产以及在债务人名下、在债务人账户上的各种财产逐一进行核查，分清哪些财产是属于债务人的，哪些财产是权利人可以通过管理人取回的。破产法上的取回权分为一般取回权与出卖人取回权。

1. 一般取回权

法院受理破产申请后，债务人占有的不属于债务人的财产，权利人可以通过管理人取回。权利人的财产可因仓储、保管、加工承揽、租赁等合法原因被债务人合法占有发生，也可因侵权行为、不当得利等原因财产被债务人非法占有而发生。一般取回权的行使通常只限于取回原物。如果在破产案件受理前，原物已被债务人卖出或灭失，权利人的取回权消灭，只能以该物价值额作为破产债权要求清偿。但是，如果该财产因灭失而产生的保险赔偿，该财产的权利人有权取回代偿物，称为代偿取回权。

2. 出卖人取回权

人民法院受理破产申请时，出卖人已将买卖标的物向作为买受人的债务人发运，债务人尚未收到且未付清全部价款的，出卖人可以取回在运途中的标的物。但是，管理人可以支付全部价款，请求出卖人交付标的物。

如果买受人在破产申请受理时尚未付清货款，同时也没有收到货物，尚未获得货物的所有权。若不允许出卖人对尚属于自己的货物行使取回权，管理人收到标的物后，将其纳入破产财产，出卖人未收到的价款，就只能作为破产债权受偿，其所得可能会大大少于应收的价款，这样做对出卖人显然有失公平。

（五）抵销权

抵销权是指当事人双方互负债务，又互享债权，各自以自己的债权充抵对方所负债务，使自己的债务与对方的债务在等额内消灭的制度。抵销权对破产债权人具有重要意义，因为债权人的债权按破产程序清偿通常只能得到部分偿还，而债权人对破产企业所负的债务却须完全偿还，抵销权可使破产债权人在抵销的破产债权内得到全额偿还。根据《企业破产法》规定，债权人在破产申请受理前对债务人负有债务的，可以向管理人主张抵销。因此，抵销权的行使应当符合下列要求。

（1）债权人对债务人负有的债务，且债权人对债务人所负债务产生于破产申请受理之前。这种互负债务，无论是否已到清偿期限，无论债务标的物、给付种类是否相同，均可主张抵销。在破产申请受理之后，债权人对债务人负有的债务，不能主张抵销。

（2）抵销权只能由债权人行使，且债权人必须向管理人提出。抵销权的行使是对债权人债权的一种保障，但实际上会导致破产财产的减少，对其他债权人不利，因此，抵销权只能由债权人行使，而不能由其他人如管理人行使。

但有下列情形之一的，根据《企业破产法》相关规定，不得抵销。

（1）债务人的债务人在破产申请受理后取得他人对债务人的债权的。在破产申请受理后，第三人将其对破产企业的债权，全部或部分地转让给破产企业的债务人，使破产企业的债务人同时也成为破产企业的债权人。这种情况下的互负债务、互享债权，不得抵销。

（2）债权人已知债务人有不能清偿到期债务或者破产申请的事实，对债务人负担债务的；但是，债权人因为法律规定或者因破产申请一年前所发生的原因而负担债务的除外。

（3）债务人的债务人已知债务人有不能清偿到期债务或者破产申请的事实，对债务人取得债权的；但是，债务人的债务人因为法律规定或者有破产申请一年前所发生的原因而取得债权的除外。债务人的债务人已知债务人有不能清偿到期债务或者破产申请的事实，有意低价购买债务人的债权，待破产程序启动后，用低价购买的破产债权与本应向债务人完全清偿的债务进行抵销，使其他破产债权人可分配的破产财产减少。

（4）股东的破产债权，不得与其欠付的注册资本金相抵销。破产债权一般只能得到一部分清偿，甚至得不到清偿。在债务人进入破产程序时，如果允许股东将其名不副实的破产债权冲抵注册资本金，实际上是允许股东可以不足额地缴纳法律和企业章程中规定其应当全额缴纳的出资额，这不仅违反了资本充实原则，而且严重损害了其他债权人与企业的合法权益。

（六）其他由管理人依法处理的债务人财产

《企业破产法》除规定因涉及债务人财产的行为被撤销或者无效而取得的债务人的财产，管理人有权追回外，还对其他由管理人依法处理的债务人财产的情形作出了规定，主要包括以下内容。

（1）人民法院受理破产申请后，债务人的出资人尚未完全履行出资义务的，管理人应当要求该出资人缴纳所认缴的出资，而不受出资期限的限制。

（2）债务人的董事、监事和高级管理人员利用职权从企业获取的非正常收入和侵占的企业财产，管理人应当追回。

第四节　债权申报与债权人会议

一、债权申报与确认

（一）债权申报的概念

债权申报是指债务人的债权人在接到人民法院的破产申请受理裁定通知或者公告后，在法定期限内向人民法院申请登记债权，以取得破产债权人地位的行为。债权人在法定期限内申报了债权即成为破产债权人，因而享有破产债权人的权利，若未在法定期限内申报债权，则视为放弃债权。破产债权人在破产过程中享有的权利主要有以下几种。

（1）参加债权人会议，并享有表决权。债权人经依法申报后成为债权人会议的成员，通过债权人会议可以对破产程序中的有关事项，如通过和解协议、重整计划、债务人财产的管理方案等享有表决权。

（2）提出对债务人重整申请。

（3）参加破产财产的分配。债务人被宣告破产后，破产财产的变价方案和分配方案要经债权人会议通过，并最终使其债权按清偿顺序进行清偿。

（二）债权申报的期限

债权申报的期限，是指根据《企业破产法》的规定或经人民法院允许债权人向人民法院申报债权的期间。若债权人没有在申报期内申报债权，就视同放弃参加破产程序的权利，不享有破产债权人在破产过程中享有的表决权、破产财产分配权等权利，也就是放弃了债权。

1. 法定申报期限

《企业破产法》规定债权申报期限自人民法院发布受理破产申请公告之日起计算，最短不得少于 30 日，最长不得超过 3 个月。在法律规定的期间内，人民法院可以根据案件具体情况确定申报债权的期限。对于案件较为简单、债权人较少的，可以确定较短的申报期限，但不得短于30日。对于案件较为复杂、债权人数量较多且涉及金额巨大的，可以确定较长的申报期限，但不得长于3个月。

2. 延期申报期限

延期申报期限也称补充申报期限，指在人民法院确定的债权申报期限内，债权人未申报债权的，可以在破产财产最后分配前补充申报；但是，此前已进行分配的，不再对其补充分配。补充申报必须在破产财产最后分配前提出，得到的清偿以补充申报后的破产财产为限。为审查和确认补充申报债权的费用，由补充申报人承担。

（三）债权申报的要求

根据《企业破产法》的规定，债权人申报债权时应当按照下列要求进行。

（1）未到期的债权，在申请受理时视为到期。附利息的债权自破产申请受理时起停止计息。

（2）附条件、附期限的债权和诉讼、仲裁未决的债权属于不确定的债权，债权人可以申报。但是所争议的债权只有在人民法院或者仲裁机构作出生效判决或者仲裁决定后，其债权才能确定。

（3）债权人应当在人民法院确定的债权申报期限内向管理人申报债权。债务人所欠职工的工资和医疗、伤残补助、抚恤费用，所欠的应当划入职工个人账户的基本养老保险、基本医疗保险费用，以法律、行政法规规定应当支付给职工的补偿金，不必申报，由管理人调查后列出清单并予以公示。职工对清单记载有异议的，可以要求管理人更正；管理人不予更正的，职工可以向人民法院提起诉讼。

（4）债权人申报债权时，应当书面说明债权的数额和有无财产担保，并提交有关证据。申报的债权是连带债权的，应当说明。有财产担保的债权对特定的财产享有优先受偿权。有财产担保的债权是指对债务人的特定财产享有抵押权、质权、留置权等担保物权的债权。

（5）连带债权人可以由其中一人代表全体连带债权人申报债权，也可以共同申报债权。由其中一人代表全体连带债权人申报债权的，应说明其能够代表其他连带债权人及所代表的其他连带债权人的基本情况，该申请人的行为对其他连带债权人有效；连带债权人共同申报债权的，他们作为共同的债权人，在对破产财产清偿时，只解决所申报债权的清偿问题，连带债权人之间的内部关系不在破产程序中解决。

（6）债务人的保证人或者其他连带债务人已经代替债务人清偿债务的，以其对债务人的求偿权申报债权。债务人的保证人或者其他连带债务人尚未代替债务人清偿债务的，以其对债务人的将来求偿权申报债权。债权人参加破产程序未得到彻底清偿，如果在破产程序终结后向保证人或连带债务人要求清偿，保证人或连带债务人履行保证或连带责任后，本应向债务人追偿，但此时破产的财产分配程序已终结，无法及时申报债权。所以，立法允许保证人或连带债务人预先行使求偿权，但是，债权人已经向管理人申报全部债权的除外。

（7）连带债务人数人被裁定适用《企业破产法》规定的程序的，其债权人有权就全部债权分别在破产案件中申报债权。

（8）管理人或者债务人依照《企业破产法》规定解除双方未履行完毕的合同的，对方当事人以因合同解除所产生的损害赔偿请求权申报债权。

（9）债务人是委托合同的委托人，其破产案件被人民法院受理，受托人不知该事实，继续处理委托事务的，受托人以由此产生的请求权申报债权。

（10）债务人是票据的出票人，其破产案件被人民法院受理，该票据的付款人继续付款或者承兑的，付款人以由此产生的请求权申报债权。

（四）债权的确认

债权人申报债权需经确认后才能在破产程序中行使权利。债权审查的判断原则是，凡未经发生法律效力的裁判所确认的债权，均应在审查确认之列；凡经发生法律效力的裁判所确认的债权，原则上不在审查确认之列。债权人申报债权，管理人收到债权申报材料后，应当登记造册，对申报的债权进行审查，并编制债权表。管理人必须将申报的债权全部编入债权表，不允许以其认为债权不成立等为由拒绝编入债权表。管理人进行实质审查后对各项债权的认定结果，如是否真实存在、是否超过诉讼时效等，应附在提交第一次债权人会议的债权表后，供核查使用。债权表和债权申报材料由管理人保存，供利害关系人查阅。

管理人依法编制的债权表应当提交第一次债权人会议核查。债权的核查程序如下：首先，由管理人发放、宣读被核查债权的申报登记情况以及有关证据材料，并由该债权人进行说明。随后，由管理人、债务人、其他债权人陈述意见，由该债权人解释，有疑问者可继续进行询问。经核查后，管理人、债务人、其他债权人对债权无异议的，列入债权表。债权表由人民法院裁定确认，其确认具有与生效判决同等的法律效力。管理人、债务人、债权人对债权表记载的债权有异议的，可以向受理破产申请的人民法院提起诉讼。

二、债权人会议

债权人会议是破产程序中全体债权人的自治性组织，在法院的监督下以维护债权人共同利益为目的，讨论决定有关破产事宜，表达债权人意志的机构。债权人会议是债权人行使破产参与权的场所，本身不是执行机关，也不是民事权利主体，但是在破产程序中是很重要的机构。

（一）债权人会议的组成与召集

1. 债权人会议的组成

根据《企业破产法》规定，依法申报债权的债权人为债权人会议的成员，有权参加债权人会议，享有表决权。债权人可以委托代理人出席债权人会议，行使表决权。代理人出席债权人会议，应当向人民法院或者债权人会议主席提交债权人的授权委托书。债权人会议应当有债务人的职工和工会的代表参加，对有关事项发表意见。债权人会议设主席1人，由人民法院从有表决权的债权人中指定，债权人会议主席主持债权人会议。

2. 债权人会议的召集

第一次债权人会议由人民法院召集，自债权申报期限届满之日起15日内召开，由人民法院主持。其内容应包括：①宣布债权人会议职权和其他有关事项；宣布债权人资格审查结果；②指定并宣布债权人会议主席；③由管理人通报债务人的生产经营、财产、债务的基本情况等。第一次债权人会议以后的债权人会议，在人民法院认为必要时，或者管理人、债权人委员会、占债权总额1/4以上的债权人向债权人会议主席提议时召开。召开债权人会议，管理人应当提前15日将会议的时间、地点、内容、目的等事项通知已知的债权人。

（二）债权人会议的职权

根据《企业破产法》规定，债权人会议行使下列职权。

1. 核查债权

管理人依法对申报债权进行审查后，编制债权表，提交第一次债权人会议核查。核查债权是否存在、债权的性质（有无财产担保）、债权数额等。经核查无异议的由人民法院裁定确认，有异议的可向人民法院提起诉讼。

2. 申请人民法院更换管理人，审查管理人的费用和报酬

3. 监督管理人

按照《企业破产法》的规定，管理人向人民法院报告工作，并接受债权人会议和债权人委员会的监督。

4. 选任和更换债权人委员会成员

债权人会议可以决定成立债权人委员会，债权人委员会由债权人会议选任的债权人代表和一名债务人的职工代表或工会代表组成。如果债权人认为已选任的债权人代表不能胜任工作，有权更换债权人代表。但无论选任还是更换，都需经人民法院书面认可。

5. 决定继续或者停止债务人的营业

6. 通过重整计划

重整计划是债务人或管理人向人民法院和债权人会议提交的企业重整的方案。为保护债权人的利益，重整计划必须交由债权人会议讨论并表决通过。

7. 通过和解协议

和解协议是债务人和债权人在法院的主持下，就债务人延期清偿债务、减少债务

数额等事项达成的协议，债权人会议将对和解协议草案的内容进行讨论表决。

8. 通过债务人财产的管理方案

债务人财产的管理由管理人负责，管理人就债务人财产的状况制定管理方案，管理方案经债权人会议讨论通过后实施，不能通过的由法院裁定。

9. 通过破产财产的变价方案

管理人应当就变价的范围、变价方法、变价的时间制定方案，方案在提交债权人会议讨论通过后实施，不能通过的由人民法院裁定。

10. 通过破产财产的分配方案

破产财产的分配，直接关系到每一个债权人的受偿数额，必须提交债权人会议讨论通过，经两次讨论不能通过的，由人民法院裁定。

11. 人民法院认为应当由债权人会议行使的其他职权

债权人会议所议事项都是破产程序中的重大事项，应当对所议事项的决议作成会议记录，以备今后查阅。

（三）债权人会议的决议

债权人会议是由全体债权人组成，为维护共同利益，在法院监督下讨论有关破产事宜，表达共同意志，维护债权人共同利益，协调债权人行动的临时性机构。

债权人会议的决议，由出席会议的有表决权的债权人过半数通过，并且其所代表的债权额占无财产担保债权总额的 1/2 以上。但《企业破产法》另有规定的除外。债权人会议的决议，对全体债权人均有法律约束力。债权人会议决议的表决实行双重多数通过，即必须同时满足 2 个条件：①按人计算。由出席会议的有表决权的债权人过半数通过，过半数不包括半数在内。这里的过半数是按出席会议的有表决权的人数计算，有表决权的债权人不出席会议，应视为已放弃了自己的表决权。②按债权额计算。同意票所代表的债权额占无财产担保债权总额的 1/2 以上。这里的债权额指经过债权人会议确认的金额；无财产担保债权总额以债权人会议确认的无财产担保债权总额为准，且无论债权人是否出席会议。

《企业破产法》同时还规定了特殊情况下更为严格的条件：①通过和解协议草案的决议，由出席会议的有表决权的债权人过半数通过，并且其所代表的债权额占无财产担保债权总额的 2/3 以上；②通过重整计划草案的决议，按债权类型分组进行表决，由出席会议同一表决组的债权人过半数同意，并且其所代表的债权额占该组债权总额的 2/3 以上的，为该组通过。各表决组均通过时，重整计划即为通过。债权人认为债权人会议的决议违反法律规定，损害其利益的，可以自债权人会议作出决议之日起 15 日内，请求人民法院裁定撤销该决议，责令债权人会议依法重新作出决议。

（四）债权人委员会

债权人会议可以决定设立债权人委员会。由于债权人会议是债权人的非常设机构，在闭会期间无法行使其权利，不足以保护全体债权人的利益。因此债权人会议可以根据实际情况决定设立债权人委员会，专门行使日常监督权。

债权人委员会由债权人会议选任的债权人代表和 1 名债务人的职工代表或者工会代表组成。债权人委员会成员人数原则上应为奇数，最多不得超过 9 人。债权人委员会成员还应当经人民法院书面决定认可才有效。

根据《企业破产法》的规定，债权人委员会行使下列职权：①监督债务人财产的管理和处分；②监督破产财产分配；③提议召开债权人会议；④债权人会议委托的其他职权。债权人委员会执行职务时，有权要求管理人、债务人的法定代表人、财务人员等管理人员对其职权范围内的事务作出说明或者提供有关文件。管理人、债务人的有关人员违反规定拒绝接受监督的，债权人委员会有权就监督事项请求人民法院作出决定。人民法院应当在 5 日内作出决定。为保障债权人委员会能够及时了解破产程序进行的有关信息，行使监督权力，《企业破产法》还规定，管理人实施下列行为时，应当及时报告债权人委员会：①涉及土地、房屋等不动产权益的转让；②探矿权、采矿权、知识产权等财产权的转让；③全部库存或营业的转让；④借款；⑤设定财产担保；⑥债权和有价证券的转让；⑦履行债务人和对方当事人均未履行完毕的合同；⑧放弃权利；⑨担保物的收回；⑩对债权人利益有重大影响的其他财产处分行为。未设立债权人委员会的，管理人实施上述行为应当及时报告人民法院。

三、破产费用和共益债务

（一）破产费用

1. 破产费用的概念

破产费用是指人民法院受理破产申请后，在破产程序的顺利进行及对债务人财产的管理、变价、分配过程中，必须用债务人财产优先支付的费用。破产费用与其他费用相比具有以下特点：①破产费用必须是在破产程序开始后发生的；②破产费用必须是为破产事务的处理而发生的费用；③破产费用必须是在处理破产事务中为债权人的共同利益而发生的费用；④破产费用的支付不按破产程序中的清偿顺序清偿，而是随时可用债务人的财产进行清偿，目的是保障破产程序的顺利进行。

2. 破产费用的范围

根据《企业破产法》规定，下列费用为破产费用。

（1）破产案件的诉讼费用。案件诉讼费是人民法院依法向债务人收取的费用。按最高人民法院的规定，案件诉讼费采取预收的方式收取。诉讼费用包括调查费、公告费、送达费、财产保全费、鉴定费等。

（2）管理、变价和分配债务人财产的费用。人民法院受理破产申请后，债务人的财产就不能随意处置，必须通过人民法院指定的管理人对其进行管理，而管理人的管理必然要支出有关的费用，包括财产的仓储费、运输费、律师费、会计师费等费用，对财产估价、拍卖、登记等变价费，制作财产分配方案、公告和通知分配方案、提存等分配财产的费用。

（3）管理人执行职务的费用、报酬和聘用工作人员的费用。

（二）共益债务

1. 共益债务的概念

共益债务是指人民法院受理破产申请后，管理人为全体债权人的共同利益，管理债务人财产时所负担或产生的债务，以及因债务人财产而产生的，以债务人财产优先支付的债务。共益债务具有以下特点：①共益债务发生于人民法院受理破产申请后；②共益债务是管理人在管理债务人财产过程中因债务人和债务人财产而发生的债务；③共益债务是管理人在管理债务人财产过程中为全体债权人的共同利益而发生的债务。

2. 共益债务的范围

根据《企业破产法》规定，下列债务为共益债务。

（1）因管理人或者债务人请求对方当事人履行双方均未履行完毕的合同所产生的债务。人民法院受理破产申请后，包括在债务人重整期间，管理人决定继续履行合同时，由于履行合同而发生的债务，包括公证费、律师费等，都属于共益债务。

（2）债务人财产因无因管理所产生的债务。无因管理是指没有法定的或者约定的义务，为避免他人利益受损失进行管理或者服务而产生的债务。在人民法院受理破产申请之后所产生的无因管理的债权作为共益债务，如果发生在人民法院受理破产申请之前，无因管理人的费用偿还权只能作为破产债权受偿。

（3）因债务人不当得利所产生的债务。不当得利是指没有合法的根据，而取得的不当利益，并因此造成他人损失的。不当得利的人应将取得的不当得利归还受损失的人。不当得利返还请求权产生于人民法院受理破产申请之后，属于共益债务，不属于破产债权。

（4）为债务人继续营业而应支付的劳动报酬和社会保险费用以及由此产生的其他债务。在债务人进入破产程序后，管理人为了债务人的财产增值决定继续营业，因而发生劳动报酬及社会保险费用，作为共益债务。

（5）管理人或者相关人员执行职务致人损害所产生的债务。在管理人及其聘用人员依职权对债务人财产进行管理过程中，对他人造成损害，因这种损害是执行职务时发生的，作为一种共益债务。

（6）债务人财产致人损害所产生的债务。由于债务人自己财产的原因而导致他人财产损失的，作为共益债务。

（三）破产费用与共益债务的清偿

根据《企业破产法》的规定，破产费用和共益债务的清偿，按照下列原则进行。

（1）破产费用和共益债务由债务人财产随时清偿。

（2）债务人财产不足以清偿所有破产费用和共益债务的，先行清偿破产费用。

（3）债务人财产不足以清偿所有破产费用或者共益债务的，按照比例清偿。

（4）债务人财产不足以清偿破产费用的，管理人应当提请人民法院终结破产程序。

第五节　重整与和解

一、重整

重整是指当企业法人不能清偿到期债务时，不立即进行破产清算，而是在法院的主持下，由债务人与债权人达成协议，制订债务人重整计划，债务人继续营业，并在一定期限内全部或部分清偿债务以避免破产的法律制度。重整的目的是使面临破产的企业能够摆脱困境，重新获得经营能力，实现债务的清偿。重整是防止企业破产的重要制度，是企业破产制度的重要组成部分。

（一）重整申请

1. 关于重整申请人的规定

根据《企业破产法》的规定，债务人在不同的阶段，重整申请人不同。

（1）债务人尚未进入破产程序时，债务人或者债权人可以直接向人民法院申请对债务人进行重整。

（2）债权人申请对债务人进行破产清算的，在人民法院受理破产申请后，宣告债务人破产前，债务人或者出资额占债务人注册资本 1/10 以上的出资人，可以向人民法院申请重整。重整期间是指自人民法院裁定债务人重整之日起至重整程序终止时的期间。

2. 重整期间及其相关规定

在重整期间，经债务人申请，人民法院批准，债务人可以在管理人的监督下自行管理财产和营业事务。在这种情形下，已接管债务人财产和营业事务的管理人应当向债务人移交财产和营业事务，有关管理人的职权由债务人行使。债务人合法占有的他人财产，该财产的权利人在重整期间要求取回的，应当符合事先约定的条件。在重整期间，债务人的出资人不得请求投资收益分配。债务人的董事、监事、高级管理人员不得向第三人转让其持有的债务人的股权。但是，经人民法院同意的除外。

在重整期间，有下列情形之一的，经管理人或者利害关系人请求，人民法院应当裁定终止重整程序，并宣告债务人破产：①债务人的经营状况和财产状况继续恶化，缺乏挽救的可能性；②债务人有欺诈、恶意减少债务人财产或者其他显著不利于债权人的行为；③由于债务人的行为致使管理人无法执行职务。

（二）重整计划的制作和表决

债务人自行管理财产和营业事务的，由债务人制作重整计划草案。管理人负责管理财产和营业事务的，由管理人制作重整计划草案。

1. 表决组的划分

债务人或者管理人应当自人民法院裁定债务人重整之日起6个月内，同时向人民法院和债权人会议提交重整计划草案。上述规定的期限届满后，经债务人或者管理人请求，有正当理由的，人民法院可以裁定延期3个月。债权人参加讨论重整计划草案的债权人会议，依照下列债权分类，分组对重整计划草案进行表决：①对债务人的特定财产享有担保权的债权；②债务人所欠职工的工资和医疗、伤残补助、抚恤费用，所欠的应当划入职工个人账户的基本养老保险、基本医疗保险费用，以及法律、行政法规规定应当支付给职工的补偿金；③债务人所欠税款；④普通债权。此外，人民法院在必要时可以决定在普通债权组中设小额债权组对重整计划草案进行表决。

2. 债权人会议表决

人民法院应当自收到重整计划草案之日起30日内召开债权人会议，对重整计划草案进行表决。出席会议的同一表决组的债权人过半数同意重整计划草案，并且其所代表的债权额占该组债权总额的2/3以上的，即为该组通过重整计划草案。债务人或者管理人应当在债权人会议上就重整计划草案作出说明，并回答询问。债务人的出资人代表可以列席讨论重整计划草案的债权人会议。重整计划草案涉及出资人权益调整事项的，应当设出资人组，按照出资比例对该事项进行表决。各表决组均通过重整计划草案时，重整计划即为通过。重整计划草案未获得通过且未依照《企业破产法》的规定获得批准，或者已通过的重整计划未获得批准的，人民法院应当裁定终止重整程序，并宣告债务人破产。

（三）重整计划的执行与监督

重整计划由债务人负责执行，管理人监督执行。人民法院裁定批准的重整计划，对债务人和全体债权人均有约束力。债权人未依照规定申报债权的，在重整计划执行期间不得行使权利；在重整计划执行完毕后，可以按照重整计划规定的同类债权的清偿条件行使权利。债权人对债务人的保证人和其他连带债务人所享有的权利，不受重整计划的影响。债务人不能执行或者不执行重整计划的，人民法院经管理人或者利害关系人请求，应当裁定终止重整计划的执行，并宣告债务人破产。人民法院裁定终止重整计划执行的，债权人在重整计划中作出的债权调整的承诺失去效力。债权人因执行重整计划所受的清偿仍然有效，债权未受清偿的部分作为破产债权。按照重整计划减免的债务，自重整计划执行完毕时起，债务人不再承担清偿责任。

二、和解

和解是指具备破产原因的债务人，为了避免破产清算，而与债权人会议达成协商解决债务的协议，并经法院认可后生效的法律程序。

和解并非法院作出破产宣告的必经程序，是否和解完全依债务双方当事人意思而定。和解制度与破产清算制度一样，都重在清偿，但是破产清算是一种消极的处理方法，无论对债权人还是债务人都必然会造成损失，而和解可以起到减少损失、预防破产的积极作用。

（一）和解申请的提出

债务人可依照《企业破产法》的规定，直接向人民法院申请和解；也可以在人民法院受理破产申请后、宣告债务人破产前，向人民法院申请和解。

债务人申请和解，应当提出和解协议草案。和解协议草案的主要内容是债务清偿方案，其中包括延长清偿的期限、分期清偿的数额、申请减免债务的额度及比例等。

（二）和解协议的通过及裁定

和解协议草案是债务人向人民法院提交的文件，该文件直接涉及债权人债权的清偿，因此必须经债权人会议讨论通过，同时还必须经由人民法院审查认可。对债务人提出的和解申请，人民法院经审查认为符合规定的，应当裁定和解，予以公告，并召集债权人会议讨论和解协议草案。和解程序对就债务人特定财产享有担保权的权利人无约束力。对债务人的特定财产享有担保权的权利人，自人民法院裁定和解之日起可以对担保物行使权利。债权人会议通过和解协议的，由人民法院裁定认可，并予以公告后，管理人应当向债务人移交财产和营业事务，并向人民法院提交执行职务的报告。和解协议草案经债权人会议表决未获得通过，或者已经债权人会议通过的和解协议未获得人民法院认可的，人民法院应当裁定终止和解程序，并宣告债务人破产。

（三）和解协议的法律效力和终止

1. 和解协议的法律效力

和解协议的法律效力体现在以下几个方面。

（1）经人民法院裁定认可的和解协议，对债务人和全体和解债权人均有约束力。和解债权人只能按照和解协议的规定接受清偿，不得要求或接受和解协议外的单独利益，无权提起民事执行程序。

（2）和解债权人对债务人的保证人和其他连带债务人所享有的权利，不受和解协议的影响。债务人的保证人和其他连带债务人的保证责任或者连带清偿责任并不因和解协议的生效而减少，而是仍按原债务责任承担担保责任和连带清偿责任。

（3）债务人应当按照和解协议规定的条件清偿债务。

2. 和解协议的终止

和解协议无强制执行效力，如果债务人不履行协议，债权人不能请求人民法院强制执行，只能请求人民法院终止和解协议的执行，宣告其破产。因债务人的欺诈或者其他违法行为而成立的和解协议，人民法院应当裁定无效，并宣告债务人破产。人民法院裁定终止和解协议执行的，和解债权人在和解协议中作出的债权调整的承诺失去效力，但是为和解协议的执行提供的担保继续有效。和解债权人因执行和解协议所受的清偿仍然有效，和解债权未受清偿的部分作为破产债权。按照和解协议减免的债务，自和解协议执行完毕时起，债务人不再承担清偿责任。和解协议对执行过程中，可能因债务人的行为导致和解协议无法继续执行，如果继续执行可能给债权人造成更大损失，为保障债权人的合法权益，《企业破产法》规定了可以终止和解协议。

第六节 破产清算及法律责任

一、破产宣告和破产财产的优先受偿权

（一）破产宣告

破产宣告是人民法院依据当事人的申请或法定职权裁定，宣告债务人破产以清偿债务的活动。根据《企业破产法》的规定，有下列情形之一的，人民法院应当以书面裁定宣告债务人企业破产：①企业不能清偿到期债务，又不具备法律规定的不予宣告破产条件的；②企业被人民法院依法裁定终止重整程序的；③人民法院依法裁定终止和解协议执行的。人民法院依法宣告债务人破产的，应当自裁定作出之日起5日内送达债务人和管理人，自裁定作出之日起10日内通知已知债权人，并予以公告。债务人被宣告破产后，在破产程序中的有关称谓也发生了相应的变化。债务人称为破产人，债务人财产称为破产财产，法院受理破产申请时对债务人享有的债权称为破产债权。破产宣告前，有下列情形之一的，人民法院应当裁定终结破产程序，并予以公告：①第三人为债务人提供足额担保或者为债务人清偿全部到期债务的；②债务人已清偿全部到期债务的。

（二）破产财产的优先受偿权

破产财产的优先受偿权，又称别除权，是指对破产人的特定财产享有担保权的权利人，对该特定财产享有优先受偿的权利。财产担保债权是指债权人的债权由债务人提供的特定财产作为抵押物、质物、留置物，在债务人不履行债务时，债权人可依法以抵押物、质物、留置物折价，或者以拍卖、变卖的价款优先受偿。所谓优先受偿权是指依该特定财产拍卖、出售或按其他法定方式处理的价款，首先要用于清偿对其享有抵押权、质押权或留置权的人，优先受偿之后如果有剩余的，则剩余部分才能依法

用来清偿破产人的其他债权人的债权。对破产人的特定财产享有优先受偿权的债权人，行使优先受偿权利未能完全受偿的，其未受偿的债权作为普通债权，与其他债权人的债权一起依破产程序清偿。

二、破产财产的分配

（一）破产财产的分配顺序

破产财产的分配顺序是指将破产财产分配给债权人的先后顺序，即下一顺序的债权只有在上一顺序的债权受偿后才能受偿；同一顺序的债权或依法律规定平等受偿，或者按法律规定按比例受偿。破产财产的分配顺序关系破产案件各方当事人特别是债权人的利益能否实现或实现的程度，因此，必须由法律作出明确规定。

根据《企业破产法》的规定，破产财产按照下列顺序进行分配。

1. 破产财产优先清偿破产费用和共益债务

破产费用和共益债务是一种特殊性的债权，它具有优于一般破产债权受偿的权利，但是它对破产企业特定财产享有优先受偿权的债权没有优先权。破产费用可随时用破产财产支付，破产财产不足以支付破产费用的，人民法院根据管理人的申请裁定终结破产程序。

2. 破产财产在清偿破产费用和共益债务后的清偿顺序

（1）破产人所欠职工的工资和医疗、伤残补助、抚恤费用，所欠的应当划入职工个人账户的基本养老保险、基本医疗保险费用，以及法律、行政法规规定应当支付给职工的补偿金。在清偿职工工资时，应当注意的是，破产企业的董事、监事和高级管理人员的工资不能完全按破产人破产前其实际的工资清偿，而是按照该企业职工的平均工资计算。

（2）破产人欠缴的除上述规定以外的社会保险费用和破产人所欠税款。

（3）普通破产债权。普通破产债权是指除对破产人的特定财产享有优先权的债权、法律规定享有优先权的债权、劳动债权以及国家税款以外的破产债权，具体包括以下几种：无财产担保债权、放弃优先受偿权的债权、行使优先权后未能完全受偿的债权部分。破产财产不足以清偿同一顺序的清偿要求的，按照比例分配，即按照各债权人的债权额在该顺序中占债权总额的比例进行清偿。

（二）破产财产的变价与分配方案

1. 破产财产的变价

管理人应当及时拟订破产财产变价方案，提交债权人会议讨论。管理人应当按照债权人会议通过的或者人民法院裁定的破产财产变价方案，适时变价出售破产财产。破产财产的分配应以货币分配方式为原则，其他分配方式为例外。变价出售破产财产应当通过拍卖进行，但是债权人会议另有决议的除外。破产企业可以全部或者部分变价出售。企业变价出售时，可以将其中的无形资产和其他财产单独变价出售。依法不能拍卖或者限制转让的财产，例如，涉及国家利益的专利权的转让，应当按照国家规定的方式处理。

2. 破产财产分配方案的拟订

管理人应当及时拟订破产财产分配方案，破产财产分配方案应当载明下列事项：①参加破产财产分配的债权人名称或者姓名、住所；②参加破产财产分配的债权额；③可供分配的破产财产数额；④破产财产分配的顺序、比例及数额；⑤实施破产财产分配的方法。破产财产分配方案的表决必须由出席债权人会议的有表决权的债权人过半数通过，并且其所代表的债权额占无财产担保债权总额的 1/2 以上。经债权人会议表决通过的破产财产分配方案对全体债权人有约束力。债权人会议通过破产财产分配方案后，由管理人将该方案提请人民法院裁定认可。破产财产分配方案经人民法院裁定认可后，由管理人执行。

三、破产程序的终结

破产程序的终结，又称破产程序的终止，是指人民法院受理破产案件后，在出现法定事由时，由人民法院依法裁定终结破产程序，结束破产案件的审理。

（一）破产程序终结的事由

破产程序的终结根据事由的不同分为正常的终结和非正常的终结。正常的终结是因破产财产分配完毕，破产目的已经实现而终结破产程序。非正常的终结是指没有经过破产财产的分配就终结破产程序。根据《企业破产法》规定，下列情况下，终结破产程序。

（1）债务人财产不足以清偿破产费用的，管理人应当提请人民法院终结破产程序。

（2）人民法院受理破产申请后，债务人与全体债权人就债权、债务的处理自行达成协议的，可以请求人民法院裁定认可，并终结破产程序。

（3）破产人无财产可供分配的，管理人应当请求人民法院裁定终结破产程序。

（4）破产财产分配完毕。这是破产程序终结中最为普遍的方式，也是破产程序正常终结的方式。《企业破产法》规定，管理人在最后分配完结后，应当及时向人民法院提交破产财产分配报告，并提请人民法院裁定终结破产程序。

（二）破产程序终结的裁定

破产人无财产可供分配的，管理人应当请求人民法院裁定终结破产程序。破产程序的终结必须由人民法院依法作出裁定。人民法院应当自收到管理人终结破产程序的请求之日起 15 日内作出是否终结破产程序的裁定。裁定终结的，应当予以公告。管理人应当自破产程序终结之日起 10 日内，持人民法院终结破产程序的裁定，向破产人的原登记机关办理注销登记。管理人于办理注销登记完毕的次日终止执行职务。但是，存在诉讼或者仲裁未决情况的除外。

（三）破产财产的追加分配

破产程序终结后，债权人通过破产分配未能得到清偿的债权不再予以清偿，破产企业未偿清余债的责任依法免除。但是，自破产程序依法终结之日起2年内，有下列情形之一的，债权人可以请求人民法院按照破产财产分配方案进行追加分配。

1. 发现有依照规定应当追回的财产的

依照规定应当追回的财产包括以下各项。

（1）人民法院受理破产申请前1年内，债务人的财产处理行为依法被撤销涉及的财产，包括：无偿转让的财产、以明显不合理的价格进行交易的财产、对没有财产担保的债务提供财产担保的财产、对未到期的债务提前清偿的清偿额以及债务人放弃的债权。

（2）人民法院受理破产申请前6个月内，债务人处于破产状态时对个别债权人清偿的数额。

（3）债务人为逃避债务而隐匿、转移的财产，虚构的债务或者承认不真实的债务。

（4）债务人的董事、监事和高级管理人员利用职权从企业获取的非正常收入和侵占的企业财产。

2. 发现破产人有应当可分配的其他财产的

有上述规定情形，但财产数量不足以支付分配费用的，不再进行追加分配，由人民法院将其上交国库。破产人的保证人和其他连带债务人，在破产程序终结后，对债权人依照破产清算程序未受清偿的债权，依法继续承担清偿责任。

四、违反《企业破产法》的法律责任

《企业破产法》对造成企业破产以及违反企业破产法律规定的行为规定了具体的法律责任，主要有以下内容。

（1）企业董事、监事或者高级管理人员违反忠实义务、勤勉义务，致使所在企业破产的，依法承担民事责任。有上述规定情形的人员，自破产程序终结之日起3年内不得担任任何企业的董事、监事、高级管理人员。

（2）有义务列席债权人会议的债务人的有关人员，经人民法院传唤，无正当理由拒不列席债权人会议的，人民法院可以拘传，并依法处以罚款。债务人的有关人员违反规定，拒不陈述、回答，或者作虚假陈述、回答的，人民法院可以依法处以罚款。

（3）债务人违反《企业破产法》规定，拒不向人民法院提交或者提交不真实的财产状况说明、债务清册、债权清册、有关财务会计报告以及职工工资的支付情况和社会保险费用的缴纳情况的，人民法院可以对直接责任人员依法处以罚款。债务人违反规定，拒不向管理人移交财产、印章和账簿、文书等资料的，或者伪造、销毁有关财产证据材料而使财产状况不明的，人民法院可以对直接责任人员依法处以罚款。

（4）债务人违反《企业破产法》规定处理债务人财产，损害债权人利益的，债务人的法定代表人和其他直接责任人员依法承担赔偿责任。

（5）债务人的有关人员违反《企业破产法》规定，擅自离开住所地的，人民法院可以予以训诫、拘留，可以依法并处罚款。

（6）管理人未按照《企业破产法》规定勤勉尽责，忠实执行职务的，人民法院可以依法处以罚款；给债权人、债务人或者第三人造成损失的，依法承担赔偿责任。

（7）违反《企业破产法》规定，构成犯罪的，依法追究刑事责任。

思考题

1. 如何理解《企业破产法》规定的破产界限？
2. 债权人和债务人在什么情况下可以依法向人民法院提出破产申请？
3. 人民法院受理破产申请的裁定作出后，其法律效力表现在哪些方面？
4. 哪些组织和个人依法可以作为破产管理人？《企业破产法》对管理人的职权有哪些限制？
5. 什么是撤销权和抵销权？在什么情况下依法可以行使撤销权和抵销权？
6. 债权人会议如何通过重整计划？和解协议的效力表现在哪些方面？
7. 破产企业的财产如何进行分配？

案例分析题

［案例 4-1］康泰食品公司为集体企业，因长期管理不善，造成严重亏损，数额较大，无力清偿到期债务。在此情况下，该公司于 2024 年 5 月 31 日向该区人民法院提出破产申请。人民法院受理破产申请后，审查了该企业的经营状况和资产状况，发现该公司资产合计 360 万元，债务数额达 600 多万元，资不抵债，并且难以扭转亏损局面。试分析：康泰食品公司是否具备破产资格？

［分析］本案的康泰食品公司是具有法人资格的集体企业，且严重资不抵债，不能清偿到期债务，具备了破产资格，人民法院可以受理该公司的破产申请。

［案例 4-2］万源公司因经营管理不善，不能清偿到期债务，2024 年 2 月 4 日，被其债权人华生公司申请破产，人民法院于当年 2 月 22 日裁定受理该破产申请。在破产程序进行中，华生公司向管理人提供了万源公司在上年度 8 月放弃拥有的对某控股公司的 20 万元债权。试分析：管理人能否请求人民法院撤销万源公司放弃 20 万元债权

的行为？

［分析］管理人可以请求人民法院撤销万源公司放弃20万元债权的行为。根据《企业破产法》的规定，可撤销的行为必须发生在人民法院受理破产申请前1年内。管理人经调查证实，万源公司确实存在在人民法院裁定受理破产申请的上年度放弃拥有的对某控股公司的20万元债权，并且该行为发生在人民法院受理破产申请的前1年内，因此，管理人依法可以申请撤销该行为，20万元债权可以追回。

［案例4-3］某制造业企业（以下简称“甲公司”）因市场环境变化，经营困难，无法清偿到期债务，被债权人乙公司申请破产。甲公司负债总额为3亿元，其中对乙公司的债务为1.5亿元。甲公司拥有生产线、设备等资产，但已抵押给丙银行，丙银行对甲公司的债权为2亿元。试问：甲公司是否符合破产条件？甲公司破产清算后，剩余资产如何分配？

［分析］根据《企业破产法》相关规定，债务人不能清偿到期债务，并且资产不足以清偿全部债务的，依照规定清理债务。本案中，甲公司负债总额为3亿元，资产不足以清偿全部债务，符合破产条件。因此，破产清算后，剩余资产按照以下顺序分配：①破产费用和共益债务。②职工工资、医疗、伤残补助、抚恤费用，以及法律、行政法规规定应当支付给职工的补偿金。③破产人欠缴的除上述规定以外的社会保险费用和破产人所欠税款。④普通破产债权。剩余资产按照上述顺序清偿完毕后，如果有剩余，则按照破产债权比例分配给债权人。

第五章　消费者权益保护法

学习目标

【知识目标】

1. 明确消费者的定义，掌握消费者的权利和经营者的义务。
2. 掌握国家对消费者合法权益的保护措施。
3. 明确消费争议解决的途径。
4. 掌握侵犯消费者合法权益应承担的法律责任。

【能力目标】

1. 熟悉消费者权益保护法的相关法律条文，能够正确运用法律知识来维护消费者的合法权益。在遇到消费纠纷时，能够依法采取有效的措施，保护自己的利益。

2. 培养具备识别虚假宣传、消费陷阱等不正当商业行为的能力，学会运用法律武器保护自己不受侵害。

3. 熟悉维权的途径和方法，如向消费者协会投诉、向有关行政部门申诉、向人民法院提起诉讼等，并且能够在维权过程中合理收集和运用证据，提高维权的成功率。

【素质目标】

1. 通过学习消费者保护法，了解自身在消费过程中享有的权利和应承担的义务，增强对相关法律法规的认识和理解，从而在日常生活中能够自觉遵守法律规定并有效维护自己的合法权益。

2. 培养法律意识，提高学法、懂法、用法的自觉性，认识到维护消费者权益的重要性，增强社会责任感。

案例引入

丁某是一位书画爱好者，在一家古玩城发现该商行出售大量的名人字画，其中，齐白石的画、徐悲鸿的画都可以买到。出于对徐悲鸿先生的仰慕，他花 9900 元人民币买下了徐悲鸿的两幅画。在丁某的要求下，古玩城在发票的商品栏中分别填写了“卅三年暮春悲鸿独马”及“悲鸿群马”字样。后丁某找人鉴定后发现是赝品，遂以古玩城欺诈为由诉至法院，要求古玩城双倍赔偿其购画款。试分析：丁某的要求是否合法？

第一节　消费者权益保护法概述

一、消费与消费者

消费是指对商品和服务的获取和使用。消费是社会再生产的一个重要环节，是经济增长的原动力，对一国的经济发展起着决定性作用。根据获取和使用商品和服务的目的不同，消费可以分为生产消费和生活消费。生产消费是指经营者以再生产为目的而进行的购买、使用和处分劳动工具、原材料、燃料的过程，过程的结果是生产出新产品。生活消费是指人类为了生存和发展以及人类自身的繁衍，对生活资料的消耗。我国有关消费者保护的法律规定，所谓消费者是指为生活需要而购买使用商品或接受服务的人。对这个概念的理解，需要注意以下 2 个方面。

1. 消费者是自然人

自然人，又称生物人，是指依据自然规律出生的人。生活消费的终极主体只能是自然人。自然人是与法人相对应的概念。自然人是个体的人，法人是社会组织。社会组织是不需要消费而“繁衍”的，即社会组织是不能进行生活消费的。因此，那种认为法人及其他社会组织也可以成为消费者的观点是不正确的。法人或其他组织购买商品发放给其成员，其行为仍然是一种生产经营行为或者分配行为，而不是消费行为。但其成员作为商品的使用者，仍属消费者范围，如果成员因使用单位发放的商品而受到损害，可依《中华人民共和国消费者权益保护法》（以下简称《消费者权益保护法》）向商品生产者、销售者要求损害赔偿。

2. 消费者购买、使用商品或接受服务是为了生活需要

消费者购买、使用商品或接受服务，并不是为了盈利，也不是为了生产经营的需要，而是用于个人或家庭的消费。消费者为了个人或家庭的生活需要而购买、使用商品或接受服务，这是消费者和经营者的本质区别。判断购买同一商品或服务的“人”是经营者还是消费者，不是其所购买、使用的商品的性能是什么，而是其购买的目的是生活消费需要，还是生产经营的需要。由于农民在购买、使用直接用于农业生产资料时与消费者处于相似的地位，我国《消费者权益保法》第 62 条规定：“农民购买、使用直接用于农业生产的生产资料，参照本法执行。”明确农民购买、使用农用生产资料，享有消费者的权利。

二、消费者权益保护法的概念和原则

（一）消费者权益保护法的概念和调整对象

消费者权益保护法是指国家为保护消费者合法权益而制定的调整人们在消费过程

发生的社会关系的法律规范的总称。我国在建立社会主义市场经济体制的过程中，依法保护消费者的合法权益，对于加速商品流转，促进生产和消费，维护市场秩序，有着积极意义。1993 年 10 月 31 日，第八届全国人民代表大会常务委员会第四次会议通过《消费者权益保护法》，自 1994 年 1 月 1 日起施行，后又于 2009 年、2013 年经过了两次修正。《消费者权益保护法》调整的主要对象是经营者和消费者因生活消费而发生的社会关系。此外，《消费者权益保护法》还调整经营者和政府主管部门因监督管理所发生的社会关系，消费者协会因消费问题与经营者和消费者所发生的社会关系等。农民因购买、使用农用生产资料所产生的社会关系也被纳入我国消费者权益保护法的调整对象，这是由我国的具体国情决定的。

（二）消费者权益保护法的基本原则

1. 经营者与消费者进行交易，应当遵循自愿、平等、公平、诚实信用的原则

这一原则是《民法典》所规定的基本原则在消费领域的具体体现。自愿、平等原则是指经营者与消费者进行交易时，双方的地位是平等的，交易关系的成立也必须是双方自愿的。按照这一原则，经营者在与消费者交易时，强买强卖、强行搭售或制售假冒伪劣商品、缺斤短两、乱涨价、乱收费，采取欺诈、胁迫手段提供商品或服务等行为，都是对这一原则的违背。公平、诚实信用原则是社会主义道德观念对法律的渗透，也是长期以来市场经济自身形成的行为规范。所谓公平原则，就是在市场交易活动中，不允许任何一方享有特权，不允许以强凌弱、以大压小。经营者不得以格式合同、通知、声明、店堂告示等方式作出对消费者不公平、不合理的规定，不得对消费者进行侮辱、诽谤，不得搜查消费者的身体及其携带的物品等，否则都是违背公平原则。市场经济条件下，诚实信用原则应成为一切市场参加者所应遵循的基本原则。它要求经营者要符合“诚实商人”的道德标准，在不损害消费者权益，不损害其他竞争者和社会利益的前提下，去追求自己的利益。违背诚实信用原则，即构成违法行为。

2. 国家保护消费者的合法权益不受侵害的原则

从法律地位上说，消费者与经营者属于平等的主体。但从经济地位上看，消费者与经营者相比，在承受能力、消费知识水平、议价能力等方面，处于弱者地位。在现代市场经济条件下，一方面是现代化的大公司、大企业，它们拥有强大的经济实力，在市场活动中居于优势地位；另一方面是广大消费者，他们以分散的个体出现，经济力微弱，在市场活动中最容易受到伤害，成为牺牲者。因此，国家要从立法、司法、行政、教育等方面担负起保护消费者的责任。《消费者权益保护法》规定了一系列有利于消费者的条款，以体现国家对消费者给予特别保护的原则。例如，《消费者权益保护法》第 5 条前 2 款明确规定：“国家保护消费者的合法权益不受侵害。国家采取措施，保障消费者依法行使权利，维护消费者的合法权益。”另外，该法还设专章“国家对消费者合法权益的保护”具体加以规定；在第七章“法律责任”中规定，对

国家机关人员玩忽职守或者包庇经营者侵害消费者合法权益的行为要给予行政处分，构成犯罪的，依法追究刑事责任，等等。

3. 国家保护与社会监督相结合的原则

保护消费者权益，不仅是国家机关的责任，而是企事业单位、社会团体以及消费者自身的责任，简言之，保护消费者权益是全社会的共同责任。因此，《消费者权益保护法》把调动社会各方面的因素来保护消费者权益作为了一条很重要的原则，通过规定消费者组织的地位、职责以及其他社会监督形式的法律地位，如新闻媒介、舆论监督等，确立了全社会共同保护消费者权益的机制。

第二节　消费者的权利与经营者的义务

一、消费者的权利

消费者权利是指消费者为了满足生活需要而在购买、使用商品或接受服务的过程中享有的作为或不作为，以及要求他人作为或不作为的一种资格。消费者权利是消费者权益保护法的核心内容。根据《消费者权益保护法》的规定，消费者在购买、使用商品或接受服务的过程中享有以下九项具体的权利。

（一）人身财产安全权

作为自然人的权利构成，包括人身权利和财产权利。人身安全权包括健康不受损害权和生命安全健康权；财产安全权是指消费者的财产价值不应因所购买、使用商品或接受服务而减少。《消费者权益保护法》第 7 条规定："消费者在购买、使用商品和接受服务时享有人身、财产不受损害的权利。消费者有权要求经营者提供的商品和服务，符合保障人身、财产安全的要求。"人身财产安全权是消费者的最基本权利。消费者有权要求经营者提供的商品和服务能够保障人身、财产安全，对于有国家标准、行业标准的，消费者有权要求商品服务符合该标准。没有国家、行业标准的，消费者有权要求商品和服务符合社会普遍公认的安全、卫生要求。

（二）知情权

知情权，又称为知悉真情权。由于科技的不断发展、技术水平的不断提高，商品或服务的科技含量也越来越多，消费者的知识结构更新速度有时很难跟上科技发展水平。这就需要经营者如实告知商品或服务的相关信息，以保证消费者能够完全充分了解商品或服务。此外，只有在消费者掌握足够商品或服务信息的前提下，即在"信息对称"的情况下，其所购买、使用商品或接受服务才能真正保证公平、自愿。《消费者权益保护法》第 8 条规定："消费者享有知悉其购买、使用的商品或者接受的服务的真实情况的权利。"这是在说，消费者在购买、使用商品和接受服务时，有权对商品和服务的具体产地、生产者、性能、价格、用途、等级、主要成分、生产日期、有效期限、检验合格证明、使用方法说明书、售后服务等有关情况进行全面和充分的了解。

（三）自主选择权

自主选择权是指消费者有自主选择商品或服务的权利。《消费者权益保护法》第9条第1款规定："消费者享有自主选择商品和接受服务的权利。"这项权利是指消费者可自由地对商品价格、品种、档次、花色、生产商品的厂家、出售商品的商店作出选择，也可以对服务的种类、店别、承担服务的人员作出选择。经营者在为消费者提供商品和服务时，应当尊重消费者的自主选择权。

（四）公平交易权

公平交易是保障市场持续健康发展的前提，因此，我国《中华人民共和国反不正当竞争法》《中华人民共和国反垄断法》及《消费者权益保护法》均对此作了规定，但角度与侧重点不同。消费者权益保护法第10条规定："消费者享有公平交易的权利。消费者在购买商品或者接受服务时，有权获得质量保障、价格合理、计量正确等公平交易条件，有权拒绝经营者的强制交易行为。"这一条款所规定的，就是消费者应享有的公平交易的内容。

（五）求偿权

《消费者权益保护法》第11条规定："消费者因购买、使用商品或者接受服务受到人身、财产损害的，享有依法获得赔偿的权利。"这就是说，由于经营者的商品或者服务存在缺陷，致使消费者受到人身、财产损害，例如，家用电器漏电造成火灾或者人身伤亡，消费者有权要求经营者承担责任，依法赔偿消费者的损失。

（六）结社权

宪法赋予公民享有结社的政治权利，消费者的结社权是宪法赋予公民的权利在消费者权益保护上的具体体现。《消费者权益保护法》第12条规定："消费者享有依法成立维护自身合法权益的社会组织的权利"，如"消费者协会"或"消费者委员会"。成立消费者社会组织，可以使消费者有组织地参加消费者的保护工作，使消费者力量由分散变为集中、由弱势转变为相对强势，从而形成一个集团力量，可以更有效地与经营者进行协商、谈判，以维护消费者权益。

（七）获取知识权

《消费者权益保护法》第13条第1款规定："消费者享有获得有关消费和消费者权益保护方面的知识的权利。"消费者有权获得有关商品或接受服务密切相关的知识，如关于商品性质、质量、特点、性能、主要成分，关于消费品和服务的信息，关于各种度量衡的单位和各种计量工具的用法等；有权获得有关消费者保护方面的知识，如关于消费者权利、经营者义务的知识，关于消费争议解决办法的知识，关于保护消费者权益法律知识等。消费者只有获得上述有关方面的知识，才能更好地维护自身的合法权益，使自己处于同经营者平等的地位。

（八）受尊重权

不仅仅是消费者，作为基本的人权，任何人均享有人格尊严受尊重的权利。经营者在提供商品或服务的过程中，不得非法侵害消费者的名誉权、肖像权等权利，不得限制消费者的人身自由，不得非法搜查等。此外，我国是一个多民族国家，各民族有自己不同的风俗习惯，作为经营者应当尊重各民族的风俗习惯。当然，作为消费者，同样也应当尊重经营者的风俗习惯。《消费者权益保护法》第 14 条规定："消费者在购买、使用商品和接受服务时，享有人格尊严、民族风俗习惯得到尊重的权利，享有个人信息依法得到保护的权利。"《消费者权益保护法》第 27 条规定："经营者不得对消费者进行侮辱、诽谤，不得搜查消费者的身体及其携带的物品，不得侵犯消费者的人身自由。"

（九）批评监督权

《消费者权益保护法》第 15 条第 1 款规定："消费者享有对商品和服务以及保护消费者权益工作进行监督的权利。"消费者有权检举、控告侵害消费者权益的行为和国家机关及其工作人员在保护消费者权益工作中的违法失职行为，有权对保护消费者权益的工作提出批评、建议。消费者行使批评监督权的对象不仅仅是经营者，还包括对经营者及经营行为有监督检查义务的国家机关及其工作人员。消费者可以对行政机关的不作为行为进行批评、投诉、建议，甚至提出控告。

二、经营者的义务

消费者的权利是与经营者的义务相对应的。经营者的义务，从总体上来说，就是要尊重消费者的合法权利，在向消费者提供商品和服务时应当依照法律、法规的规定和双方约定，履行应尽的义务。根据确定义务的方式不同，可以将经营者的义务划分为法定义务和约定义务。法定义务是指消费者权益保护法体系里规定的经营者应当承担的义务，约定义务是指经营者与消费者之间经过平等协商确定的经营者应当履行的义务。经营者与消费者之间的约定只要不违反法律的强制性规定，均是有效的，对双方均有约束力。《消费者权益保护法》里详细规定了经营者的义务，具体表现为以下几点。

（一）接受消费者监督的义务

《消费者权益保护法》第 17 条规定："经营者应当听取消费者对其提供的商品或者服务的意见，接受消费者的监督。"为此，经营者应设立专门的机构、配置专职人员，听取、收集消费者的批评意见，以利于改进工作。

（二）保证商品和服务安全的义务

《消费者权益保护法》第 18 条规定：“经营者应当保证其提供的商品或者服务符合保障人身、财产安全的要求。对可能危及人身、财产安全的商品和服务，应当向消费者作出真实的说明和明确的警示，并说明和标明正确使用商品或者接受服务的方法以及防止危害发生的方法。”如果经营者发现其提供的商品或者服务存在严重缺陷，即使正确使用商品或者接受服务仍然可能对人身、财产安全造成危害的，应当立即向有关行政部门报告和告知消费者，并采取防止危害发生的措施。

（三）经营者应当向消费者提供商品和服务真实信息的义务

经营者向消费者提供有关商品或者服务的质量、性能、用途、有效期限等信息，应当真实，全面，不得作虚假或者引人误解的宣传。经营者对消费者就其提供的商品或者服务的质量和使用方法等问题提出询问，应当作出真实、明确的答复。经营者提供商品应当明码标价。

（四）经营者应当有出具购货凭证或者服务单据的义务

《消费者权益保护法》第 22 条规定：“经营者提供商品或者服务，应当按照国家有关规定或者商业惯例向消费者出具发票等购货凭证或者服务单据；消费者索要发票等购货凭证或者服务单据的，经营者必须出具。”由于购货凭证或者服务单据是确定消费者与经营者关系及界定二者权利义务关系的重要证据，是消费者维权的重要依据，除了经营者应当主动出具外，作为消费者也应当养成索要凭证的习惯。

（五）经营者有保证商品和服务质量的义务

经营者应当保证在正常使用商品或者接受服务的情况下其提供的商品或者服务应当具有的质量、性能、用途和有效期限；但消费者在购买该商品或者接受该服务前已经知道其存在瑕疵，且存在该瑕疵不违反法律强制性规定的除外。经营者以广告、产品说明、实物样品或者其他方式表明商品或者服务的质量状况的，应当保证其提供的商品或服务的实际质量与表明的质量状况相符。

（六）经营者有尊重消费者自主选择商品和服务的义务

自主选择商品和服务是消费者的一项基本权利，经营者有义务尊重，不得以任何手段强迫或者欺骗消费者购买商品或者接受服务。

（七）经营者有赔偿消费者损失并承担售后“三包”的义务

消费者因购买、使用商品或者接受服务时遭受人身、财产损害的，商品的生产者、销售者和服务者应当依法赔偿。《消费者权益保护法》第 26 条第 2 款和第 3 款规定：“经营者不得以格式条款、通知、声明、店堂告示等方式，作出排除或者限制消费者权利、减轻或者免除经营者责任、加重消费者责任等对消费者不公平、不合理的规定，不得利用格式条款并借助技术手段强制交易。格式条款、通知、声明、店堂告示等含有前款所列内容的，其内容无效。”经营者提供商品或者服务，按照国家规定或者与消费者的约定，承担包修、包换、包退或者其他责任的，应当按照国家规定或约定履行，不得故意拖延或者无理拒绝。

（八）经营者有尊重消费者人格权的义务

人格权是人身权的重要内容，是公民人格尊严的保障，因此经营者不得以任何方式对消费者进行侮辱、诽谤，不得以任何手段限制消费者人身自由，也不得以任何借口搜查消费者身体及其携带的物品。

第三节　消费者合法权益的保护和侵权法律责任

一、消费者合法权益的保护

（一）国家对消费者合法权益的保护

消费者合法权益的保护是国家所承担的一项重要职责，目前，国家对消费者合法权益的保护主要通过 3 个途径：立法保护、行政保护和司法保护。

1. 国家对消费者合法权益的立法保护

在法治国家，维护消费者合法权益应该依法进行，因此，必须加强我国的消费立法建设。改革开放以来，我国已颁布了一系列维护消费者权益的法律、法规，较为完整的消费者权益保护法律体系也在逐渐形成。但随着社会经济生活的发展变化，消费领域的新问题也在逐步出现，如网络消费、电子购物等。因此，应在广泛吸收消费主体意见的基础上，进一步完善我国的消费立法，从而更全面、更及时地维护消费者的合法权益。

2. 国家对消费者合法权益的行政保护

在现实生活中，大量的消费者权益争议是通过行政程序解决的，诉讼程序的解决只是一小部分。因此，国家对消费者权益的行政保护就显得尤其重要。

（1）各级人民政府的保护职责。各级人民政府一方面应该加强组织协调工作，督促有关行政部门做好保护消费者合法权益的工作，另一方面应该加强监督工作，防止危害消费者合法权益的行为发生。

（2）有关行政部门的保护职责。工商行政管理部门和其他有关执法部门应在其职权范围内，切实采取各项措施来保护消费者的合法权益。有关行政部门应听从消费者及其社会团体对相关消费意见的反映，并及时作出处理。

3. 国家对消费者合法权益的司法保护

司法保护是国家对消费者合法权益保护的最后一道防线，国家公安机关、检察机关、审判机关应肩负起以下职责。

（1）严格按法律规定惩处在市场交易过程中侵犯消费者合法权益的违法犯罪行为。

（2）国家审判机关应采取各项措施以方便消费者提起诉讼，并对相关案件作出及时、公正的处理。

（二）消费者组织对消费者合法权益的保护

消费者组织是指依照法律规定而成立，为了维护消费者合法权益对商品或服务进行监督并解决相关争议的社会组织。在我国，消费者组织是指消费者协会和其他消费者组织。消费者协会是指为了维护消费者合法权益而设立的，负责消费者权益保护的相关工作，经各级人民政府批准、挂靠在同级工商行政管理机关的社会组织。依照《消费者权益保护法》相关规定，消费者协会主要有以下职能：①向消费者提供消费信息和咨询服务；②参与有关行政部门对商品和服务的监督、检查；③就有关消费者合法权益问题，向有关行政部门反映、查询、提出建议；④受理消费者投诉，并对投诉事项进行调查、调解；⑤投诉事项涉及商品或服务质量问题的，可以提请鉴定部门鉴定，鉴定部门应当告知鉴定结论；⑥就损害消费者合法权益的行为，支持受损害的消费者提起诉讼；⑦对损害消费者合法权益的行为，通过大众媒体予以揭露、批评。消费者组织设立的宗旨是为了维护消费者权益，其不能以盈利为目的，不得向社会推荐商品或服务。消费者组织能比较独立地解决相关问题，不受到其他组织或社会组织的干预。

二、消费争议的解决

（一）争议解决的途径

消费争议是指消费者与经营者之间在消费过程中，因商品、服务质量或其他原因造成消费者人身、财产损失而引发的纠纷。《消费者权益保护法》规定了解决争议的 5 种途径和方式，这 5 种方式的约束力和效力是依次增强的。

1. 与经营者协商和解

协商和解是消费者和经营者在平等自愿的基础上，就有关争议进行协商，最终达成解决争议的方案。这是发生争议的初期常用的方式，俗称“私了”，具有方便、简捷、节约、及时等优点。

2. 请求消费者协会调解

调解是指在消费者与经营者之间，由消费者协会作为第三方，在双方自愿的前提下就有关争议进行协调，双方达成协议，以解决争议的方式。调解须坚持一定的原则，不能任意进行，如双方自愿、符合法律等。

3. 向有关行政部门申诉

向有关行政部门申诉是指向工商行政管理机关、技术监督机关等有保护消费者权益职能的各级人民政府所属部门进行申诉。有关行政部门对消费者的申诉，应予以接受，并及时答复和处理。有关行政部门对消费者的申诉，可依法进行调解；也可按法律规定和自己的职权，对有违法行为的经营者作出行政处罚。

4. 根据仲裁协议提请仲裁

由仲裁机构解决争端，在国内、国际商贸活动中被广泛采用。消费者权益争议也可通过仲裁方式予以解决。不过，仲裁必须具备的前提条件是消费者和经营者之间须事先定有书面仲裁协议。

5. 向人民法院提起诉讼

《消费者权益保护法》及相关法律都规定，消费者权益受到损害时，既可径直向人民法院起诉，也可因不服行政处罚决定而向人民法院起诉。司法审判具有权威性、强制性，是解决各种争议的最后手段。消费者为求公正解决争议，可依法行使诉讼权。

（二）赔偿责任主体的确定

《消费者权益保护法》对消费者的权利和经营者的义务作了明确的规定，但是，现实情况较为复杂，消费者的权益受到损害以后，确定相应的责任主体对于其及时地获得赔偿是有明显的意义的。《消费者权益保护法》为了更全面地保护消费者权益，对发生消费争议以后的赔偿责任主体也作了明确规定。

1. 销售者的先行赔付责任

消费者在购买、使用商品时，其合法权益受到损害的，可以向销售者要求赔偿。销售者赔偿后，属于生产者的责任或者属于向销售者提供商品的其他销售者的责任的，销售者有权向生产者或者其他销售者追偿。

2. 生产者和销售者的连带赔偿责任

消费者或者其他受害人因商品缺陷造成人身、财产损害的，可以向销售者要求赔偿，也可以向生产者要求赔偿。属于生产者责任的，销售者赔偿后，有权向生产者追偿。属于销售者责任的，生产者赔偿后，有权向销售者追偿。

3. 服务者的赔偿责任

消费者在接受服务时，其合法权益受到损害的，可以向服务的提供者要求赔偿。

4. 变更后企业的赔偿责任

消费者在购买、使用商品或者接受服务时，其合法权益受到损害的，因原企业分立、合并的，可以向变更后承受其权利义务的企业要求赔偿。

5. 营业执照的使用人或持有人的赔偿责任

使用他人营业执照的违法经营者提供商品或者服务，损害消费者合法权益的，消费者可以向其要求赔偿，也可以向营业执照的持有人要求赔偿。营业执照的使用人和持有人承担了连带赔偿责任。

6. 展销会的举办者、柜台出租者或销售者、服务者的赔偿责任

消费者在展销会、租赁柜台购买商品或者接受服务，其合法权益受到损害的，可以向销售者或者服务者要求赔偿。展销会结束或者柜台租赁期满后，也可以向展销会的举办者、柜台的出租者要求赔偿。展销会的举办者、柜台的出租者赔偿后，有权向销售者或者服务者追偿。

7. 从事虚假广告行为的广告主或广告的经营者的赔偿责任

消费者因经营者利用虚假广告提供商品或者服务，其合法权益受到损害的，可以向经营者要求赔偿。广告的经营者发布虚假广告的，消费者可以请求行政主管部门予以惩处。广告的经营者不能提供广告主的真实名称、地址的，应当承担赔偿责任。多个责任主体的确定可以有效避免经营者之间互相推卸责任的情形，从而避免消费者合法利益的受损。

三、侵犯消费者合法权益的法律责任

（一）经营者侵害消费者权益的民事责任

民事责任是消费领域最主要、最重要的责任形式，《消费者权益保护法》对此作了明确具体的规定，消费者依此可获得相应的救济。

1. 应当承担民事责任的具体行为

《消费者权益保护法》第 48 条第 1 款规定：“经营者提供商品或者服务有下列情形之一的，除本法另有规定外，应当依照其他有关法律、法规的规定，承担民事责任：①商品或者服务存在缺陷的；②不具备商品应当具备的使用性能而出售时未作说明的；③不符合在商品或者其包装上注明采用的商品标准的；④不符合商品说明、实物样品等方式表明的质量状况的；⑤生产国家明令淘汰的商品或者销售失效、变质的商品的；⑥销售的商品数量不足的；⑦服务的内容和费用违反约定的；⑧对消费者提出的修理、重作、更换、退货、补足商品数量、退还货款和服务费用或者赔偿损失的要求，故意拖延或者无理拒绝的；⑨法律、法规规定的其他损害消费者权益的情形。”

2. 民事责任的具体内容

（1）人身伤害的民事责任。《消费者权益保护法》第 49 条规定：“经营者提供商品或者服务，造成消费者或者其他受害人人身伤害的，应当赔偿医疗费、护理费、交通费等为治疗和康复支出的合理费用，以及因误工减少的收入。造成残疾的，还应当赔偿残疾生活辅助具费和残疾赔偿金。造成死亡的，应当赔偿丧葬费和死亡赔偿金。”

（2）人格尊严受损的民事责任。根据《消费者权益保护法》相关规定，经营者对消费者进行侮辱、诽谤，搜查消费者的身体及其携带的物品，从而侵犯消费者的人格尊严或者人身自由的，应当停止侵害、恢复名誉、消除影响、赔礼道歉，并赔偿损失。关于此项内容的规定与上述关于人身伤害的残疾赔偿金和死亡赔偿金的规定都是精神

损害赔偿制度在我国《消费者权益保护法》中的具体体现。

（3）财产损害的民事责任。《消费者权益保护法》第52条规定："经营者提供商品或者服务，造成消费者财产损害的，应当按照依照法律规定或者当事人约定承担修理、重作、更换、退货、补足商品数量、退还货款和服务费用或者赔偿损失等民事责任。"

（4）几种特殊情况下的民事责任。这些情况包括"三包"的民事责任，以邮购方式销售商品中的民事责任，以预付款方式提供商品或者服务的民事责任等。

3. 惩罚性赔偿金

根据《消费者权益保护法》相关规定，经营者提供商品或者服务有欺诈行为的，应当按照消费者的要求增加赔偿其受到的损失，增加赔偿的金额为消费者购买商品的价款或者接受服务的费用的3倍。这一规定是在我国立法上首次确立了惩罚性赔偿金制度，《消费者权益保护法》倾斜保护消费者的立法政策在此得到了充分体现。

（二）经营者侵犯消费者权益的行政责任

1. 责令改正与警告

当经营者的行为违反了保护消费者权益的相关法律、法规时，行政机关会首先责令其改正违法行为，并给予警告。这是对经营者的一种初步惩戒，旨在促使其立即停止违法行为，防止类似行为的再次发生。

2. 没收违法所得与罚款

如果经营者通过违法行为获得了不正当的利益，行政机关将没收其违法所得，并根据情节轻重处以相应的罚款。罚款的金额通常是根据违法所得的一定比例或固定数额来确定的，以确保对经营者形成足够的经济制裁。

3. 停业整顿与吊销营业执照

对于情节严重的违法行为，如生产销售假冒伪劣商品、严重侵害消费者权益等，行政机关可能会责令经营者停业整顿，甚至吊销其营业执照。这是对经营者较为严厉的行政处罚之一，意味着经营者将丧失继续经营的资格。

4. 记入信用档案并公布

为了增强行政处罚的威慑力和透明度，行政机关还会将经营者受处罚的情况记入信用档案，并向社会公布。这将对经营者的声誉造成严重影响，进而影响其未来的经营活动和发展。

5. 民事责任优先原则

经营者在同时需要承担民事赔偿责任和行政责任（如缴纳罚款）的情况下，应优先承担民事赔偿责任。这是因为民事赔偿是对直接受害者的救济，而行政责任则是对公共利益的保护。因此，当经营者的财产不足以同时支付时，应先确保消费者的权益得到保障。

6. 行政复议与诉讼权利

为了保障经营者的合法权益不受不当侵害，《消费者权益保护法》还规定了经营者的申请行政复议权和诉讼权利，即经营者对行政处罚决定不服的，可以依法申请行政复议或者向人民法院提起诉讼。

（三）经营者侵犯消费者权益的刑事责任

根据《消费者权益保护法》，侵犯消费者合法权益的行为达到一定的严重程度，构成犯罪的，经营者应承担刑事责任。追究经营者刑事责任的情况主要包括以下几种。

1. 刑事拘留

对于情节较为严重的侵权行为，如涉嫌犯罪的，公安机关可以对经营者进行刑事拘留。这是为了限制其人身自由，防止其继续实施违法行为或逃避法律责任。

2. 有期徒刑

当经营者的行为构成犯罪，且情节严重时，可能会被判处有期徒刑。例如，销售明知是假冒注册商标的商品，违法所得数额较大或者有其他严重情节的，可处 3 年以下有期徒刑；违法所得数额巨大或者有其他特别严重情节的，处 3 年以上 10 年以下有期徒刑。

3. 罚金

除了刑事拘留和有期徒刑外，经营者还可能需要缴纳罚金。罚金的金额会根据犯罪的性质、情节以及对社会造成的危害程度等因素来确定。

4. 没收财产

在某些情况下，法院可能会判决没收经营者的部分或全部财产。这通常是针对那些通过非法手段获取巨额利润的经营者，剥夺其非法所得并对其进行经济制裁。

思考题

1. 如何理解《消费者权益保护法》的概念和调整对象？
2. 《消费者权益保护法》规定消费者有哪些权利？
3. 《消费者权益保护法》规定经营者有哪些义务？
4. 《消费者权益保护法》规定发生消费者权益争议时应如何解决？

案例分析题

［案例 5-1］邓女士到“港台时装店”买鞋，经过比较选择，邓女士让营业员拿出一双价值 470 元的女靴试穿，试穿后感到不理想，准备离开，这时，营业员将她拦住说不能白试穿，得交 20 元的试穿费，否则不许离开。在扣留邓女士的一个多小时期

间，营业员态度蛮横，口出污言，致使邓女士的身心遭受了极大的伤害。试分析：营业员的行为侵犯了邓女士的什么权利？

［分析］营业员的行为侵犯了邓女士的自主选择权、公平交易权、受尊重权。

［案例 5-2］消费者余某于 2024 年 3 月在某干洗店干洗一件有票证、价值为 1200 元的羊绒大衣，交服务费 30 元。干洗后，发现羊绒大衣面料严重缩水起球，改变了羊绒大衣面料原有的风格，使大衣外观受到严重影响。经市产品质量监督检验所检验证明，造成这种情况是由于洗涤不当所致。为此，余某要求该干洗店给予赔偿。而干洗店虽承认责任在己，但只同意赔偿 300 元。理由是该店的洗衣服务有规定：由于该店造成的损失和毁坏，应按衣物价值赔偿，但最高赔偿数额不得超过洗衣费的 10 倍。余某不能接受这样的处理办法，于 3 月 29 日向市消费者协会投诉。市消费者协会受理投诉后，经了解，情况属实，但认定洗衣店的规定无效。就当事人双方而言，消费者余某在接受干洗店的有偿服务时，有权享有依法获得赔偿的权利。据此，市消协工作人员依法出面协调，双方于 4 月 18 日达成协议：根据衣服原来的新旧程度，由该干洗店按照衣服原价的 80%赔偿消费者余某经济损失 960 元。试分析：为什么消费者协会认定洗衣店的规定无效？

［分析］根据《消费者权益保护法》相关规定，经营者不得以格式条款、通知、声明、店堂告示作出对消费者不公平、不合理的规定，或者减轻、免除其损害消费者合法权益应当承担的民事责任。格式条款、通知、声明、店堂告示等含有前款所列内容的，其内容无效。经营者自行制定的有关行业规定或经营条款，如果损害了消费者的权益，与《消费者权益保护法》相抵触，其内容是无效的。

［案例 5-3］洛阳市某家电商场为促销商品开展了“买一送一”活动，其中，该商场承诺购买该商场音响，赠送一个价值 500 元的话筒。陈某在该商场购买了一组音响，获赠了一个话筒。在回家安装调试音响时，陈某发现话筒既没有商标和商品质量检验合格证明，也没有生产厂名和厂址，而且存在严重的质量问题。随后，陈某向家电商场交涉，要求退换，但售货员以店堂告示已告知“赠送商品概不退换”为由，不予退换。陈某认为商场的行为构成了欺诈，遂将家电商场诉至法院，要求按照话筒价格的两倍赔偿 1000 元。试分析：赠送的商品不合格，经营者是否可以免除承担责任？法院是否会支持陈某的诉讼请求？

［分析］根据《消费者权益保护法》相关规定，经营者应当保证在正常使用商品或者接受服务的情况下，其提供的商品或者服务应当具有的质量、性能、用途和有效期限。由此可见，只要是商品，并且在社会上流通了，生产者和经营者就得对其生产和出售的商品质量担保、负责。至于“赠送商品概不退换”的店堂告示，更不是经营者免除责任的理由。因此，赠送的商品不合格，经营者同样应承担责任，法院应当支持陈某的诉讼请求。

第六章　产品质量法

学习目标

【知识目标】

1. 了解产品的概念和产品质量法的适用范围及产品质量监督体制和制度。
2. 掌握生产者、销售者的产品质量责任和义务。
3. 掌握生产、销售的产品质量不符合国家规定应承担的赔偿责任和法律责任。

【能力目标】

1. 了解国家对产品质量进行监督管理的机构设置、职责划分以及相关制度规定，如监督抽查制度、质量认证制度等。
2. 明确生产者在生产过程中应保证产品质量符合相关标准、提供必要的产品说明和使用警示等；销售者则要保证销售的产品符合质量要求，不得销售假冒伪劣产品等。
3. 在遇到产品质量相关的争议或纠纷时，能够运用《中华人民共和国产品质量法》的相关规定进行分析和处理，为消费者维权或企业合规经营提供法律支持。

【素质目标】

1. 树立强烈的质量意识，认识到产品质量对个人、企业乃至整个社会的重要性。
2. 鼓励关注产品质量管理的最新动态和发展趋势，不断学习和创新。

案例引入

谢女士开着自己新买不到40天的汽车在高速公路上行驶时，一轮胎突然爆裂，致使汽车撞到护栏上。交警作出事故责任认定书，认为谢女士属于正常驾驶，事故是由爆胎引起的。但是事后谢女士找到经销商对汽车质量提出疑问时，经销商认为事故认定书不能作为证明汽车质量有问题的证据，而是谢女士保养不力。试分析：谢女士能否主张汽车质量有问题而要求赔偿？

第一节　产品质量法概述

一、产品、产品质量与产品质量法

（一）产品

产品是指凡与自然物相对的一切劳动生产物，是人类用生产资料对劳动对象加工、改造而成的物质成果，是人们和社会需要的物化体现。《中华人民共和国产品质量法》（以下简称《产品质量法》）第 2 条第 2 款规定："本法所称产品是指经过加工、制作，用于销售的物品。"对《产品质量法》调整的产品应从以下几方面理解。

（1）以销售为目的，通过工业加工、手工制作等生产方式获得的具有特定使用性能的物品。所谓加工、制作，是指改变原材料、毛坯或半成品的形状、性质或表面状态，使之达到规定要求的各种工作的统称。

（2）初级农产品（指种植业、畜牧业、渔业产品等）及未经加工的天然形成的产品（如石油、原煤、天然气等）不适用《产品质量法》的规定，但不包括经过加工的这类产品。

（3）虽然经过加工、制作，但不用于销售的产品。纯为科学研究或为自己使用而加工、制作的产品，不属于《产品质量法》调整的范围。

（4）建筑工程不适用《产品质量法》的规定，因为建筑工程产品属于不动产，有其特殊质量要求，其质量由《中华人民共和国建筑法》调整。但建筑工程使用的建筑材料、建筑构配件和设备，适用《产品质量法》的规定。

（5）军工产品不适用《产品质量法》的规定，其质量由中国共产党中央军事委员会、国务院另行规定。

（二）产品质量

产品质量是由产品所具有的特征和特性组成的。国际标准化组织颁布的 ISO 08402《质量——术语》对质量管理领域的基本术语进行了定义和规范，有助于不同行业不同地区的企业和组织在质量管理方面进行有效的沟通和交流。这一标准对产品质量的定义是："产品和服务规定或者潜在需要的特征和特性的总和。"这一定义中所说的"需要"，往往随时间的变化而变化，与科学技术的不断进步有着密切的联系。"需要"可以包括产品的适用性、安全性、可用性、可靠性、维修性、经济性和环境性等。它们分别反映产品的使用性能和外观性能，可靠、安全、灵活和及时的程度。

1. 适用性

适用性指产品能在某种条件下适合使用需要的性能，即产品适合社会和人们需要的程度。如高温、低温、速度、振动、易爆、尘埃、水下等不同环境条件下使用的产品性能和特点。

2. 安全性

安全性指产品在使用或操作过程中保证安全的程度，不会造成人身、财产的损害。

3. 可用性

可用性指产品便于操作，在一定条件下实现预定目的或者规定用途的能力。

4. 可靠性

可靠性指产品在规定时间内和规定条件下，完成规定功能的程度或者能力。可靠性一般可用功能、效率、平均寿命、平均无故障工作时间等参量进行评定。

5. 维修性

维修性指产品在规定时间内和规定条件下，在发生故障以后，能迅速维修、恢复功能的能力，通常采用平均修复时间等参量表示。

6. 经济性

经济性指产品的设计、制造、使用等各方面所付出或所消耗成本的程度，即产品能以最低的物质消耗满足人们所期望的使用特性要求的能力。

7. 环境性

环境性指产品在生产和使用过程中不会给周围环境带来危险。

（三）产品质量法的概念和调整对象

产品质量法，是调整产品在生产、流通、交换、消费领域中因产品质量而产生的社会关系的法律规范的总称。1993 年 2 月 22 日，第七届全国人民代表大会常务委员会第三十次会议通过了《产品质量法》，并于同年 9 月 1 日起施行。后又于 2000 年、2009 年、2018 年进行了 3 次修正，从而使我国的产品质量法治建设得到了进一步完善和加强。产品质量法所调整的社会关系可分两大类：一是产品质量监督管理过程中产生的监督与被监督、管理与被管理的关系，如产品监督管理机关和产品生产者、经营者的关系；二是产品交换过程中产生的具有等价交换性质的社会关系，如产品生产者、销售者与产品用户、消费者的关系。以上所调整的社会关系决定了产品质量法具有以下特点：①法律规范的多样性，即产品质量法中既有行政法律规范，也有民事法律规范，还有刑事法律规范；②技术性规范在产品质量法规范中占重要地位；③行政规章在产品质量法的贯彻实施中具有重要意义，因为行政监督是产品质量监督的重要保证。

二、产品质量法立法的宗旨和原则

根据《产品质量法》规定，产品质量法的立法宗旨是：为了加强对产品质量的监督管理，提高产品质量水平，明确产品质量责任，保护消费者的合法权益，维护社会经济秩序。我国产品质量法立法遵循的原则如下。

第一，质量第一的原则。产品首先要具有使用价值，产品的使用价值是交换价值或价值的物质承担者，而使用价值的核心是产品的质量。只有优质合格的产品，才能有效地满足社会需要，适应市场需求，在产生社会效益的同时，又给企业带来经济效益。

第二，统一立法、区别管理的原则。由于产品性质不同，在统一立法的前提下，对不同类型的产品，采取不同的管理办法。对可能危及人体健康和人身、财产安全的产品，制定强制性的质量标准，实行严格管理；对一般性的产品，主要通过企业自我约束和市场竞争机制去调整和解决。

第三，明确产品质量的责任，实行制度保证和监督检查相结合的原则。首先，明确产品质量责任是生产者、销售者的法定责任。对可能危及人体健康和人身财产安全的产品，实行生产许可证制度。其次，采取国际通行的企业质量体系认证制度、产品质量认证制度加以保证，并加强对进入市场的产品的检查、检验，以强化对产品质量的监督。

第四，对产品质量实行国家统一监督管理与社会监督相结合的原则。在贯彻按行政区划进行统一管理的同时，又发挥社会监督、舆论监督和消费者监督的作用，形成相互配合的社会监督体系。

第五，奖优罚劣的原则。一方面要奖励优质产品和质量管理先进的企业和个人，例如，给他们给予各种优惠；另一方面要严厉惩处假冒伪劣产品的生产者和销售者，对其追究经济、行政或刑事责任。通过奖优罚劣，促进产品质量的提高，遏制假冒伪劣产品的生产和流通，维护市场经济秩序。

第六，无过错责任原则。在一般侵权民事责任中，确定是否承担赔偿责任，都实行“过错责任原则”，即造成损害的人在主观上要有过错（故意或过失）的，才负赔偿责任，无过错的则可免除责任。但是，《产品质量法》要求具体生产者承担产品质量民事责任，实行无过错原则，即不要求生产者在主观上有过错，只要缺陷产品造成了他人人身、财产损害的结果发生，就要承担民事侵权赔偿责任，无须原告证明被告有过错。但是销售者承担产品质量民事责任时实行过错原则，即销售者在主观方面有过错时，才承担侵权赔偿责任。

第二节　产品质量监督

一、产品质量监督管理体制

产品质量代表一个国家的形象、一个民族的精神。它既是一个国家综合国力的体现，又直接关系一个国家经济发展的方向，关系到全体社会成员的切身利益，因此，必须对产品质量实行国家监督。我国《产品质量法》第 8 条规定：“国务院市场监督管理部门主管全国产品质量监督工作。国务院有关部门在各自的职责范围内负责产品质量监督工作。县级以上地方市场监督管理部门主管本行政区域内的产品质量监督工作；县级以上地方人民政府有关部门在各自的职责范围内负责产品质量监督工作。法律对产品质量的监督部门另有规定的，依照有关法律的规定执行。”国家市场监督管理总局为国务院产品质量监督部门，负责全国产品的质量监督工作，其主要职能如下。

（1）拟定并贯彻执行国家有关质量技术监督工作的方针、政策和法律、法规，制定和发布规章、制度，组织实施相关法律、法规，指导监督行政执法工作，管理与质量技术监督有关的技术法规备案。

（2）管理质量监督工作。管理和指导质量监督检查工作，管理产品质量仲裁的检验、鉴定，组织协调依法查处生产和经营假冒伪劣商品活动中的质量违法行为。

（3）宏观管理和指导全国质量工作。组织实施《质量强国建设纲要》，研究拟定提高我国产品质量水平的发展战略，推广先进的质量管理经验和方法，协调建立重大工程设备质量监理制度，负责组织重大产品质量事故的调查，管理工业产品生产许可证工作。

（4）统一管理国家标准的制定、审批、编号的发布。组织制定国家标准（含标准样品），协调和指导行业标准、地方标准的制定，管理行业标准、地方标准备案，监督标准的贯彻执行，管理全国组织机构代码和商品条码工作。

（5）统一管理计量工作。推行法定计量单位和国家计量制度，组织建立、审批和管理国家计量基准和标准物质，制定计量器具的国家鉴定系统标准、鉴定规程和计量技术规范，组织量值传递，规范和监督商品计量行为。

（6）统一管理和监督认证认可工作。研究制定监督认证认可工作的规章、制度，审批、指导认可机构和认证人员注册机构，协调与监督属于强制性管理的安全认证，依法对质量检验机构授权和监督管理，对于质量技术监督相关的社会组织实行认可和监督管理。

（7）综合管理锅炉、压力容器、电梯、防爆电器等特种设备的安全检查监督工作，制定规章、制度并组织实施，对锅炉、压力容器实施进出口检查。

（8）组织制定质量技术监督事业发展规划，组织协调行业和专业的质量技术监督工作，管理和指导质量技术监督科技工作，组织管理质量技术监督的宣传、教育、培训、信息工作。国务院有关部门负责对产品质量的监督，在各自的职责范围内负责产品质量监督工作。国务院有关部门主要包括国家市场监督管理总局、国家药品监督管理局、国家出入境检验检疫局等。这些部门在其权限范围内行使其组织、宣传、贯彻执行国家有关产品质量的法律、法规、方针、政策、规划、计划等方面的职责。

二、产品质量监督管理制度

（一）产品质量标准化制度

产品质量标准化是产品质量监督管理的依据。根据《中华人民共和国标准化法》的规定，产品质量标准有国家标准、行业标准、地方标准和企业标准。国家标准由国务院标准化行政主管部门根据在全国范围内统一技术要求的需要制定；行业标准由国务院有关行业主管部门对没有国家标准而又需要在全国某个行业范围内统一技术要求来予以制定，并报国务院标准化行政主管部门备案。对没有国家标准和行业标准而有需要在省、自治区和直辖市范围内统一的技术要求可以制定地方标准，并报国务院标准化行政主管部门和国务院有关行政主管部门备案；而企业标准要报地方标准化行政主管部门和地方有关行政主管部门备案。对没有标准化的产品质量必须符合《产品质量法》的规定，即产品质量应当检验合格，不得以不合格产品冒充合格产品。可能危及人体健康和人身、财产安全的工业产品，必须符合保障人体健康和人身、财产安全的国家标准、行业标准；未制定国家标准、行业标准的，必须符合保障人体健康和人身、财产安全的要求。禁止生产、销售不符合保障人体健康和人身、财产安全的标准和要求的工业产品。

（二）企业质量体系认证制度

《产品质量法》第 14 条第 1 款规定："国家根据国际通用的质量管理标准，推行企业质量体系认证制度。企业根据自愿原则可以向国务院市场监督部门认可的或者国务院市场监督部门授权的部门认可的认证机构申请企业质量体系认证。经认证合格的，由认证机构颁发企业质量体系认证证书。"企业质量体系认证是指依据国际通用的"质量管理和质量保证"系列标准，经过国家认可的质量体系认证机构对企业的质量体系进行全面审核与评价，对于符合条件要求的，通过颁发认证证书的形式，证明企业质量管理和质量保证能力符合相应标准要求的活动。企业质量体系认证也称企业认证、质量体系注册、质量体系评审、质量体系审核等。企业质量体系认证的目的，在合同环境中是提高供方的质量信誉，向需方提供质量担保增强企业在市场上的竞争能力；在非合同环境下是加强企业内部的质量管理，实现质量方针和质量目标。企业质量体系认证的对象是企业。企业质量体系认证采用国际标准化组织推荐世界各国采用的 ISO 9000、ISO 10000、ISO 14000 等系列标准。

（三）产品质量认证制度

1. 产品质量认证制度的概念

产品质量认证制度是指依据具有国际水平的产品标准和技术要求，经过认证机构确认并通过颁发认证证书和产品质量认证标志的形式，证明产品符合相应标准和技术要求的活动。产品质量认证分为安全认证和合格认证。产品质量认证与企业质量体系认证的主要区别如下。

（1）产品质量认证的对象不是企业的质量体系，而是企业生产的某一产品。

（2）产品质量认证依据的标准不是质量管理标准，而是相关的产品标准。

（3）产品质量认证的结论不是证明企业质量体系是否符合质量管理标准，而是证明产品是否符合产品标准。

2. 推行产品质量认证制度的目的

推行产品质量认证制度的目的是通过对符合认证标准的产品颁发认证标志，便于消费者识别，有利于提高经认证合格的企业和产品的市场信誉，增强产品的市场竞争能力，以激励企业加强质量管理，提高产品质量水平。同时，由作为第三方的认证机构对产品质量进行认证，已成为许多国家保证产品质量的一种普遍做法。经过质量认证的产品可以方便地进入国际市场，有利于促进我国对外经济贸易的发展。

3. 企业申请产品质量认证的条件

企业申请产品质量认证，必须具备以下条件。

（1）中国企业及其他申请人应当持有工商行政管理部门颁发的企业法人营业执照；外国企业应当持有有关机构的登记注册证明。

（2）申请认证的产品，其质量应当符合我国的国家标准或行业标准及其他补充技术要求，包括已转化为我国国家标准的国际先进标准。外国企业申请产品质量认证时，可以采用国际标准或国外标准，但采用的标准必须经过国家市场监督管理总局正式确认。

（3）申请认证的产品应当是质量稳定、能正常批量生产的。衡量产品质量是否稳定，是否能正常批量生产，一般通过检查工艺流程、工艺装备、随机抽样检验产品等方法进行综合评定，并提供证明材料。

（4）申请产品质量认证的企业，其企业质量体系应符合国家质量管理和质量保证标准的要求。

4. 企业取得产品质量认证的步骤

企业取得产品质量认证主要有以下几个步骤。

（1）申请。企业申请产品质量认证，首先向具有认证资格的产品质量认证机构提交书面申请。申请书格式由国家市场监督管理总局统一规定。申请书经审核被接受后，由认证机构向申请单位发出《接受认证申请通知书》。

（2）审查和检验。企业产品质量认证申请被接受后，认证机构应当组织对企业进行质量体系审查，审查的目的在于检查、评定企业的质量保证体系确实具备保证企业持续稳定地生产符合标准要求的产品的能力。

（3）批准。企业通过质量体系检查和产品样品检验后，认证机构负责对《企业质量体系检查报告》和《样品检验报告》进行全面审查，依法对符合规定条件的产品批准认证，颁发认证证书，并允许企业在该产品上使用认证标志。对于经审查不符合规定的企业，认证机构应当书面通知申请单位，并说明理由。如果企业能在6个月内采取有效措施予以改进，并经认证机构进行复查，确实达到规定条件的，仍可予以批准认证、颁发认证证书；对于经过复查，仍达不到规定要求的，应通知企业撤回申请。

（四）产品质量监督检查制度

根据《产品质量法》规定，国家对产品质量实行以抽查为主要方式的监督检查制度，对可能危及人体健康和人身、财产安全的产品，影响国计民生的重要工业产品，以及用户、消费者、有关组织反映有质量问题的产品进行抽查。监督抽查工作由国务院市场监督管理部门规划和组织。县级以上地方人民政府管理产品质量监督工作的部门在本行政区域内也可以监督抽查，但是要防止重复抽查。上级监督抽查的产品，下级不得另行重复抽查。产品质量抽查的结果应当公布。法律对产品质量的监督检查另有规定的，依照有关法律的规定执行，从而以法律的形式将产品质量监督抽查公布制度固定下来，使其规范化。国家对产品实施抽查具有强制性，任何企业不得拒绝国家质量监督部门对其产品进行抽查。国家抽查产品所依据的是国家标准或行业标准，这样检验的标准具有统一性和科学性。生产者、销售者对抽查检验的结果有异议的，可以自收到检验结果之日起15日内向实施监督抽查的产品质量监督部门或者其上级产品质量监督部门申请复检，由受理复检的产品质量监督部门作出复检结论。

产品质量监督管理部门的行政执法职权：经监督抽查的产品质量不合格的，由实施监督抽查的产品质量监督部门责令其生产者、销售者限期改正。逾期不改正的，由省级以上人民政府产品质量监督部门予以公告；公告后经复查仍不合格的，责令停业，限期整顿；整顿满后经复查产品质量仍不合格的，吊销营业执照。监督抽查的产品有严重质量问题的，依照有关规定处罚。

（五）工业产品生产许可证制度

工业产品生产许可证制度是我国政府为了加强产品质量管理，保证重要产品质量，依据国家的有关法规、规章，对影响国计民生、危及人体健康和危及人身、财产安全的重要工业产品实施的一项质量监控制度。政府根据国民经济发展的需要，确定实施生产许可证管理的产品目录，制定每类产品的质量安全监督管理办法，规定质量标准、安全技术规范、质量保证体系和生产必备条件等要求，并组织有关部门予以实施，以达到贯彻国家质量政策、保证产品质量、保护消费者权益的目的。生产许可证工作是一个完整的体系，它由发证、对获证企业和产品的监督管理、获证企业的到期复查换证、对生产和销售无证产品的查处及贯穿整个生产许可证工作过程的信息反馈5个环节组成。全国生产许可证管理的制度是：国家市场监督管理总局统一管理，省级质量技术监督局负责组织实施，有关行业部门、协会参与，地方质量技术监督局负责依法查处。企业办理生产许可证的工作程序如下。

1. 申请

根据工业产品生产许可证发证产品目录，企业向所在省（自治区、直辖市）质量技术监督局申请，填写统一的申请书。

2. 审查

产品审查由部或各省（自治区、直辖市）质量技术监督局对申请取证企业进行工厂条件审查，主要审查企业连续稳定生产合格产品的必备条件和质量保证能力，以确认它是否符合发证产品实施细则的要求。根据发证产品实施细则的规定，企业必须具备必要的生产设备和检测设备，必须具有完善的质量保证体系。

3. 产品质量检验

在审查组进行工厂生产条件审查的同时，按照发证产品实施细则的要求抽封样品，由企业送国家市场监督管理总局批准的产品质量检验机构进行检验。产品质量检验机构根据规定进行检验，并出具合法的产品质量检验报告。

4. 审核发证

企业工厂生产条件和产品质量检验完成后，由产品审查部或省（自治区、直辖市）质量技术监督局将符合发证要求的企业的申请书、生产条件审查报告、产品质量检验报告等相关材料汇总报国家市场监督管理总局，由国家市场监督管理总局颁发证书并向社会公告。

（六）强制性产品认证管理制度

国家对涉及人类健康和安全，动、植物生命和健康，以及环境保护和公共安全的产品实行强制性认证制度。根据国务院授权，国家认证认可监督管理委员会主管全国认证认可工作。对于强制性产品认证，国家公布了统一的《中华人民共和国实施强制性产品认证的产品目录》（以下简称《目录》），确定统一适用的国家标准、技术规则和实施程序，制定和发布统一的标志，规定统一的收费标准。凡列入《目录》的产品，必须经国家指定的认证机构认证合格，取得指定认证机构颁发的认证证书，并加施认证标志后，方可出厂销售、进口和在经营性活动中使用。认证标志的名称为中国强制认证（China Compulsory Certification，CCC 或 3C）。认证证书的持有人应当按照认证标志管理规定的要求使用认证标志。

（七）缺陷产品召回制度

缺陷产品召回制度是指产品的生产商、销售商或进口商在其生产、销售或进口的产品存在危及消费者人身、财产安全的缺陷时，依法将该产品从市场上收回，并免费对其进行修理或更换的制度。产品召回制度中的所谓“缺陷产品”，是指企业在产品设计上出现失误或在生产线某环节出现问题，导致大批量危及人身安全及财产安全的缺陷产品出现，而且这些产品已流入市场。很显然，缺陷产品召回制度中的“缺陷”有其特定的含义，它既涉及已经发生危险的产品——现实的缺陷，也包括同一批次、同一类型中还没有发生危险的产品——潜在的缺陷。缺陷产品召回的程序是由生产者或政府启动的，召回的方式可分为两种：一种是主动召回，另一种是指令召回。在主动召回中，厂商需要承担的责任方式主要是主动对其制造的缺陷产品实行免费修理、更换、收回等，当这些方式仍无法解决产品存在的缺陷时，厂商则可以采取退赔的方式来消除缺陷产品给公共安全带来的隐患。在指令召回中，厂商不仅要承担主动召回时所要承担的一切责任，还要承担由于没有主动召回而应有的惩罚。生产商应当为其行为给国家市场经济秩序、社会经济利益所造成的损害付出相应的代价，代价应与生产商在这方面所造成危害的性质、后果和程度相当。

（八）县级以上产品监督部门的职权和社会监督、企业监督

1. 县级以上产品监督部门的职权

县级以上产品质量监督部门根据已经取得的违法嫌疑证据或者举报，对涉嫌违反《产品质量法》规定的行为进行查处时，可以行使下列职权：①对当事人涉嫌从事违反《产品质量法》的生产、销售活动的场所实施现场检查；②向当事人的法定代表人、主要负责人和其他有关人员调查、了解与涉嫌从事违反《产品质量法》的生产、销售活动有关的情况；③查阅、复制当事人有关的合同、发票、账簿以及其他有关资料；④对有根据认为不符合保障人体健康和人身、财产安全的国家标准、行业标准的产品或者有其他严重质量问题的产品，以及直接用于生产、销售该项产品的原辅材料、包装物、生产工具，予以查封或者扣押。

2. 社会监督

社会监督指通过社会力量对产品质量进行监督的活动，包括舆论监督和社会组织监督以及消费者的监督。

3. 企业监督

企业自身的监督是保证产品质量最基础的因素，也是企业得以发展的关键要素。《产品质量法》第 3 条规定："生产者、销售者应当建立健全内部产品质量管理制度，严格实施岗位质量规范、质量责任以及相应的考核办法。"

第三节　生产者、销售者的产品质量义务

一、生产者的产品质量义务

（一）产品内在质量要符合要求

生产者应当对其生产的产品质量负责。产品质量应当符合以下要求：①不存在危及人身、财产安全的不合理的危险，有保障人体健康和人身、财产安全的国家标准、行业标准的，应当符合该标准；②具备产品应当具备的使用性能，但是，对产品存在

使用性能的瑕疵作出说明的除外；③符合在产品或者其包装上注明采用的产品标准，符合以产品说明、实物样品等方式表明的质量状况。

（二）生产者应提供必要的、真实的、明确的产品标识

产品标识是指用于识别产品及其特征、特性所做的有关表示的统称，是表明产品的名称、产地，生产者名称、地址，产品的质量状况、保存期限、使用说明等信息情况的表述和指示。产品标识可用文字、符号、标志、标记、数字、图案等表示。产品标识由生产者提供，其主要作用是表明产品的有关信息，帮助消费者了解产品的质量状况和其他有关情况，说明产品的正确使用、保养条件和方法，用以介绍产品、指导消费。根据不同产品的特点和使用要求，产品标识可以标注在产品上，也可以标注在产品包装上，让人一目了然，为用户、消费者的挑选提供方便。随着经济的发展和产品市场竞争的激化，产品的标识越来越重要，已经成为产品的组成部分。

二、销售者的产品质量义务

1. 进货检验义务

《产品质量法》第 33 条规定："销售者应当建立并执行进货检查验收制度，验明产品合格证明和其他标识。"进货检验包括产品标识检查、产品感官检查和必要的产品内在质量的检验。该义务是销售者首要的产品质量义务，如果销售者不履行进货检验义务，不合格产品、假冒伪劣商品将流入市场，直接侵害了消费者的利益，一旦发生产品质量纠纷，销售者要为此承担相应的民事责任。

2. 保证产品质量的义务

《产品质量法》第 34 条规定："销售者应当采取措施，保持销售产品的质量。"根据产品质量和特性的不同，销售者应采取必要的防雨、防晒、防霉变措施，对某些特别产品采取控制温度、湿度的措施，保持产品进货时的质量。

3. 遵守禁止性规定

根据《产品质量法》，销售者需要遵守以下禁止性规定：①销售者不得销售国家明令淘汰并停止销售的产品和失效、变质的产品；②销售者不得销售产品的标识不符合《产品质量法》规定的产品；③销售者不得伪造产地，不得伪造或者冒用他人的厂名、厂址；④销售者不得伪造或者冒用认证标志等质量标志；⑤销售者销售产品，不得掺杂、掺假，不得以假充真、以次充好，不得以不合格产品冒充合格产品。

第四节 违反《产品质量法》的法律责任

一、民事责任

（一）产品瑕疵担保责任

产品瑕疵是指产品不具备良好的特性，不符合明示的产品标准，或者不符合以产品说明、实物样品等方式标明的质量状况。瑕疵担保责任是指在产品买卖关系中，产品销售方违背自身作出的保证承诺，而应当向买方依法承担的法律后果。依照《产品质量法》的规定，产品瑕疵担保责任的范围包括：①不具备产品应当具备的使用性能而事先未作说明的；②不符合在产品或者其包装上注明采用的产品标准；③不符合以产品说明、实物样品等方式表明的质量状况。根据《民法典》和《产品质量法》的规定，承担产品瑕疵担保责任的形式包括以下几种。

1. 修理、更换、退货

合同一方当事人履行合同义务不符合约定条件的，对方有权要求他采取补救措施，违约方有义务采取各种办法，以使合同的履行达到约定的条件或者尽量减少损失。产品不符合质量要求的，出卖人应酌情采取修理或者更换措施。如果经修理可达到质量要求而不影响产品的性能、价值的，出卖人应无偿修理；如果修理后达不到质量要求或者影响产品的性能、价值的，或者买受人要求更换的，出卖人应予以更换。对不符合质量要求的产品，买受人可以要求出卖人退货。

2. 赔偿损失

赔偿损失是承担合同责任的重要方式。销售者售出的产品质量不符合合同要求，给用户、消费者造成损失的，用户、消费者有权要求销售者赔偿损失。销售者违反合同规定的质量义务，又不按规定承担修理、更换、退货或者赔偿损失责任的，由产品质量监督部门或者工商行政管理部门责令其改正。

3. 销售者对生产者、供货者的追偿权

如果因生产者、供货者的责任造成产品不符合合同规定的质量要求及法律默示担保义务的质量要求，默示担保义务是指法律、法规所作的强制性要求，即使当事人之间有合同的约定，也不能免除和限制这种义务。它要求生产、销售的产品应具有安全性和普通公众期待的使用性能，因此是对产品内在质量的基本要求。违反默示担保义务，无论是否造成了消费者的损失，均应承担质量责任。销售者在对消费者承担违约责任，对产品进行修理、更换、退货或赔偿损失后，就可以取得对生产者、供货者的追偿权，销售者就有权要求生产者、供货者承担赔偿责任。

（二）产品缺陷责任

产品缺陷，是指产品存在危及人身、他人财产安全的不合理的危险，包括产品设计上的缺陷、产品制造上的缺陷及产品指示性缺陷。产品缺陷责任是指因产品存在可能危及人身、财产的缺陷造成消费者或第三人的人身，或除缺陷产品之外的财产受到损害时，生产者和销售者应承担的民事赔偿责任。

1. 不同主体的产品缺陷责任

我国《产品质量法》对生产者、销售者的产品缺陷责任的规则分别作了不同的规定。

（1）生产者的严格责任。因产品存在缺陷造成人身、他人财产损害的，生产者应当承担赔偿责任。也就是说，无论生产者处于什么样的主观心理状态，都应承担赔偿责任。因此，这是一种严格责任。但严格责任不同于绝对责任，它仍然是一种有条件的责任。《产品质量法》同时规定了法定免责条件，即生产者能够证明有下列情形之一的，不承担赔偿责任：①未将产品投入流通的；②产品投入流通时，引起损害的缺陷尚不存在的；③产品投入流通时的科学技术水平尚不能发现缺陷的存在的。此外，在司法实践中，生产者有下列情况之一，不负质量责任：①损害是由于消费者擅自改变产品性能、用途或者没有按照产品的使用说明，并且确因改变或使用不当造成的；②损害是由于受害人的故意所为造成的；③损害是由于常识性的危险造成的；④产品造成损害，是由于使用者自身特殊敏感所致；⑤产品已过有效期限；⑥超过诉讼或赔偿请求时效。

（2）销售者的过错责任。即对于销售者的产品缺陷责任采用过错推定责任原则，销售者必须对自身没有过错负举证责任。由于销售者的过错使产品存在缺陷，造成人身、他人财产损害的，销售者应当承担赔偿责任。但销售者能够证明自己没有过错，则不必承担赔偿责任。销售者不能指明缺陷产品的生产者也不能指明缺陷产品的供货者的，应当承担赔偿责任。

2. 赔偿范围

《产品质量法》第 44 条规定："因产品存在缺陷造成受害人人身伤害的，侵害人应当赔偿医疗费、治疗期间的护理费、因误工减少的收入等费用；造成残疾的，还应当支付残疾者生活自助具费、生活补助费、残疾赔偿金以及由其扶养的人所必需的生活费等费用；造成受害人死亡的，并应当支付丧葬费、死亡赔偿金以及由死者生前扶养的人所必需的生活费等费用。因产品存在缺陷造成受害人财产损失的，侵害人应当恢复原状或者折价赔偿。受害人因此遭受其他重大损失的，侵害人应当赔偿损失。"

3. 诉讼时效

因产品缺陷造成损害要求赔偿的诉讼时效期间为 2 年，自当事人知道或者应当知道其权益受到损害时起计算。因产品存在缺陷造成损害要求赔偿的请求权，在造成损害的缺陷产品交付最初消费者满 10 年丧失；但是，尚未超过明示的安全使用期的除外。

二、行政责任和刑事责任

（一）生产者、销售者违反《产品质量法》的行政责任和刑事责任

根据《产品质量法》的规定，违反《产品质量法》有如下行政责任和刑事责任。

（1）生产、销售不符合保障人体健康和人身、财产安全的国家标准、行业标准的产品的，责令停止生产、销售，没收违法生产、销售的产品，并处违法生产、销售产品（包括已售出和未售出的产品，下同）货值金额等值以上 3 倍以下的罚款；有违法所得的，并处没收违法所得；情节严重的，吊销营业执照；构成犯罪的，依法追究刑事责任。

（2）在产品中掺杂、掺假，以假充真，以次充好，或者以不合格产品冒充合格产品的，责令停止生产、销售，没收违法生产、销售的产品，并处违法生产、销售产品货值金额 50%以上 3 倍以下的罚款；有违法所得的，并处没收违法所得；情节严重的，吊销营业执照；构成犯罪的，依法追究刑事责任。

（3）生产国家明令淘汰的产品的，销售国家明令淘汰并停止销售的产品的，责令停止生产、销售，没收违法生产、销售的产品，并处违法生产、销售产品货值金额等值以下的罚款；有违法所得的，并处没收违法所得；情节严重的，吊销营业执照。

（4）销售失效、变质的产品的，责令停止销售，没收违法销售的产品，并处违法销售产品货值金额 2 倍以下的罚款；有违法所得的，并处没收违法所得；情节严重的，吊销营业执照；构成犯罪的，依法追究刑事责任。

（5）伪造产品产地的，伪造或者冒用他人厂名、厂址的，伪造或者冒用认证标志等质量标志的，责令改正，没收违法生产、销售的产品，并处违法生产、销售产品货值金额等值以下的罚款；有违法所得的，并处没收违法所得；情节严重的，吊销营业执照。

（6）产品标识不符合《产品质量法》规定的，责令改正；有包装的产品标识不符合《产品质量法》规定，情节严重的，责令停止生产、销售，并处违法生产、销售产品货值金额 30%以下的罚款；有违法所得的，并处没收违法所得。

（7）销售者销售《产品质量法》规定禁止销售的产品，有充分证据证明其不知道该产品为禁止销售的产品并如实说明其进货来源的，可以从轻或者减轻处罚。

（8）拒绝接受依法进行的产品质量监督检查的，给予警告，责令改正；拒不改正的，责令停业整顿；情节特别严重的，吊销营业执照。

（9）《产品质量法》第 69 条规定："以暴力、威胁方法阻碍市场监督管理部门的

工作人员依法执行职务的，依法追究刑事责任；拒绝、阻碍未使用暴力、威胁方法的，由公安机关依照治安管理处罚法的规定处罚。”

（二）产品质量监督部门及相关行政部门的法律责任

1. 各级人民政府工作人员和其他国家机关工作人员的法律责任

根据《产品质量法》规定，各级人民政府工作人员和其他国家机关工作人员有下列情形之一的，依法给予行政处分；构成犯罪的，依法追究刑事责任：①包庇、放纵产品生产、销售中违反《产品质量法》规定行为的；②向从事违反《产品质量法》规定的生产、销售活动的当事人通风报信，帮助其逃避查处的；③阻挠、干预市场监督管理部门依法对产品生产、销售中违反《产品质量法》规定的行为进行查处，造成严重后果的。

2. 产品质量监督部门及相关行政主管部门的责任

对此，《产品质量法》作出相应规定。

（1）市场监督管理部门在产品质量监督抽查中超过规定的数量索取样品或者向被检查人收取检验费用的，由上级市场监督管理部门或者监察机关责令退还；情节严重的，对直接负责的主管人员和其他直接责任人员依法给予行政处分。

（2）市场监督管理部门或者其他国家机关违反《产品质量法》的规定，向社会推荐生产者的产品或者以监制、监销等方式参与产品经营活动的，由其上级机关或者监察机关责令改正，消除影响，有违法收入的予以没收；情节严重的，对直接负责的主管人员和其他直接责任人员依法给予行政处分。产品质量检验机构有前述所列违法行为的，由市场监督管理部门责令改正，消除影响，有违法收入的予以没收，可以并处违法收入 1 倍以下的罚款；情节严重的，撤销其质量检验资格。

（3）市场监督管理部门的工作人员滥用职权、玩忽职守、徇私舞弊，构成犯罪的，依法追究刑事责任；尚不构成犯罪的，依法给予行政处分。

（三）其他相关人的法律责任

1. 为违法行为提供便利条件的责任

已知或应知属于《产品质量法》规定禁止生产销售的产品而为其提供运输、保管、仓储等便利条件的，或者提供制假技术的，应没收其收入，并处违法收入 50%以上 3 倍以下的罚款；构成犯罪的，依法追究刑事责任。

2. 服务业经营者的责任

服务业经营者将禁止销售的产品用于经营性服务的，责令停止使用；对知道或应当知道该产品是禁止销售的产品的，依照《产品质量法》对销售者的处罚规定进行处罚。

（四）社会团体、社会中介机构的法律责任

1. 检验机构及认证机构的法律责任

根据《产品质量法》规定，产品质量检验机构、认证机构伪造检验结果或者出具

虚假证明的，责令改正，对单位处5万元以上10万元以下的罚款，对直接负责的主管人员和其他直接责任人员处1万元以上5万元以下的罚款；有违法所得的，并处没收违法所得；情节严重的，取消其检验资格、认证资格；构成犯罪的，依法追究刑事责任。产品质量检验机构、认证机构出具的检验结果或者证明不实，造成损失的，应当承担相应的赔偿责任；造成重大损失的，撤销其检验资格、认证资格。产品质量认证机构违反《产品质量法》的规定，对不符合认证标准而使用认证标志的产品，未依法要求其改正或者取消其使用认证标志资格的，对因产品不符合认证标准给消费者造成的损失，与产品的生产者、销售者承担连带责任；情节严重的，撤销其认证资格。

2. 社会团体、社会中介机构的法律责任

社会团体、社会中介机构对产品质量作出承诺、保证，而该产品又不符合其承诺、保证的质量要求，给消费者造成损失的，与产品的生产者、销售者承担连带责任。

思考题

1. 简述《产品质量法》的立法宗旨和原则及产品质量监督管理制度。
2. 生产者和销售者有哪些产品质量义务？
3. 《产品质量法》规定的损害赔偿范围和诉讼时效是什么？

案例分析题

［案例6-1］2024年9月30日晚8时，天津市市民李某在家看电视时，电视机发生爆炸，造成李某全身10余处受伤，住院治疗一个多月，花去医药费30000多元，误工费及其他损失费20000多元。经查，该电视机是李某在2020年10月从某大型商场购买的，价格2800元。该电视机产品合格证、使用说明书等俱全。事故发生后，李某多次找商场要求赔偿。商场认为，该产品质量是合格的，几年来商场销售数万台，从未发生过事故，爆炸原因是用户操作不当所致，不属于产品质量原因。经查验，该电视机爆炸是因高压包线短路而引起的。由于电视机损坏严重，无法确定爆炸的真正原因，到底应该由谁来承担责任，双方争论不休。试分析：无法认定电视机爆炸的原因时，由谁来承担责任？

［分析］本案例涉及产品质量的责任认定的法律问题。根据《产品质量法》规定，由于销售者的过错使产品存在缺陷，造成人身、他人财产损害的，销售者应当承担赔偿责任。销售者不能指明缺陷产品的生产者，也不能指明缺陷产品的供货者，销售者应当承担赔偿责任。本案例中，李某的受伤是由于电视机爆炸而导致的，在产品检验过程中，又无法断定到底是商家的责任，还是用户使用过程中的责任，而商场也无法举证是李某使用的过错，同时也无法指明是生产者或者供货者所提供的产品有缺陷。

根据《产品质量法》的立法精神，产品质量纠纷采取严格责任制度。所谓严格责任制度，是指只要生产者、销售者无法证明该产品是因用户使用不当所导致的，那么生产者、销售者就应当承担责任。因为消费者与生产者、销售者对产品质量的认识是不一致的，如果举证责任平等，则消费者总处于弱势，从而产生实质上的不平等。因此，本案例中的责任应当由商场或生产厂家来承担。

［案例 6-2］2024 年春节前，李某将家里装扮一新，接来老人，准备欢欢乐乐过年。除夕晚上，李某点燃刚从单位拿回的卡式炉，正打算使用。谁知，“轰”的一声，卡式炉爆炸了。老人被炸伤，李某的右手掌也被炸裂。事后，李某找到有关部门，有关部门对此进行了调查。原来该型卡式炉是某市一家电器公司的新产品，出事前几天送到李某单位（电子产品检测所）请求测试，李某认为该电器公司产品质量一直不错，于是就顺手拿回了一台，准备春节使用，谁想竟出现了问题。试分析：若李某起诉卡式炉制造公司（即某市电器公司），能否胜诉？为什么？

［分析］李某不能胜诉。根据《产品质量法》规定，因产品存在缺陷造成人身、缺陷产品以外的其他财产（以下简称他人财产）损害的，生产者应当承担赔偿责任。生产者能够证明有下列情形之一的，不承担赔偿责任：①未将产品投入流通的；②产品投入流通时，引起损害的缺陷尚不存在的；③将产品投入流通时的科学技术水平尚不能发现缺陷的存在的。本案中产品尚未投入流通，因此生产者不承担赔偿责任。

［案例 6-3］2019 年 9 月，兰州市标准计量局在进行市场商品质量监督抽查时，发现本市从未获得过任何优质产品称号的一家食品厂生产的“西北牛肉”香肠的包装袋上赫然印有国家优质产品标志。经计量局调查，该食品厂 2019 年 5 月订购了 15 万条印有“优质”标志的包装袋，至查获时止，共用去 6 万多条，库存 8 万条多。市计量局据此作出处理决定：没收非法所得 5000 元，罚款 1500 元，责令厂方收回尚未售出的用优质产品包装袋包装的“西北牛肉”，库存包装袋经技术处理，消除“优质”标志后方能使用。食品厂不服此处理决定，于 2019 年 10 月向法院起诉。试分析：市标准计量局的处理是否合法？

［分析］本案中，食品厂在其食品包装袋上擅自印国家优质产品标志的行为属于冒用质量标志的行为。质量标志是依一定程序颁发给产品质量达到一定水平的企业的证明，它在事实上代表了一定的质量评价，是不容冒用的。冒用质量标志就会构成以次充好或以假充真，是对产品质量事实真相的隐瞒，是一种欺骗用户、消费者的违法行为。根据《产品质量法》第 53 条的规定：“伪造产品产地的，伪造或者冒用他人厂名、厂址的，伪造或者冒用认证标志等质量标志的，责令改正，没收违法生产、销售的产品，并处违法生产、销售产品货值金额等值以下的罚款；有违法所得的，并处没收违法所得；情节严重的，吊销营业执照。”市标准计量局对食品厂的处理完全符合法律规定，食品厂的败诉是必然的。

第七章　工业产权法

学习目标

【知识目标】

1. 明确工业产权的概念和特征。
2. 掌握专利权的主体和客体。
3. 掌握专利权的授予条件和法律保护期限。
4. 掌握商标的注册原则、注册条件和法律保护期限。
5. 明确违反专利权、商标权的法律责任。

【能力目标】

1. 深入学习与工业产权相关的法律法规，了解法律条文的具体内容、适用范围和解释方法。同时，对于反不正当竞争法等相关法律中涉及工业产权的内容也应有所了解。

2. 能够运用所学的工业产权法知识和理论，对实际案例进行分析，识别其中存在的工业产权问题，判断权利归属和侵权行为，并提出合理的解决方案。

【素质目标】

1. 培养产权意识，保护发明创造，鼓励技术创新和研发投入，防止假冒伪劣产品，维护市场秩序和消费者权益。

2. 在保护知识产权的同时，也要考虑到公共利益，如健康、教育和科研等，确保知识产权保护不会过度限制这些领域的发展。

案例引入

2018 年，某市印染厂为了解决污水处理问题，到某大学寻找技术支持，该大学校长办公室的工作人员将其介绍到学校环境保护系。环境保护系分管对外联络事务的副主任李某接待了来访者。李某到大学任职之前曾在一环境科研所工作，所以他就接受了该印染厂的邀请，协助其解决污水处理问题。2019 年春节，李某利用本系实验室和一些废旧原料，对印染厂提供的污水进行试验和测试。2019 年 4 月，李某完成了“印染污水处理方法”的发明创造。2019 年 6 月获得专利权。该大学得知李某获取专利权以后，认为李某研究污水问题是校方介绍的，应属单位交给的任务，而且李某在学校的实验室进行研究，利用了单位的物质条件，该发明创造属职务发明，故该专利权归属有误，遂于 2019 年 7 月向市中级人民法院提起诉讼。试分析：李某所在学校能否胜诉？为什么？

第一节 工业产权法概述

一、工业产权法的概念和特征

“工业产权”一词来源于1883年3月20日在巴黎签订的《保护工业产权巴黎公约》（以下简称《巴黎公约》）。《巴黎公约》规定，对工业产权应作最广义的理解，不仅应适用于工业和商业本身，而且也应同样适用于农业和采掘业。另外，《巴黎公约》还对工业产权保护的客体作了明确规定，这就是：①专利（专指发明）；②实用新型；③工业品外观设计；④商标；⑤服务标记；⑥厂商名称；⑦货源标记；⑧原产地名称；⑨制止不正当竞争。

工业产权是指人们依法对应用于商品生产和流通中的创造发明和显著标记等智力成果，在一定地区和期限内享有专有权，主要是专利权和商标权。工业产权法则是调整因工业产权的取得、利用和保护而发生的各种社会关系的法律规范的总称。工业产权法主要包括专利法和商标法以及与此相关的条例细则等。工业产权有如下特征。

1. 无形性

无形性即工业产权是与人身权有密切联系的无形财产权。按照财产基本属性，通常可将财产分为有形财产和无形财产两大类。有形财产是指在自然界中占有一定空间、看得见、摸得着的有体物；而由脑力劳动创造的非物质财富则称之为无形财产，这种无形财产是可以通过一定形式被人们感知的精神财富。工业产权与所有权、债权等有形财产权的区别在于：第一，工业产权的取得大都需要经过特定的申请、审查、批准、登记或注册等手续；而有形财产权的取得，除特殊情况外，一般不需要履行这样的手续。第二，侵犯财产权的行为，对于有形财产来说，通常表现为毁损或非法侵占；而对于无形财产来说，则往往表现为剽窃或假冒等。

2. 专有性

专有性也称垄断性或独占性，是指工业产权只能由其权利人（发明人、发现人；有商标权的单位或个人）所专有，非经权利人同意，任何人不得制造、使用、转让或买卖该项权利，否则即构成违法，要受到法律制裁。这种专有性有别于有形财产所有权中的独占性。在有形财产所有权中，一项内容相同的财产可以分属两个以上的所有权人，而一项内容相同的工业产权却只能依法授予一个权利人。

3. 地域性

对工业产权的保护最早起源于欧洲中世纪，它是以一国国内法的形式体现的，只有在本国领域内有效。随着工业产权保护的国际化进程不断发展，虽然有关工业产权保护的国际公约不断出现，新成员国逐渐增加，但是各国的生产力发展水平不一致，特别是科学技术水平发展不一致，因此，各个主权国家有权决定对哪些智力成果给予保护，哪些则不予保护。超出了本国范围以外，任何国家无权要求他国对某项智力成果是否予以法律上的承认或保护。工业产权如果要在其他国家得到承认和保护，须依照该国法律或国际条约的规定，有的还须办理申请手续，并得到批准。

4. 时间性

工业产权是一个历史的范畴，不是一种永恒的权利，如果对于工业产权的保护是永久性的，就会阻碍科学技术的进步和人类文明的发展。因此，经过一段时期之后该权利就会自行终止。任何人类创造的智力成果都可以进入公用领域，被全社会无偿使用。而其他财产权则没有这种特性。

5. 确认性

确认性是指工业产权必须依据国家有关法律规定的程序确认的。

二、《保护工业产权巴黎公约》和《商标国际注册马德里协定》简介

（一）《保护工业产权巴黎公约》

《巴黎公约》于1883年由比利时、巴西、法国、危地马拉、意大利、荷兰、葡萄牙、萨尔瓦多、塞尔维亚、西班牙和瑞士11国共同签署。《巴黎公约》是一个开放性的公约，任何国家都可以参加。我国于1985年3月加入该公约。《巴黎公约》共30条，其主要内容是：第一，规定了工业产权的范围；第二，制定了一系列保护工业产权的基本原则，它们为后来的知识产权保护奠定了重要基础；第三，制定了对于工业产权的临时性保护措施和最低保护要求；第四，关于制止不正当竞争的规定；第五，有关程序方面的其他规定。《巴黎公约》签订后，曾多次修订，但它的基本原则始终没有改变，主要有以下三项。

1. 国民待遇原则

国民待遇原则是指对于工业产权的保护，各成员国必须把它给予本国国民的保护同样地给予其他成员国的国民，即公约成员国的某国国民（包括自然人和法人）在其他成员国享有与该国国民一样的待遇。对于非公约成员国的国民，只要他们在某一成员国有住所或工商业营业场所，也必须给予他们国民待遇。

2. 优先权原则

优先权原则是指一个特定的申请人在一个公约成员国提出工业产权的正式申请后，当其在一定时期内（一般6个月或12个月）再向其他任何成员国提出相同的申请时都将根据他第一次申请的时间确认申请日。该原则给申请人希望在几个国家获得工业产权保护提供了巨大的实际利益和方便。

3. 专利与商标的独立性原则

专利与商标的独立性原则是指任何一个成员国授予申请人的发明专利，不以其他

国家是否也同样授予该申请人专利权为标准；在一个成员国注册的商标与在其他成员国是否注册，相互之间没有必然的联系。也就是说，一个专利申请人如果在某一成员国获得了专利权，并不意味着他在其他成员国也必然会获得专利权。相反，一个专利申请人如果在某一成员国没有获得专利权，也并不影响他向其他成员国申请相同的专利。同样，一项注册商标在某一成员国获得注册后，并不意味着它在其他成员国也必然会获得注册；而一项商标在某一成员国注册失败，并不影响它向其他成员国就相同的商标申请注册。

（二）《商标国际注册马德里协定》

该协定于1891年在西班牙首都马德里签订，进入20世纪以来，已经过多次修改。它是在《巴黎公约》的基础上，对有关商标国际保护所作的必要补充，保护对象是商标和服务标记。《商标国际注册马德里协定》（以下简称《马德里协定》）第一次解决了商标在国际间注册的程序问题，使商标的国际注册简化了手续，节省了申请人的费用和时间。另外，《马德里协定》规定，成员国的任何申请人只要在其所属国办理了某一商标注册，即可通过该国商标注册主管部门向世界知识产权组织提出国际注册申请。该申请若获得批准并经世界知识产权组织国际局公告后，将由国际局通知申请人要求给予保护的各成员国。被要求保护的成员国在接到通知后1年内有权决定是否对其给予保护。申请人对拒绝给予保护的成员国有权提出法律申诉。但各国的保护依据是本国的国内法，它体现了《巴黎公约》的独立性原则。

第二节　专利权法律制度

一、专利与专利法

专利或专利权，是指国家专利行政部门授予发明人或申请人及其权利继受人在一定期间内生产经营其发明创造并禁止他人生产经营其发明创造的独占权。专利权具有专有性（独占性）、地域性、时间性和国家授予性等特点。

专利法是由国家制定的确认发明人（或其权利继受人）对其发明享有专有权，规定专利权人的权利和义务及调整因发明创造的开发、实施及保护等发生的社会关系的法律规范的总称。它是有关专利的一切法律行为所必须遵循的法律规定。专利法主要解决发明创造的权利归属和发明创造的使用、推广等问题。

专利产生于13世纪的英国，当时英国以“特许令”奖励在技术上有创新的人，授予其对新发明在一定期限内的垄断权。1474年，威尼斯共和国颁布了世界上第一部《专利法》。1624年英国颁布《垄断法案》，被认为是世界上第一部具有现代意义的专利法。各国纷纷建立专利制度，推动了专利法律的国际化。1883年《巴黎公约》缔结，1891 年《马德里协定》签订。如今，各国的专利法制和国际协调已达到一个新阶段。我国在 1912 年制定了《奖励工艺品暂行章程》，1944 年公布了我国有史以来第一部《专利法》。新中国成立后，我国于 1950 年颁布了《保障发明权与专利权暂行条例》。1984 年，为了保护发明创造专利权，鼓励发明创造，颁布了《中华人民共和国专利法》（以下简称《专利法》），并于 1992 年、2000 年、2008 年和 2020 年进行了四次修正。新修正的《专利法》于 2021 年 6 月 1 日施行。

二、专利法律关系

（一）专利法主体

专利法主体也称专利权主体，是指有权提出专利申请和获得专利权，并承担与此相适应的义务的人（包括单位）。我国《专利法》规定，作为专利法主体的可以是发明人或设计人，共同发明人、设计人和委托发明人合法受让人，职务发明创造的单位，外国人。

1. 发明人或设计人

发明人是指对某一产品、某一方法或其改进提出新的技术方案的人。设计人是指对产品的形状、构造或其结合提出适于适用方案的人，或者对产品的形状、图案色彩或其结合做出富有美感，并适用于工业上应用的新设计的人。习惯上将实用新型和外观设计的完成人称作设计人。发明创造活动是一种具有探索性的智力劳动，需要进行创造性思维，因此，只能由自然人作出。在我国《专利法》中，发明人被分为两类：一类是职务发明人；一类是非职务发明人。根据《专利法》规定，非职务发明创造，申请专利的权利属于发明人或者设计人；申请被批准后，该发明人或者设计人为专利权人。即在非职务发明创造情况下，发明人、设计人可成为专利权主体。

2. 共同发明人、设计人和委托发明人

（1）共同发明人、设计人。当一项发明创造由两人或两人以上共同完成时，这些完成发明创造的人即为共同发明人、共同设计人，其所完成的发明、设计称为共同发明、设计。共同发明人或设计人就其非职务发明设计有申请专利的权利。

（2）委托发明人。委托发明是指以合同方式委托他人完成的发明创造。委托发明的专利申请权归属，优先适用委托人和受托人之间的约定；若无约定或约定不明的，申请权归完成发明创造的单位或者个人；申请被批准后，申请的单位或者个人为专利权人。

3. 合法受让人

《专利法》第 10 条第 1 款规定："专利申请权和专利权可以转让。"发明创造是一种无形的财产，也是一种商品，发明创造人有权通过出售等形式转让专利申请权和专利权。合法受让人是在下面两种情况下产生的：一是由发明创造人自愿将其发明创造的申请权和专利权无偿或有偿地转让给他人，他人便取得专利的申请权或专利权；二是由于非职务发明创造人死亡，其合法继承人继承了专利申请权和专利权。所谓合法受让人，主要是指对非职务发明创造的转让而产生的合法受让人。职务发明创造人无权对其发明创造的专利申请权和专利权进行转让。另外，对专利的申请权或专利权的转让，并不因此而丧失发明创造人对发明创造所享有的署名权和获得精神奖励的权利。这些权利属于发明创造人的人身权利，永远属于发明创造人享有，合法受让人取得专利申请权和专利权，并不意味着取得发明创造人的人身权利。

4. 职务发明创造的单位

职务发明创造，根据《专利法》规定，执行本单位的任务或者主要利用本单位的物质技术条件所完成的发明创造为职务发明创造。职务发明创造申请专利的权利属于单位；申请被批准后，该单位为专利权人。这样就明确了单位在申请和取得专利方面与其他经济成分享有同样的权利与义务。在职业发明创造中，发明人或设计人有获得报酬权，有署名权，即有权在专利申请文件中写明自己是发明人或设计人。

5. 外国人

外国人是指不具有中华人民共和国国籍的外国的自然人、法人。我国《专利法》规定，外国的自然人和法人可以在中国取得和申请专利权。允许外国人在本国申请和取得专利权，是《巴黎公约》规定的一项基本原则。允许外国人在本国申请和获得专利，可以实现国家间在科学技术方面的交流，有利于引进外国的先进科学技术和机器设备，促进经济的发展。

（二）专利权客体

专利权客体也称专利法律关系客体。它是指专利法律关系主体权利义务所共同指向的对象，或者说是专利法所保护的对象，也就是专利法规定的科学技术成果授予专利权的范围。我国的《专利法》参照《巴黎公约》的规定，并从我国的实际情况出发，确定了《专利法》的保护对象为发明创造专利权。发明创造包括发明、实用新型、外观设计三种技术成果。

1. 发明

发明是专利权保护的主要对象。发明是人们通过创造性脑力劳动创造或者设计出来的某种前所未有的东西。例如，我国古代的四大发明，现代首创的电灯、电话、电视机等。那么，什么是法律意义上的发明？根据《专利法》的规定，发明是指对产品、方法或者其改进提出的新的技术方案。由此，作为专利法保护对象的发明，既具有技术属性，还具有法律属性。发明的技术属性主要体现为以下几点。

（1）发明是在对自然规律正确认识基础上的革新创造，发明体现为一种新的技术方案。

（2）发明必须适应社会生产和生活的需要。如果发明不能被利用，发明是没有意义的。

（3）发明必须具有准确性、可靠性。发明应有完整的技术设计方案和实现该方案的手段，通过对发明的实施，能够准确地达到原设计的结果。发明不仅具有技术属性，还具有法律属性。这是因为称为发明的新技术方案并非自动成为专利法保护的对象，它们必须经由法定部门审查，确定其符合《专利法》规定的条件，履行一定的程序，才能取得专利权，成为《专利法》的保护对象，即成为法律意义上的发明。发明是各种各样的，《专利法》把发明归纳为产品发明、方法发明和改进发明三种。产品发明是指人们利用自然规律创造出来的各种制成品或产品，是人工制造的各种有形物品的发明，如机器、设备、工具、用具等。方法发明是指人们利用自然规律将一个对象或者物质改变成另一个对象或者物质所使用的方法或手段，如制造方法的发明、生物方法的发明等。改进发明是指人们对已有的产品、方法提出实质性改革的新的技术方案，如改进扫帚、磁吸收纳墙等。改进发明不是新产品和新方法的创造，而是对已有产品和方法的重大改善，使其具有新的技术特性。

2. 实用新型

实用新型也称为小发明，是关于产品的一种技术设计方案。根据《专利法》相关规定实用新型是指对产品的形状、构造或其结合所提出的适于实用的新的技术方案。实用新型不包括技术方法的设计，只限于有形产品的技术设计方案。

3. 外观设计

外观设计也称工业品外观设计。根据我国《专利法》相关规定，外观设计是指对产品的形状、图案、色彩或者其结合所做出的富有美感并适于工业上应用的新设计。外观设计要得到《专利法》的保护，须满足以下要求。

（1）外观设计必须和产品结合在一起，应用在产品上。

（2）外观设计必须是产品形状、图案、色彩方面的设计。

（3）外观设计必须富有美感。外观设计应以一定的形式表现出来，人们可以用肉眼直接看到。

（4）外观设计须具有新颖性。

4. 对专利权客体的限制

《专利法》是保护发明创造的，但并非所有的发明创造都能得到法律的保护，根据《专利法》的规定，我国对专利权的客体也有一定的限制。

（1）违反法律和社会公共利益的发明创造。例如，有人发明的所谓可减少电话费支出的特殊电话拨号器，其实就是盗打电话设备。这类发明显然不能授予其专利权。

（2）不具有技术特征的发现和方法。《专利法》第 25 条第 1 款规定：“对下列各项，不授予专利权：①科学发现；②智力活动的规则和方法；③疾病的诊断和治疗方法；④动物和植物品种；⑤原子核变换方法以及用原子核变换方法获得的物质；⑥对平面印刷品的图案、色彩或者二者的结合作出的主要起标识作用的设计”。科学发现是指人们对自然界既存的、尚未被人们所认识的客观规律的认识活动。科学发现不同于科技发明，它没有明显的技术特征，同时也并未创造出前所未有的新产品或新方法，只是对既有现象的一种认识，因而不能为任何人所独有。比如，某科学家依据元素周期规律发现了一种新的化学元素，这一发现不能授予其专利权。当然，这并不妨碍这一元素的提取或制取方法作为一项发明申请并获得专利。智力活动的规则和方法是人们进行思维、推理、分析和判断的一种规则和方法，是不能设计和制造出来的，具有抽象性的特点，因而《专利法》难以对其进行保护，如扑克牌的游戏方法或规则。疾病的诊断和治疗方法同样由于不具有明显的技术特征，因而《专利法》也难以对其进行保护，所以也不能申请专利；但用于疾病诊断和治疗的仪器设备或材料等可以成为专利权的客体。

（3）不受专利法保护的发明创造。实行专利制度的目的是推动科学技术的进步和发展，从而促进经济发展。考虑到我国现实的经济技术水平，还不能对所有的发明创造都授予专利权，如动植物新品种。但是，我国对动植物新品种的生产方法可依法授予专利权。用原子核变换的方法获得的物质发明，目前除美国、日本等极少数国家外，其他国家对此也不授予专利权，这主要是考虑到这种物质有较强的军事用途。

（三）授予专利权的条件

发明和实用新型并非自动成为《专利法》的保护对象，它们必须经过国务院专利行政部门审查，确认其符合《专利法》规定的条件才能取得专利权。《专利法》规定，授予专利的发明和实用新型应当具备新颖性、创造性和实用性。

1. 新颖性

新颖性是指在申请日前没有同样的发明或者实用新型在国内外出版物上公开发表过、在国内公开使用过或者以其他方式为公众所知，也没有同样的发明或者实用新型由他人向国务院专利行政部门提出过申请并且记载在申请日以后公布的专利申请文件中。

2. 创造性

创造性是指同申请日以前已有的技术相比，该发明有突出的实质性特点和显著的进步。所谓突出的实质性特点，是指该发明技术要在本质上大大超过现有的技术，所谓显著的进步，是指该项技术在实践中的经济和社会效益明显地优于现有的技术。我国《专利法》对发明专利和实用新型专利的创造性要求是不同的。实用新型专利的创造性只要求有“实质性特点和进步”，并不要求有“突出的实质性特点和显著的进步”。

3. 实用性

实用性是指该发明或者实用新型能够制造或者使用，并且能够产生积极效果。实用性是一个价值概念，实用是指实际使用或者利用。一项发明或实用新型能够在工业上被制造或使用，并能够产生良好的技术、经济和社会效益，即具有实用性。至于外观设计，因它不是技术性方案，而是一种关于美感的设计，因此，无法要求它具有技术上的实质性特点和进步，故只要求它具有独创性或新颖性。所谓独创性或新颖性，是指申请专利的外观设计在产品的形状、图案、色彩所引起的美感或视觉上与申请日以前已有的外观设计不相同或不相近似，具有明显的区别。外观设计无实用性要求。

（四）专利权的内容

专利权的内容是指专利权人在专利有效期间内享有的法定权利和承担的法定义务。

1. 专利权人的权利

专利权人也就是专利权的所有人。专利权人的权利，是指国务院专利行政部门对专利申请人授予的专利权。专利权人的权利主要包括精神方面的权利和物质方面的权利。精神方面的权利是与发明人或设计人的人身相联系的非物质财产权利。这种权利是专利权人的根本权利。按照《巴黎公约》及世界多数国家的做法，这种权利中最主要的权利是在专利文件和专利申请文件中写明发明人或设计人的权利。《专利法》第 16 条第 1 款规定："发明人或者设计人有权在专利文件中写明自己是发明人或者设计人。"被授予专利权的单位应当对职务发明创造的发明人或者设计人给予奖励。这种精神奖励乍看起来似乎比较简单，其实表明了对发明人科学研究成果的承认。由于这种权利是和发明人或设计人的人身权分不开的，因此，它永远属于发明人或设计人权利，无论对这项专利进行转让或者由其继承人继承，其发明或设计的事实都是不能随之消亡的，它永远记载于这些文件之中。物质方面的权利也称财产权利、经济权利，即专利权人因取得专利权并通过对专利权的实施、转让而取得的经济上的利益。专利权人在物质方面的权利主要体现为以下几点。

（1）实施权。根据《专利法》规定，专利权被授予后除因法定原因外，任何单位或个人未经专利权人许可，都不得实施其专利。这表明，只有专利权人有权按照自己的意志和利益实施其专利，切实应用其专利。

（2）转让权。专利权人的转让权是指专利权人有权将其专利权通过买卖、赠与等方式转移给其他任何单位或个人，是专利权人的变更。《专利法》第 10 条第 3 款规定："转让专利申请权或者专利权的，当事人应当订立书面合同，并向国务院专利行政部门登记，由国务院专利行政部门予以公告。专利申请权或者专利权的转让自登记之日起生效。"

（3）许可权。专利权人的许可权是指专利权人有权准许他人以生产经营为目的制造、使用、许诺销售、销售、进口其专利产品或者使用专利方法。许可他人实施专利是对发明创造使用权的转让。实现专利使用权的转让应通过签订书面实施许可合同的形式进行，由被许可方向专利权人支付费用，且被许可人无权允许合同规定以外的任何单位或个人实施该专利。

（4）标记权。专利权人的标记权是指专利权人有权在其专利产品或该产品的包装上标明专利标记和专利号。专利标记是指标明“专利号”或者“中国专利”字样。专利号是指国务院专利行政部门授予专利的序号。

（5）署名权。发明人或设计人有在专利文件中写明自己是发明人或设计人的权利。职务发明创造的发明人或设计人员虽然不是专利权人，但同样享有署名权。

（6）放弃权。专利权人的放弃权是指专利权人有权通过书面声明或以不缴年费的方式放弃其专利权。放弃专利权时应由国务院专利行政部门登记和公告。专利权放弃之后，专利权人便失去对专利的专有权，反映某项专利的发明创造已进入社会的公有领域。

（7）请求保护权。专利权人在其权利受到侵犯时，既可以请求专利行政部门处理，也可以直接向人民法院起诉。

2. 专利权的限制

为维护国家和社会公共利益，专利法对专利权人享有的专利权作了一些限制性规定。这些限制主要有：基于国家利益或公共利益的批准许可，根据《专利法》相关规定，国有企业、事业单位的发明专利，对国家利益或者公共利益有重大意义的，国务院有关主管部门和省、自治区、直辖市人民政府报经国务院批准，可以决定在批准的范围内推广应用，允许指定的单位实施，由实施单位按照国家规定向专利权人支付使用费。中国集体所有制单位和个人的发明专利，对国家利益或者社会公共利益具有重大意义，需要推广应用的，参照前述规定办理。

3. 专利权人的义务

专利权人的义务是指专利权人在专利有效期内，依据《专利法》的规定，必须为一定行为的责任。专利权的主要义务有以下两点。

（1）实施专利。实施专利是指专利权人在取得专利的国家内切实地应用专利。专利权人可以自己制造专利产品或者使用专利方法；也可以允许他人制造专利产品或使用专利方法。《专利法》规定，专利权人有实施专利的义务，如果对于具备实施条件，且以合理条件请求实施发明或实用新型专利，而在合理长的时间内未准予实施的，国务院专利行政部门可以给予强制实施。取得强制实施许可的单位和个人不享有独占的实施权，并应支付专利费。

（2）缴纳专利年费。

①缴费时间。自被授予专利权的当年开始，在专利权有效期内逐年向专利局缴纳。发明专利年费需在申请日起前一个月内预缴下一年度的年费。实用新型和外观设计专利年费需在申请日前一个月内预缴下一年度的年费。对于享受费用减缴政策的专利权，若年费缴纳期限届满日在当年 6 月 15 日至当年 12 月 31 日之间，其缴纳期限自动延长至下一年 6 月 15 日。

②缴费方式。费用可以直接向专利局缴纳，也可以通过网上缴纳。未按时缴纳或

缴纳数额不足的，可在年费期满之日起 6 个月内补缴，同时缴纳滞纳金。补缴时间超过规定期限但不足 1 个月时，不缴纳滞纳金。超过规定期限 1 个月至 2 个月的，缴纳全额年费的 5%作为滞纳金。超过规定期限 2 个月至 3 个月的，缴纳全额年费的 10%作为滞纳金。超过规定期限 3 个月至 4 个月的，缴纳全额年费的 15%作为滞纳金。超过规定期限 4 个月至 5 个月的，缴纳全额年费的 20%作为滞纳金。超过规定期限 5 个月至 6 个月的，缴纳全额年费的 25%作为滞纳金。

③滞纳金计算。滞纳金的金额按每超过规定的缴费时间 1 个月，加收当年全额年费的 5%计算。期满未缴纳的，专利权自应当缴纳年费期满之日起终止。

④其他事项。专利年费缴纳后，无论是否按期缴纳，都应在汇款留言中写明正确的申请号、费用名称及分项金额。未按期缴纳年费（不包括授权当年的年费）或者缴纳数额不足的，可在补缴期内补缴，并按规定缴纳滞纳金。滞纳金的缴纳方式与年费相同。专利权人因专利权终止办理恢复手续时，不予以恢复。

三、专利的申请和审查批准

（一）申请专利的原则、条件和程序

申请专利是指享有专利申请权的个人或单位向国务院专利行政部门提出的授予其专利权的意思表示。经过审查，符合专利授权条件的，予以批准，发给专利证书，授予专利权。

1. 专利申请的原则

专利申请的原则，是指专利申请人、专利管理机关及其他相关主体，在专利申请和审批阶段共同遵守的准则。为适应科学技术的发展，国家知识产权局于 2004 年颁布了《关于电子专利申请的规定》，对通过互联网以电子文件形式提出申请的有关程序作了规定，除专门针对以文件形式提交的专利申请的规定外，专利申请均可采用电子文件形式。

（1）书面原则。申请人所需履行的各种法定手续，应当以书面形式或者国务院专利行政部门规定的其他形式办理。各种书面文件，还要遵循特定的格式。

（2）先申请原则。我国对专利的申请采用的是先申请原则，即两个或两个以上的申请人先后就同样的发明创造分别向专利行政部门提出专利申请，则专利应授予先申请者，而不论该发明创造完成的先后。确定专利申请日期有以下几种情况：申请人直接向国务院专利行政部门递交申请文件的，以国务院专利行政部门收到申请文件之日为申请日；申请文件邮寄的，以寄出的邮戳日为申请日；国务院专利行政部门收到的申请文件有欠缺的，以文件补齐之日为申请日。

（3）一项发明一件专利的原则。一项发明一件专利原则是指每一项专利权原则上只保护一个具体的发明创造。

（4）优先权原则。优先权是《巴黎公约》所规定的一项权利，也是我国《专利法》中所确定的一项重要制度。根据《专利法》第29条规定："申请人自发明或者实用新型在外国第一次提出专利申请之日起12个月内，或者自外观设计在外国第一次提出专利申请之日起6个月内，又在中国就相同主题提出专利申请的，依照该外国同中国签订的协议或者共同参加的国际条约，或者依照相互承认优先权的原则，可以享有优先权。"如此规定即把该申请人第一次提出专利申请的申请日，作为在我国的申请日。除这种一般优先权外，现行《专利法》还确立了本国优先权的制度，即申请人自发明或者实用新型在中国第一次提出专利申请之日起12个月内，又向国务院专利行政部门就相同主题提出专利申请的，可以享有优先权。

一般优先权的适用对象包括发明、实用新型和外观设计，而本国优先权的适用范围仅限于发明创造人的发明和实用新型专利申请。外观设计申请不能适用国内优先权制度。

2. 专利申请文件

申请专利可以由申请人自己提出，也可以由其代理人提出。根据《专利法》规定，申请发明或者实用新型专利的，应当提交申请书、说明书及其摘要和权利要求书；申请外观设计专利的，应当提交请求书以及该外观设计的图片或者照片等文件，并且应当写明使用该外观设计的产品及其所属的类别。

（二）专利申请的审查与批准

《专利法》对发明专利申请和实用新型、外观设计专利申请采取两种不同的审批制度。对发明专利申请采取的是早期公开、迟延审查制度；对实用新型、外观设计专利申请采取登记制度。

1. 发明专利申请的初步审查与早期公布

国务院专利行政部门收到发明专利申请后，经初步审查认为符合专利法要求的，自申请日起满18个月即行公布。国务院专利行政部门可以根据申请人的请求早期公布申请。

2. 发明专利的实质审查

发明专利申请自申请日起3年内，国务院专利行政部门可以根据申请人随时提出的请求，对其发明的新颖性、创造性和实用性等条件进行实质审查；申请人无正当理由逾期不请求实质审查的，该申请即被视为撤回。此外，国务院专利行政部门认为必要的时候，可以自行对发明专利申请进行实质审查。但在自行审查时，应当通知申请人。

3. 发明专利申请实质审查的结果

国务院专利行政部门对发明专利申请进行实质审查后，认为不符合《专利法》规定的，应当通知申请人，要求其在指定的期限内陈述意见，或者对其申请进行修改；

无正当理由逾期不答复的，该申请即被视为撤回。发明专利申请经申请人陈述意见或者进行修改后，国务院专利行政部门仍然认为不符合《专利法》规定的，应当予以驳回。发明专利申请经实质审查没有发现驳回理由的，由国务院专利行政部门作出授予发明专利权的决定，发给发明专利证书，同时予以登记和公告。发明专利权自公告之日起生效。

4. 实用新型和外观设计专利申请的审批

实用新型和外观设计专利申请经初步审查没有发现驳回理由的，由国务院专利行政部门作出授予实用新型专利权或外观设计专利权的决定，发给相应的专利证书，同时予以登记和公告。实用新型专利权和外观设计专利权自公告之日起生效。可见实用新型和外观设计专利申请只有初步审查，没有实质审查。

5. 专利复审

国务院专利行政部门设立专利复审委员会。专利申请人对国务院专利行政部门驳回申请的决定不服的，可以自收到通知之日起 3 个月内，向专利复审委员会请求复审。专利复审委员会复审后，作出决定，并通知专利申请人。专利申请人对专利复审委员会的复审决定不服的，可以自收到通知之日起 3 个月内向人民法院起诉。

四、专利权的期限、终止和无效

1. 专利权的期限

专利权的期限因专利权的客体不同而不同。《专利法》第 42 条规定："发明专利权的期限为 20 年，实用新型专利权的期限为 10 年，外观设计专利权的期限为 15 年，均自申请日起计算"。这里所指的专利权的期限，只应被理解为专利权的存续期限，而非专利权的保护期限。因为依据《专利法》规定，发明专利权、实用新型和外观设计专利权均自国务院专利行政部门公告之日起生效。由于专利申请日同公告之日间的时间差的存在，造成专利权的保护期限小于其存续期限，这样就使专利权期限被划分为 2 个时间段，即从申请日到公告日间的"申请期"和从公告日起到专利权期限届满时的"专利权保护期"。

2. 专利权的终止

专利权的终止是指专利权在有效期限届满而自然消灭，以及有效期届满前因法定原因而消灭。按照《专利法》规定，由于以下原因引起专利权终止：①期限届满而终止；②专利权人未按规定缴纳专利年费而终止；③专利权人以书面形式声明放弃专利权使之终止；④专利权人死亡以后无人继承而使专利权自行终止。专利权在期限届满前终止的，由国务院专利行政部门登记和公告。专利权终止后，发明创造成为无主财产，进入公有领域，任何人均可自由使用。

3. 专利权的无效

专利权的无效是指被授予的专利权因其不符合《专利法》规定，而由专利复审委员会根据有关单位或个人的请求通过审查程序而宣告为无效。

五、专利的实施

(一) 专利实施的概念

专利的实施是一种法律行为。它是依据《专利法》的规定，专利权人按照自己意志和利益的需要在中国制造、使用、许诺销售、销售、进口专利产品，或者使用专利方法，以及允许他人实施专利的行为。专利的实施是指实际的实施，而不是名义上的实施。专利的实施是指在我国境内的切实应用，而不是在其他国家或地区的实施。《专利法》规定，专利权人可以自己实施其专利，也可以允许他人实施其专利。专利权的实施，对于专利权人来说，既是权利，又是义务，专利权人应当履行。

(二) 专利实施的种类

专利实施的种类较多。因为专利的实施不仅是专利权人的权利和对社会应尽的义务，而且也涉及国家如何管理专利的实施，怎样充分发挥专利的作用，因此，根据专利实施权获得的不同，可把专利实施分为下面几种情况：①专利权人实施；②协议许可实施；③基于国家和社会公益的国家批准指定实施；④强制许可实施。所谓强制许可实施，是指国务院专利行政部门根据《专利法》规定的条件和程序推广实施专利的一种许可方式，但该方式不适用于外观设计。专利实施的强制许可因以下情况引起。

(1) 具备实施条件的单位以合理的条件请求发明或者实用新型专利权人许可实施其专利，而未能在合理长的时间内获得这种许可时，国务院专利行政部门根据该单位的申请，可以给予实施该发明专利或者实用新型专利的强制许可。

(2) 在国家出现紧急状态或者非常情况时，或者为了公共利益的目的，国务院专利行政部门可以给予实施发明专利或实用新型专利的强制许可。

(3) 一项取得专利权的发明或者实用新型比已经取得专利权的发明或实用新型具有显著经济意义的重大技术进步，其实施又有赖于前一发明或实用新型的实施的，国务院专利行政部门根据后一专利权人的申请，可以给予实施前一发明或实用新型的强制许可，也可根据前一专利权人的申请，在已给予前一发明创造实施强制许可的情形下给予实施后一发明或实用新型的强制许可。国务院专利行政部门作出的给予实施强制许可的决定，应当及时通知专利权人，并予以登记和公告。取得实施强制许可的单位或个人不享有独占的实施权，且无权允许他人实施。

六、专利权的保护

专利权的保护是指国家通过行政与司法程序采取有效措施，制止侵犯专利权，保障专利权人权利的法律行为。

（一）专利权的保护范围

根据《专利法》的有关规定，发明或者实用新型专利权的保护范围，以其权利要求的内容为准，说明书及附图可以用于解释权利要求。专利权的保护范围应当以权利要求书中明确记载的必要技术特征所确定的范围为准，包括与该必要技术特征相等同的特征所确定的范围。等同特征是指与记载的技术特征基本相同的手段，实现基本相同的功能，达到基本相同的效果，并且本领域的普通技术人员无须经过创造性劳动就能够联想到的特征。外观设计专利权的保护范围以表示在图片或照片中的该外观设计专利产品为准。

（二）专利侵权行为及其处理

专利侵权行为及其处理主要包括以下内容。

1. 专利侵权行为的主要类型

（1）直接侵权行为。直接侵权行为是指直接由行为人实施的侵犯他人专利权的行为，其表现形式包括制造发明、实用新型、外观设计专利产品的行为；使用发明、实用新型专利产品的行为；许诺销售发明、实用新型专利产品的行为；销售发明、实用新型或外观设计专利产品的行为；进口发明、实用新型、外观设计专利产品的行为；使用专利方法以及使用、许诺销售、销售、进口依照该专利方法直接获得的产品的行为。

（2）间接侵权行为。间接侵权行为是指行为人本身的行为并不直接构成对专利权的侵害，但实施了诱导、怂恿、教唆、帮助他人侵害专利权的行为。间接侵权行为通常是为直接侵权行为制造条件，常见的表现形式有行为人销售专利产品的零部件、专门用于实施专利产品的模具或者用于实施专利方法的机械设备；行为人未经专利权人授权或者委托，擅自转让其专利技术的行为等。

2. 专利侵权的处理方式

（1）行政责任。对专利侵权行为，管理专利工作的部门有权责令侵权行为人停止侵权行为、责令改正、罚款等，管理专利工作的部门应当事人的请求，还可以就侵犯专利权的赔偿数额进行调解。

（2）民事责任。

①停止侵权。专利侵权行为人应当根据管理专利工作的部门的处理决定或者人民法院的裁判，立即停止正在实施的专利侵权行为。

②赔偿损失。侵犯专利权的赔偿数额，按照专利权人因被侵权所受到的损失或者侵权人获得的利益确定；被侵权人所受到的损失或侵权人获得的利益难以确定的，可以参照该专利许可使用费的倍数合理确定。

③消除影响。在侵权行为人实施侵权行为给专利产品在市场上的商誉造成损害时，侵权行为人应当采用适当的方式承担消除影响的法律责任，承认自己的侵权行为，

以达到消除对专利产品造成的不良影响。

④刑事责任。依照《专利法》和《刑法》的规定，假冒他人专利，情节严重的，应对直接责任人员追究刑事责任。

3. 专利行政执法办法

（1）执法原则。管理专利工作的部门开展专利行政执法，即处理专利侵权纠纷、调解专利纠纷以及查处假冒专利行为，适用此原则。管理专利工作的部门处理专利侵权纠纷应当以事实为依据、以法律为准绳，遵循公正、及时的原则。管理专利工作的部门调解专利纠纷，应当遵循自愿、合法的原则，在查明事实、分清是非的基础上，促使当事人相互谅解，达成调解协议。管理专利工作的部门查处假冒专利行为，应当以事实为依据、以法律为准绳，遵循公正、公开的原则，给予的行政处罚应当与违法行为的事实、性质、情节以及社会危害程度相当。

（2）执法人员资格。专利行政执法人员应当持有国家知识产权局或者省、自治区、直辖市人民政府颁发的行政执法证件。专利行政执法人员执行公务时应当严肃着装。

（3）案件处理程序。请求管理专利工作的部门处理专利侵权纠纷的，应当符合下列条件：①请求人是专利权人或者利害关系人；②有明确的被请求人；③有明确的请求事项和具体事实、理由；④属于受案管理专利工作的部门的受案和管辖范围；⑤当事人没有就该专利侵权纠纷向人民法院起诉。

第三节　商标权法律制度

一、商标法概述

（一）商标的概念和种类

商标是指商品或服务的生产经营者或提供者，在其生产、制造、加工、拣选、经销或提供的商品或服务上，以文字、图形或其组合所表示的一种特殊标志，以区分不同的生产经营者或提供者所生产经营或提供的相同商品或服务。

1. 按构成要素分类

按构成要素的不同划分，可将商标分为文字商标、图形商标、数字商标、三维商标以及组合商标。

（1）文字商标是以文字为主组成的商标，如“海尔”“长虹”等。

（2）图形商标是指用图形构成的商标，如“娃哈哈”系列儿童产品就是以一个活泼可爱的娃娃图形作为商标。

（3）数字商标是以阿拉伯数字组成的商标，如“7-11”便利店等。

（4）三维商标即立体商标，是指以产品外形或产品的实体包装构成的商标，如“可口可乐”流线型的瓶身、“麦当劳”拱形门等。

（5）组合商标是以文字、图形、数字等组合起来的商标，它可以是上述要素的组合，也可以是其中两个或几个要素的组合。由于具有图文并茂的特点，多数经营者采用组合商标，如“金帝”巧克力等。

2. 按商标的使用对象分类

按照商标的使用对象不同划分，可将商标分为商品商标和服务商标。商品商标指生产经营者在生产、制造、加工、拣选或经销的商品上使用的商标。服务商标是指用于区别服务提供者而使用的商标。它是将同一种服务项目、不同的提供者或者服务质量加以区别的标志。服务商标一般用于银行、保险、广告、旅游、电信、运输、学校、医院等服务领域。

3. 按商标的使用目的分类

按照商标的使用目的不同划分，可将商标分为集体商标、证明商标、防御商标和联合商标。

（1）集体商标是指以团体、协会或者其他组织的名义注册，供该组织成员在商务活动中使用，以表明使用者在该组织中的成员资格的标志，如邮电、铁路、银行的集体标志等。

（2）证明商标是指由对某种商品或者服务具有检测或监督能力的组织所控制，而由该组织以外的单位或者个人用在商品或者服务上，用以证明该商品或者服务的原产地、原料、制造方法、质量、精确度或者其他特定品质的标志，如绿色食品、真皮标志等。

（3）防御商标是将同一商标注册于不同的商品或服务上，构成一个防御体系，以防止他人在不同商品或服务上使用该商标可能给消费者造成的混淆。例如，海尔集团除注册“海尔”商标外，还在多个国家和地区注册了“尔海”“河尔”等多个防御性商标。

（4）联合商标是指将与已注册商标相近似的商标在相同或类似商品或服务上加以注册。例如，杭州娃哈哈集团有限公司注册了主商标“娃哈哈”，同时又注册了“哈哈娃”“娃娃哈”“哈娃哈”等联合商标。

4. 按商标的知名度分类

按照商标的知名度高低划分，可将商标分为普通商标和驰名商标。普通商标与驰名商标都是相对而言的。驰名商标指在一定地域范围内享有较高声誉并为相关公众知晓的商标，驰名商标不一定是注册商标。

（二）商标法的概念和作用

商标法是调整在确认、保护商标专用权和商标使用过程中发生的社会关系的法律规范的总称。我国现行的《中华人民共和国商标法》（以下简称《商标法》）是1982年8月23日，经第五届全国人民代表大会常务委员会第二十四次会议通过，并于1983年3月1日起开始施行的。随着商品经济的发展，《商标法》又于1993年、2001年、2013年、2019年进行了四次修正，从而使我国商标法律制度更加完善。商标法的作用主要表现在以下几个方面。

1. 依法确认和保护商标专用权，维护生产者和经营者的合法权益

根据《商标法》规定，商标一经使用人申请注册，取得了商标专用权，就受到法律保护。任何单位和个人非经法定程序许可不得使用该注册商标，对仿冒、伪造等侵犯商标专用权的行为，要依法给予行政、经济或者刑事处罚。这些规定为保护商标专用权，维护商标注册所有人的合法利益提供了法律保证，有利于鼓励生产者、经营者合理、正当地竞争，调动他们争创优质品牌产品的生产经营的积极性，为社会创造出更多的优质品牌产品，这样努力的结果，既提高了商标代表的商品的信誉，提升了商标作为企业无形资产的价值，又满足了人们日益增长的物质文化生活需要。

2. 用法律手段加强对商标使用的管理，保护合法竞争

《商标法》专门规定了商标使用的管理，把商标在竞争中的作用纳入法律规定的范围，禁止任何企业和个人利用商标搞不正当竞争。通过依法处理违反《商标法》规的违法行为和犯罪行为，维护社会经济秩序，促进商品经济的发展。

3. 监督产品质量，维护消费者的利益

根据《商标法》规定，商标使用人应当对其使用商标的商品质量负责。各级工商行政管理部门应当通过商标管理，监督商品质量，制止欺骗消费者的行为。

4. 保护我国商标在国际市场上的合法权益，发展对外贸易

商标是商品进入国际市场的重要工具，它在国际贸易和国际经济合作中具有重要作用。在国际贸易市场上，各个国家为了销售自己的商品，不仅要保证自己的产品具有良好的质量，而且要使用有特点的商标，提高本国商品的国际竞争能力，使本国优质品牌商标的商品在国际市场上打开销路，赚取外汇；同时还可以保障外国企业在我国的合法权益，使他们的商标专用权在我国受到保护，从而促进外贸事业的发展。

二、商标注册的条件

（一）商标注册和注册商标的概念

商标注册，是指商标使用人将其使用的商标，依照《商标法》和《中华人民共和国商标法实施条例》（以下简称《实施条例》）规定的注册条件、程序，向商标管理机关提出注册申请，经商标局依法审核批准，发给商标注册证并予以公告，授予注册人以商标专用权的法律活动。

经商标管理机关核准注册的商标称为注册商标，使用时应当注明“注册商标”字

样或者标注注册商标标记，以表示该商标已经在商标管理机关核准注册。

（二）商标注册的申请条件

商标注册的申请，是指申请人依照《商标法》规定的条件，向商标局请求确认商标专用权的行为。商标注册的申请，是取得商标专用权的必经法律程序。

1. 商标注册申请人

根据《商标法》及《实施条例》的规定，商标注册申请人包括我国的自然人、法人或者其他组织，以及外国人或外国企业。需要注意的是，外国人或者外国企业在中国申请商标注册的，应当按其所属国与我国订有协议或者共同参加的国际条约办理，或者按对等原则对待办理。上述个人或者组织对其生产、制造、加工、拣选、经销的商品或者提供的服务项目，需要取得商标专用权的，应当向商标局申请商标注册。

2. 申请商标注册必须符合法定的条件

根据《商标法》相关规定，商标的必备条件是：①具有可视性，商标不能是可听的音响，可嗅的气味；②具有显著性，商标使用的文字、图形或者组合，必须具有显著性，即商标不能混同于商品名称，也不能等同于商品本身的性质；③具有识别性，即商标设计应立意新颖、独具特色、鲜明简洁，不得与他人在先取得的合法权利相冲突。因此，不具备上述法定条件的标志不得作为商标注册。

（三）不得作为商标使用或注册的标志

1. 不得作为商标使用的标志

根据《商标法》规定，下列标志不得作为商标使用：①同中华人民共和国的国家名称、国旗、国徽、国歌、军旗、军徽、军歌、勋章相同或者近似的，以及同中央国家机关的名称、标志、所在地特定地点的名称或者标志性建筑物的名称、图形相同的；②同外国的国家名称、国旗、国徽、军旗等相同或者近似的，但该国政府同意的除外；③同政府间国际组织的名称、旗帜、徽记等相同或者近似的，但经该组织同意或者不易误导公众的除外；④与表明实施控制、予以保证的官方标志、检验印记相同或者近似的，但经授权的除外；⑤同“红十字”“红新月”的名称、标志相同或者近似的；⑥带有民族歧视性的；⑦带有欺骗性，容易使公众对商品的质量等特点或者产地产生误认的；⑧有害于社会主义道德风尚或者有其他不良影响的。县级以上行政区划的地名或者公众知晓的外国地名，不得作为商标。但是，地名具有其他含义或者作为集体商标、证明商标组成部分的除外；已经注册的使用地名的商标继续有效，如“金华火腿”“西湖龙井茶”等。

2. 不得作为商标注册的标志

根据《商标法》规定，下列标志不得作为商标注册：①仅有本商品的通用名称、图形、型号的；②仅仅直接表示商品的质量、主要原料、功能、用途、重量、数量及其他特点的；③缺乏显著特征的。上述所列标志经过使用取得显著特征，并便于识别的，可以作为商标注册。以三维标志申请注册商标的，仅由商品自身的性质产生的形状、为获得技术效果而需有的商品形状或者使商品具有实质性价值的形状，不得注册。

3. 其他不予注册并禁止使用的情形

根据《商标法》规定，未经授权，代理人或者代表人以自己的名义将被代理人或者被代表人的商标进行注册，被代理人或者被代表人提出异议的；不予注册并禁止使用。此外，商标中有商品的地理标志，而该商品并非来源于该标志所标示的地区，误导公众的，不予注册并禁止使用；但是，已经善意取得注册的继续有效。这里所称地理标志，是指标示某商品来源于某地区，该商品的特定质量、信誉或者其他特征，主要由该地区的自然因素或者人文因素所决定的标志。

（四）申请商标注册适用的原则

1. 自愿注册为主，强制注册为辅的原则

自愿注册是指商标使用人自己决定是否申请商标注册。强制注册是指某些生产者或经营者在某种商品上使用商标，必须申请注册，否则这种商品不得在市场上销售。

2. 一类商品、一个商标、一份申请的原则

根据《商标法》的规定，商标注册申请人在不同类别的商品上申请注册同一商标的，应当按照商品分类分别提出注册申请；在同类商品上使用 2 个或者 2 个以上商标的，也应当分别提出申请。此外，已经注册的商标需要在同一类的其他商品或服务项目上使用，或者注册商标需要改变其标志的，应重新提出注册申请。注册商标需要变更注册人的名义、地址或者其他注册事项的，应当提出变更申请。

3. 优先权原则

根据《商标法》的规定，商标注册申请人自其商标在外国第一次提出商标注册申请之日起 6 个月内，又在中国就相同商品以同一商标提出商标注册申请的，依照该外国同中国签订的协议或者共同参加的国际条约，或者按照相互承认优先权的原则，可以享有优先权。商标在中国政府主办的或者承认的国际展览会展出的商品上首次使用的，自该商品展出之日起 6 个月内，该商标的注册申请人可以享有优先权。

三、申请商标注册的程序

（一）商标注册的申请

首次申请商标注册，应按下列顺序进行：①办理商标查询，了解申请注册的商标是否与他人已注册或者申请注册的商标相同或者接近；②按照商品分类提交申请书；③报送商标图样；④提交证明文件，包括营业执照副本、代理委托书、主管部门颁发的生产许可证、经销许可证以及优先权证明等；⑤缴纳申请费用。

（二）商标注册的审查和核准

商标注册的审查，广义上包括首次申请商标注册的审查、注册商标变更、转让的审查和续展审查等。这里主要介绍首次申请商标注册的审查。

1. 商标注册的审查原则

（1）以“申请在先”为主，“使用在先”为辅的原则。“申请在先”为主，是指2个或者2个以上的商标注册申请人，在同一种商品或者类似商品上，以相同或者近似的商标申请注册的，初步审定公告申请在先的商标。“使用在先”为辅，是指2个或者2个以上的申请人在同一种商品或者类似商品上，以相同或者近似的商标在同一天申请注册的，初步审定并公告使用在先的商标，并驳回其他人的申请，不予公告。此外，为了禁止恶意抢注行为，《商标法》第32条规定：“申请注册商标不得损害他人现有的在先权利，也不得以不正当手段抢先注册他人已经使用并有一定影响的商标。”

（2）先公告后注册的原则。先公告后注册也叫2次公告，是指申请注册的商标，由商标局初步审定后，通过商标公告向公众发出通知。自公告之日起3个月内，任何人均可提出异议。无异议或者经裁定异议不能成立的，予以核准注册，发给商标注册证，并予公告；经裁定异议成立的，则不予核准注册。

2. 商标注册审查的内容

（1）形式审查。形式审查指商标局收到注册申请后，对申请手续进行的审查。形式审查合格的，进入实质审查程序；形式审查不合格的，退回申请或者通知申请人在指定期限内补齐。

（2）实质审查。实质审查是对申请注册的商标的合法性进行的审查，即商标是否具备法定构成要素；商标是否违反《商标法》的禁止规定；商标是否与他人已经注册或者审定公告的商标相同或者近似。实质审查合格的，商标局将初步审定的商标刊登在商标公告上，予以公告；实质审查不合格，驳回申请，不予公告，发给申请人驳回通知书。

3. 申请的异议

异议是指任何人认为商标局初步审定予以公告的商标不具有合法性，可以在公告之日起3个月内向商标局提出不应准予注册的意见。商标局受理异议后，应当听取异议人和商标注册申请人陈述事实和理由，经调查核实后，作出裁定。

4. 商标注册申请的复审

商标注册申请的复审，是指重新审查商标注册申请。由国务院工商行政管理部门设立的商标评审委员会，对当事人不服商标局作出的驳回申请的决定和不服异议的裁定的申诉案件，进行重新审查的制度。根据《商标法》相关规定，申请人不服商标局作出的驳回申请、不予公告的决定，以及当事人不服商标局作出的异议裁定的，可以在收到通知15日内申请复审，由商标评审委员会作出决定或者裁定。当事人对商标评审委员会作出的决定或者裁定仍不服的，可以自收到通知之日起30日内向人民法院起诉。

5. 商标注册申请的核准

根据《商标法》相关规定，初步审定的商标在公告期满（3个月）无异议的，或者经裁定异议不能成立的，商标局予以核准注册，发给商标注册证，并予以公告。商标注册申请人自注册证签发之日起成为商标权人。

四、商标权

商标权即商标专用权，是指商标注册人对其注册商标依法享有的专有权。

（一）商标权的范围和取得

商标权的范围，是指商标权人在什么范围内享有法律的保护。根据《商标法》的规定，商标权是由注册产生的，商标权人行使权利的范围以核准注册的商标和核定使用的商品为限。商标权人不得任意扩大或者改变保护范围，也就是说商标权人对经商标局核准注册的商标只能使用在经批准的商品上。否则，擅自更改注册商标，扩大注册商标的使用范围，注册商标便不再受法律保护。商标权的取得指注册商标所有人通过何种方式取得的商标专用权。商标权的取得方式分为原始取得和传来取得两种。原始取得也叫直接取得，是商标所有人对其使用的商标最初经过注册而取得商标权。传来取得也叫继受取得，是指接受原商标权人的转让、赠与，或者通过继承而取得商标权。商标权的原始取得，是商标权的首要问题和关键环节，没有原始取得也就不存在继受取得。所以，一般情况下商标权是由注册取得的，只有经过注册的商标，其所有人才能获得专用权并受法律保护。

（二）商标权人的权利

1. 注册商标的使用

商标权人对其注册商标享有的首要权利就是专有使用权，即商标权人将其注册商标用于核定使用的商品上、各种广告宣传及商品交易文书上，或者用于展览及其他推销商品的活动中。

2. 注册商标的转让

注册商标的转让是商标权人依法将其注册商标转让给他人所有，从而丧失商标权，受让人成为新的商标权人。转让商标权应注意以下几点。

（1）转让注册商标必须将商标专用权全体转让，包括：①该注册商标的所有权利；②该商标所核定使用的全部商品或服务项目；③在同一种或类似商品上注册的相同或近似的商标。

（2）注册商标所有人转让其已许可他人使用的注册商标，必须征得被许可人同意；被许可人同意后，双方原订的商标使用许可合同即告失效或终止；注册商标转让给第三人后，原被许可人不得继续使用该注册商标。

（3）注册商标的转让必须履行法定手续，由商标权人与受让人签订注册商标转让合同，并共同向商标局提出申请。商标局对转让注册商标申请核准后，予以公告。对于自行转让注册商标的行为，商标局将责令限期改正或者撤销注册商标。

（4）受让人应当保证使用该注册商标的商品质量。

3. 注册商标的使用许可

注册商标的使用许可是指商标权人将其注册商标许可他人使用，被许可使用人支付使用费。注册商标的使用许可有利于双方当事人的利益，许可人可以得到商标使用许可费，并在更大范围内排除他人使用其注册商标的可能性；被许可人则可以借助名牌商标推销其商品，获得更多的经济利益。商标注册人许可他人使用其注册商标，应当监督被许可人使用其注册商标的商品质量。经许可使用他人注册商标的，不仅要保证使用该注册商标的商品质量，而且必须在使用该注册商标的商品上标明被许可人的名称和商品产地。商标使用许可合同应当报商标局备案。

（三）商标权人的义务

（1）依法正当使用商标、行使权利。不得擅自改变注册商标；不得自行改变注册商标注册人名义、地址或者其他注册事项；不得自行转让注册商标。

（2）积极使用注册商标。注册商标连续 3 年停止使用的，由商标局责令限期改正或者撤销其注册商标。

（3）保证商品质量、监督被许可人的商品质量。

（4）按时缴纳费用。

（四）商标权的期限和续展

1. 商标权的期限

商标权的期限是指注册商标受法律保护的期限。《商标法》第 39 条规定："注册商标的有效期为 10 年，自核准注册之日起计算。"

2. 商标权的续展

商标权的续展是指注册商标有效期的延续。根据《商标法》的规定，注册商标有效期满，需要继续使用的，应当在期满前 12 个月内申请续展注册；在此期间未能提出申请的，可给予 6 个月的宽展期。宽展期满仍未提出申请的，注销该注册商标。申请商标续展注册的，要向商标局送交申请书，经商标局核准后，在原商标注册证上加注发还，并予以公告。续展申请的次数没有限制，每次续展注册的有效期仍为 10 年。

（五）商标权争议及裁定

（1）商标权争议，是指对已经注册的商标发生的争议。已经注册的商标，违反《商标法》相关规定的，或者是以欺骗手段或者其他不正当手段取得注册的，由商标局撤销该注册商标；其他单位或者个人可以请求商标评审委员会裁定撤销该注册商标。根据《商标法》的规定，自商标注册之日起5年内，商标所有人或者利害关系人可以请求商标评审委员会裁定撤销该注册商标。对核准注册前已经提出异议但被裁定驳回的，不得再以相同的事实和理由申请商标权争议的裁定。

（2）商标权争议的裁定，是指因发生注册商标的争议，由争议的当事人向商标评审委员会提出裁定申请，经商标评审委员会审查，决定撤销或者维持有争议的注册商标的活动。当事人对商标评审委员会的裁定不服的，可以自收到通知之日起30日内向人民法院起诉。

（六）商标权的终止

商标权的终止，是指商标权人由于法定原因丧失商标权，其注册商标不再受法律保护。商标权终止的法定原因主要有两个：一是被注销终止；二是被撤销终止。

1. 被注销终止

注册商标因下列情况之一被商标局注销而终止商标权：①注册商标有效期届满，商标权人在法定续展注册申请期内或宽展期内均未提出续展注册申请的；②注册商标有效期内，商标权人自愿申请放弃商标权并主动向商标局办理注销手续的；③注册商标有效期内，因注册商标所有人被撤销、解散、破产及其他原因关闭，或者因注册商标所有人死亡而无人继承其商标权的。

2. 被撤销终止

注册商标因下列情况之一被商标局撤销，或者被商标评审委员会裁定撤销而终止商标权：①违反《商标法》规定，或者是以欺骗手段或者其他不正当手段取得注册的；②自行改变注册商标的；③自行改变注册商标的注册人名义、地址或其他注册事项的；④自行转让注册商标的；⑤连续3年停止使用的；⑥使用注册商标的商品粗制滥造，以次充好，或者服务项目存在严重质量问题，欺骗消费者的。

五、驰名商标

驰名商标是指为相关公众所熟知、市场声誉较高、有较强竞争力的商标。如国外的“可口可乐”“波音”“IBM”“微软”等；我国的“联想”“海尔”“青岛啤酒”“同仁堂”“茅台”等。驰名商标包括注册的驰名商标和未注册的驰名商标。《巴黎公约》对驰名商标的保护，并不以其是注册商标为前提条件。我国《商标法》同样保护未注册的驰名商标。

（一）驰名商标的认定

1. 认定标准

认定驰名商标应当考虑的因素：相关公众对商标的知晓程度；该商标使用的持续时间；该商标的任何宣传工作的持续时间、程度和地理范围；该商标作为驰名商标受保护的记录；该商标驰名的其他因素。我国驰名商标是通过商标局和人民法院认定的。

2. 认定方式

驰名商标的认定有两种基本的模式：主动认定与被动认定。主动认定，指尚未发生商标纠纷，而行政机关依职权对正在使用的诸多商标进行认定。被动认定，是以规范商标注册、停止商标侵权、保护驰名商标为目的，在商标争议和纠纷中，基于当事人请求和实际需要而进行的认定。我国正在从“主动认定”转向“被动认定”模式。

（二）驰名商标的保护

驰名商标具有巨大的商业价值，是不法经营者假冒或仿冒的重点对象，因此商标法对驰名商标规定了特殊的保护措施。

1. 对未注册驰名商标的特殊保护

就相同或者类似商品申请注册的商标，是复制、模仿或者翻译他人未在中国注册的驰名商标，容易导致混淆的，不予注册并禁止使用。复制、模仿、翻译他人未在中国注册的驰名商标或其主要部分，在相同或者类似商品上作为商标使用，容易导致混淆的，应当承担停止侵害的民事法律责任。

2. 扩大已注册驰名商标的权利保护范围

不相同或者不相类似商品申请注册的商标，是复制、模仿或者翻译他人已经在中国注册的驰名商标，误导公众，致使该驰名商标注册人的利益可能受到损害的，不予注册并禁止使用。

六、商标侵权行为及其法律保护

商标权的保护是指国家商标管理机关、司法机关运用法律手段制止和惩处侵犯商标专用权行为，保护商标专用权人合法权益的活动的总称。

（一）侵犯注册商标专用权的主要行为

（1）在同一种商品或服务项目上，或者类似商品或服务项目上，未经商标注册人的许可，使用与其注册商标相同或者近似商标的行为，或者使用的商标是复制、模仿或者翻译他人未在中国注册的驰名商标，容易导致混淆的行为。在不相同或者不相类似商品或服务项目上，使用商标是复制、模仿或者翻译他人已经在中国注册的驰名商标，误导公众的行为。

（2）销售侵犯注册商标专用权的商品的行为。

（3）伪造、擅自制造他人注册商标标识或者销售伪造、擅自制造的注册商标标识的行为。

（4）未经商标注册人同意，更换其注册商标并将该更换商标的商品又投入市场的行为。

（5）给他人的注册商标专用权造成其他损害的行为。

（二）对侵犯商标权行为的处理

对侵犯商标权行为的处理，是指对商标侵权行为的制裁，进而实现对商标权人的保护。

1. 行政制裁

行政制裁是由商标管理机关对商标侵权行为人依法予以行政处罚。根据《商标法》及《实施条例》的有关规定，对侵犯商标专用权的行为，被侵权人可以向工商行政管理部门要求处理，其他单位或个人也可以控告和检举。工商行政管理部门对商标侵权行为查证属实后，依法作出下列行政处理：①责令侵权人立即停止侵权行为；②没收、销毁侵权商品和专门用于制造侵权商品、伪造注册商标标识的工具；③处以罚款，进行处理的工商行政管理部门根据当事人的请求，就侵犯商品专用权的赔偿数额可以做调解工作；调解不成的，当事人可以向人民法院起诉；④对从事商标注册、管理和复审工作的国家机关工作人员玩忽职守、滥用职权、徇私舞弊，违法办理商标注册、管理和复审事项，收受当事人财物，谋取不正当利益，尚不构成犯罪的，依法给予行政处分。

2. 民事制裁

根据《商标法》及《实施条例》的有关规定，对侵犯商标专用权的行为，被侵权人可以直接向有管辖权的人民法院起诉；对工商行政管理机关所作出的行政制裁不服的，当事人也可以在法定期限内向人民法院提起行政诉讼。

人民法院对商标侵权的民事诉讼，依法对侵权人作出以下处理：①责令侵权人停止侵害；②排除妨碍；③赔偿损失；④消除影响，恢复名誉；⑤收缴进行侵权活动的财物和非法所得；⑥依法处以罚款或者拘留。人民法院确定侵犯商标专用权的赔偿数额，主要依据侵权人在侵权期间因侵权所获得的利益，或者被侵权人在被侵权期间因被侵权所受到的损失，包括被侵权人为制止侵权行为所支付的合理开支。以上两种情况难以确定的，由人民法院根据侵权行为的情节判决给予 500 万元以下的赔偿。

3. 刑事制裁

根据《商标法》和《刑法》的规定，对侵犯商标权情节严重，触犯刑律而构成犯罪的，分别给予下列刑事处罚：①未经注册商标所有人许可，在同一种商品上使用与其注册商标相同的商标，情节严重的，处 3 年以下有期徒刑或者拘役，并处或者单处罚金；情节特别严重的，处 3 年以上 7 年以下有期徒刑，并处罚金；②销售明知是假冒注册商标的商品，销售金额数额较大或者巨大的，与第①项处罚相同；③伪造、擅自制造他人注册商标标识或者销售伪造、擅自制造的注册商标标识，情节严重的，处 3 年以下有期徒刑、拘役或者管制，并处或者单处罚金；情节特别严重的，处 3 年以上 7 年以下有期徒刑，并处罚金；④单位犯上述罪行的，对单位判处罚金，并对直接负责的主管人员和其他直接责任人员，依照前三项规定处罚；⑤对于国家工作人员利用职权，违法办理商标注册、管理和复审事项，构成犯罪的，依照《刑法》有关规定定罪量刑。

思考题

1. 工业产权和工业产权法的概念和特征是什么？
2. 简述专利法法律关系的内容。
3. 专利申请的原则和条件是什么？
4. 简述商标的概念和作用。申请商标注册有哪些法定条件和原则？
5. 《商标法》规定哪些标志不得作为商标使用或注册？商标权人有哪些权利和义务？

案例分析题

[案例 7-1] 张某是一位太阳能技术骨干，经多年研究，终于在 2023 年研制出了一种“超强太阳能热水器”，并申请了实用新型专利权。2023 年 9 月，张某与上海普天太阳能设备厂签订了专利权实施许可合同，并规定普天太阳能设备厂在华东地区享有独家生产、销售“超强太阳能热水器”的权利，合同有效期 5 年，普天太阳能设备厂每年向张某支付专利使用费 15 万元，2024 年 5 月，普天太阳能设备厂与济南阳源公司签订合同，将其华东地区独家生产销售“超强太阳能热水器”的使用权转让给济南阳源公司，济南阳源公司每年向普天太阳能设备厂支付 15 万元专利转让使用费，另向张某支付专利独立使用费 15 万元。试分析：张某、普天太阳能设备厂和济南阳源公司的行为性质各是什么？

[分析] 张某研制“超强太阳能热水器”获得实用新型专利权后，与普天太阳能设备厂签订专利权使用许可合同，是合法的。《专利法》第 12 条规定：“任何单位或者个人实施他人专利的，应当与专利权人订立书面实施许可合同，向专利权人支付专利使用费。”普天太阳能设备厂与济南阳源公司签订的合同则是无效的，直接侵犯张某的专利权。从表面上看，张某收回了同样多的专利使用费，但张某必须面对 2 个专利使用人，如果允许专利使用人随意再次转让使用权，那么张某就得花更多的时间和精力去处理其专利使用实施过程问题，容易导致更多的侵权行为发生。因此，《专利法》第 12 条还规定：“被许可人无权允许合同规定以外的任何单位或者个人实施该专利。”根据《专利法》第 12 条的规定，普天太阳能设备厂和济南阳源公司必须立即停止其侵权行为，并对张某承担一定的赔偿责任。

[案例 7-2] 王某是一名美术爱好者，在工作之余经常搞点创作，设计出了一种外观新型茶杯，并申请了外观设计专利权。王某将自己的外观设计专利权以 10 万元卖给

了某日用品厂，某日用品厂用其购买的专利生产了一系列茶杯，市场也很畅销。王某外观设计专利权公告发布后，李某发现其似曾相识，经查证，其设计是香港一杂志上半年前已有相同画面刊载，遂向专利复审委员会请求宣告无效。此时，王某已将其专利权卖给了某日用品厂。试分析：（1）王某、某日用品厂和李某的行为各是什么性质？（2）如何处理王某与某日用品厂的专利权转让合同？

［分析］外观设计专利公告之后，《专利法》第45条规定："自国务院专利行政部门公告授予专利权之日起，任何单位或者个人认为该专利权的授予不符合本法有关规定的，可以请求国务院专利行政部门宣告该专利权无效。"李某正是行使的此项权利，因为王某的外观设计专利权不符合《专利法》的规定，不具有新颖性。王某与某日用品厂签订的专利权转让合同应按照《专利法》的规定处理，即如果王某的行为是善意的，宣告专利权无效的决定对其转让合同不具有追溯力；若是恶意的，则王某应当赔偿损失；虽然是善意的，但不要求王某返还转让专利权费明显有违公平原则的，则王某仍应部分或全部返还专利权转让费。

［案例7-3］吉利集团有限公司（以下简称"吉利集团"）起诉称，1994年11月，黄岩区华田摩托车总厂向国家商标局申请注册"吉利"商标，1996年9月获得国家商标局核准，取得"吉利"商标专用权，核定使用的商品为：摩托车，轻型、微型汽车。1998年8月，该商标核准转让给吉利集团，吉利集团取得"吉利"商标的专用权。2004年11月，吉利集团得知昆明亚杰力商贸有限公司在昆明市对外销售吉利服饰，主要为"吉利牌"衬衣，昆明亚杰力商贸有限公司以"开吉利汽车，穿吉利衬衫，走吉利大道"等广告词对外进行宣传，并在2004年11月26日出版的《春城晚报》发布促销广告。吉利集团认为吉利商标经过长期使用、广泛持久的宣传已树立起中国汽车民族品牌的形象，"吉利"已成为高品质、国际化的中国著名轿车品牌，在中国乃至国际上具有了相当高的知名度和美誉度。昆明亚杰力商贸有限公司的宣传、销售行为，对消费者造成了误导，是"搭便车"的销售行为，严重损害了吉利集团的利益。于是，吉利集团将昆明亚杰力商贸有限公司起诉至昆明市中级人民法院，要求昆明亚杰力商贸有限公司停止侵权、赔偿损失。2005年11月，昆明市中级人民法院一审判决：吉利集团胜诉。试分析：吉利集团为什么会胜诉？

［分析］因为昆明亚杰力商贸有限公司违反了《商标法》，侵犯了吉利集团的商标专有权。

［案例7-4］某市有A、B两家酿酒厂。A厂历史悠久，凭借其独特的酿酒工艺生产出酒味醇正且物美价廉的"北湖"白酒。该酒投放市场后，深受本地顾客喜爱，并远销其他省市。B厂见"北湖"白酒如此受欢迎，也将自己厂生产的白酒使用"北湖"商标，立刻销售量大增，当月获得利润60万元。B厂领导欣喜之余，听说A厂的"北湖"白酒生产者埋头工作未向商标局申请注册，于是立即向商标局提出了商标注册申请，并获批准。A厂闻讯后，气愤至极，遂向商标局提出申请，指责B厂侵犯其

商标专用权，要求商标局撤销B厂的注册商标。试分析：A厂的主张能否得到法律的支持？为什么？

[分析] A厂的主张不能得到法律的支持。《商标法》第3条第1款规定："经商标局核准注册的商标为注册商标，包括商品商标、服务商标和集体商标；商标注册人享有商标专用权，受法律保护。"因此，商标注册是确定商标专用权的重要依据，只有经过注册的商标，才能受到法律的保护。A厂虽先使用"北湖"商标，但未注册，不享有专用权，不能主张B厂侵权，商标局也不会撤销B厂的注册商标。相反，B厂可以要求A厂停止使用"北湖"商标。

第八章　银行法

学习目标

【知识目标】

1. 明确中央银行的性质、法律地位和职责，掌握中央银行货币政策工具。
2. 了解商业银行设立的条件，掌握商业银行的业务。
3. 明确国家金融监督管理总局对银行业的监管职责。

【能力目标】

1. 学习防范金融风险的能力，理解银行的设立、运营、监管以及市场退出等各个环节的规范。
2. 学会识别不正当竞争行为，如垄断、欺诈、内幕交易等，以保护消费者和其他市场主体的合法权益，推动银行业的健康发展。
3. 通过学习存款保险制度、完善信息披露机制、加强消费者权益保护等措施，学会确保自己及家人的资金安全和合法权益不受侵害。

【素质目标】

1. 具有良好的职业道德，能够遵守法律法规，维护银行业的声誉和客户的合法权益。
2. 具有较强解决实际问题的能力，能够应对复杂多变的银行法律事务。
3. 具备良好的沟通协调能力，能够有效处理与客户、同事及监管机构的关系。
4. 鼓励金融服务创新，满足实体经济多样化的融资需求，促进经济的多元化发展。

案例引入

2023 年 1 月，海口市某商业银行与某房地产公司协议共同开发海景房项目，并成立项目公司，由该行副行长兼任房地产公司副董事长，商业银行向该项目投资 1 亿元人民币。同年 3 月，房地产公司以该公司的房地产做抵押，向商业银行提出贷款 2 亿元的申请，商业银行审核后，向其发放了 2 亿元抵押贷款。该行当月资本金余额为 16.9 亿元人民币。2023 年 10 月房地产公司因经营亏损面临破产，商业银行的贷款已无法收回。当年年底，该商业银行被当地金融监督管理局决定接管。试分析：本案的商业银行违反了《中华人民共和国商业银行法》的哪些规定？

第一节　中国人民银行法

一、中国人民银行法概述

（一）中国人民银行与中国人民银行法

中国人民银行即中央银行，是指其全部资本由国家出资，属于国家所有，在国务院领导下负责制定和执行国家货币政策，调节、控制货币流通和信用活动，提供公共金融服务，维护金融稳定，依法实施金融监管的特殊的国家机关。中央银行居于国家金融体系的主导地位，是一国金融体制中的核心机构。中国人民银行法是指确立我国中央银行的法律地位，并调整我国中央银行制定和实施货币政策，实施宏观经济调控和监督管理职能而产生的各种社会关系的法律规范的总称。1995 年 3 月 18 日，第八届全国人民代表大会第三次会议审议通过了《中华人民共和国中国人民银行法》（以下简称《中国人民银行法》，后根据 2003 年 12 月 27 日第十届全国人民代表大会常务委员会第六次会议的决定修正，修正后的版本自 2004 年 2 月 1 日起施行。《中国人民银行法》是新中国成立以来的第一部金融法律。关于《中国人民银行法》适用范围，该法第 52 条规定："本法所称银行业金融机构，是指在中华人民共和国境内设的商业银行、城市信用合作社、农村信用合作社等吸收公众存款的金融机构以及政策性银行。在中华人民共和国境内设立的金融资产管理公司、信托投资公司、财务公司、金融租赁公司以及经国务院银行业监督管理机构批准设立的其他金融机构，适用本法对银行业金融机构的规定。"

（二）中国人民银行的性质、法律地位和职责

1. 中国人民银行的性质

《中国人民银行法》第 2 条第 1 款规定："中国人民银行是中华人民共和国的中央银行。"该规定确立了中国人民银行的性质，具体可以从以下三个方面来理解。

（1）中国人民银行是发行的银行，控制着货币的发行。我国的中央银行独家控制货币的发行，它要根据经济运行的情况，合理调节市场流通中货币的数量，保障币值的稳定，维持货币流通的秩序。

（2）中国人民银行是银行的银行，向银行提供服务。通常情况下，中央银行不跟一般的工商企业和个人打交道，只与商业银行和其他金融机构有业务往来。

（3）中国人民银行是政府的银行，为政府提供服务。中央银行也代表国家从事金融活动，例如，制定和执行货币政策、实施宏观经济调控等。在必要时，中央银行还向政府提供贷款，帮助政府平衡财政收支。另外，中央银行还经理国库收支，保管国家的黄金储备和外汇储备。在有些国家，中央银行还承担着监督管理商业银行的

职能。在我国，监督管理银行业的职能于2003年由中国人民银行移交给新成立的中国银行业监督管理委员会（现已于2018年改名为国家金融监督管理总局）承担。

2. 中国人民银行的法律地位

《中国人民银行法》第2条第2款规定："中国人民银行在国务院领导下，制定和执行货币政策，防范和化解金融风险，维护金融稳定。"据此，对中国人民银行的法律地位可以从以下2个方面理解。

（1）中国人民银行的行政隶属性。中国人民银行是国务院管理全国金融事业的职能部门，受国务院领导。这种行政隶属性具体表现为：①中国人民银行就年度货币供应量、利率、汇率和国务院规定的其他重要事项作出的决定，报国务院批准后执行；②中国人民银行行长的人选，由国务院总理提名，副行长由国务院总理任免；③中国人民银行制定货币政策的咨询议事机构——货币政策委员会的职责、组成和工作程序，由国务院规定。

（2）中国人民银行依法具有相对独立性。这种相对独立性具体表现为：①中国人民银行在国务院领导下依法独立执行货币政策，履行职责，开展业务，不受地方政府、各级政府部门、社会团体和个人的干涉；②中国人民银行的各级分支机构是总行的派出机构，接受总行的集中统一领导和管理。

3. 中国人民银行的职责

中国人民银行履行下列职责：①发布与履行其职责有关的命令和规章；②依法制定和执行货币政策；③发行人民币，管理人民币流通；④监督管理银行间同业拆借市场和银行间债券市场；⑤实施外汇管理，监督管理银行间外汇市场；⑥监督管理黄金市场；⑦持有、管理、经营国家外汇储备、黄金储备；⑧经理国库；⑨维护支付、清算系统的正常运行；⑩指导、部署金融业反洗钱工作，负责反洗钱的资金监测；⑪负责金融业的统计、调查、分析和预测；⑫作为国家的中央银行，从事有关的国际金融活动；⑬国务院规定的其他职责。中国人民银行为执行货币政策，可以依照《中国人民银行法》的有关规定从事金融业务活动。

二、中国人民银行的组织机构

（一）中国人民银行行长

中国人民银行设行长一人，副行长若干人。中国人民银行行长的人选，根据国务院总理的提名，由全国人民代表大会决定；全国人民代表大会闭会期间，由全国人民代表大会常务委员会决定，由中华人民共和国主席任免。中国人民银行副行长由国务院总理任免。中国人民银行实行行长负责制。行长领导中国人民银行的工作，副行长协助行长工作。

（二）货币政策委员会的设立

《中国人民银行法》第12条规定："中国人民银行设立货币政策委员会。货币政策委员会的职责、组成和工作程序，由国务院规定，报全国人民代表大会常务委员会备案。中国人民银行货币政策委员会应当在国家宏观调控、货币政策制定和调整中，发挥重要作用。”根据国务院颁布的《中国人民银行货币政策委员会条例》，货币政策委员会作为中国人民银行的内设机构，是制定货币政策的咨询议事机构，主要职责是：根据国家的宏观经济调控目标，讨论货币政策的制定和调整、一定时期内的货币政策控制目标、货币政策工具的运用、有关货币政策的重要措施、货币政策与其他宏观经济政策的协调等涉及货币政策的重大事项，提出制定和实施货币政策的建议。货币政策委员会共由11人组成，其中中国人民银行行长作为委员会的主席，另外还有中国人民银行副行长2人（其中1人担任副主席）、国家计划委员会副主任1人、财政部副部长1人、国家外汇管理局局长、中国证券监督管理委员会主席、国有独资商业银行行长2人、金融专家1人等共同组成。

（三）中国人民银行的分支机构

《中国人民银行法》第13条规定：“中国人民银行根据履行职责的需要设立分支机构，作为中国人民银行的派出机构。中国人民银行对分支机构实行统一领导和管理。中国人民银行的分支机构根据中国人民银行的授权，维护本辖区的金融稳定，承办有关业务。”这是关于中国人民银行分支机构的法律地位、中国人民银行对其分支机构的管理体制及其职责方面的规定。

（四）中国人民银行行长和工作人员的职业操守

《中国人民银行法》第14条规定：“中国人民银行的行长、副行长及其他工作人员应当恪尽职守，不得滥用职权、徇私舞弊，不得在任何金融机构、企业、基金会兼职。”中国人民银行内部的工作人员，包括行长、副行长在内，都属于国家机关工作人员，而且是有特殊身份的国家机关工作人员，更应当遵守规定。所谓滥用职权，徇私舞弊，是指为了个人私利、私情，采取弄虚作假、欺上瞒下等手段，滥用职权。中国人民银行工作人员滥用职权、徇私舞弊的行为主要表现为：①违反中国人民银行不得向地方政府、各级政府部门提供贷款，不得向非银行金融机构以及其他单位和个人提供贷款的规定提供贷款的行为；②为单位和个人提供担保；③擅自动用发行基金。另外，中国人民银行的工作人员不得在任何金融机构、企业和基金会兼职。《中国人民银行法》第15条规定：“中国人民银行的行长、副行长及其他工作人员，应当依法保守国家秘密，并有责任为与履行其职责有关的金融机构及当事人保守秘密。”

三、货币政策工具

（一）货币政策工具概述

货币政策是国家为了实现一定的经济目标而确立的组织、管理、调控、干预社会信用量的一种措施。货币政策是宏观经济管理的工具，是为调节社会总需求和总供给服务的。货币政策工具是指中央银行为实现货币政策目标而运用的手段，也是中央银行开展金融业务所必需的手段。《中国人民银行法》第 23 条规定：“中国人民银行为执行货币政策，可以运用下列货币政策工具：①要求银行业金融机构按照规定的比例交存存款准备金；②确定中央银行基准利率；③为在中国人民银行开立账户的银行业金融机构办理再贴现；④向商业银行提供贷款；⑤在公开市场上买卖国债、其他政府债券和金融债券及外汇；⑥国务院确定的其他货币政策工具。中国人民银行为执行货币政策，运用前款所列货币政策工具时，可以规定具体的条件和程序。”

（二）主要的货币政策工具

1. 存款准备金

存款准备金指中央银行为应付客户提取存款和资金清偿而依法规定商业银行按存款的一定比率交存中央银行的部分存款，是控制商业银行创造信用的能力、间接控制货币供应量的措施。在法定存款准备金制度中，存款准备金率居于核心地位。存款准备金率就是金融机构向中央银行缴存的准备金占其存款总额的比率。合理地确定和调整存款准备金率，使金融机构的存款准备金占其存款总额的比例保持在适当的水平上，是法定存款准备金制度充分发挥作用的关键。当经济需求过旺有可能导致通货膨胀时，中央银行就可以提高法定存款准备金率，使商业银行不得不收缩贷款，减少货币供应量，最终达到预防通货膨胀、实现稳定币值的货币政策目标。相反，当经济衰退时，中央银行则降低法定存款准备金率，从而使得商业银行增加用于贷款的货币供应量，以促进经济的增长。

2. 基准利率

所谓利息，是指货币所有者因贷出货币资金而从借款人处获得的报酬。利率是利息率的简称，是指一定时期内利息的金额与存入或贷出金额的比率，由资金的供求关系决定。我国的利率分三种：第一，中国人民银行对商业银行及其他金融机构的存、贷款利率，即基准利率，又称法定利率；第二，商业银行对企业和个人的存、贷款利率，称为商业银行利率；第三，金融市场的利率，称为市场利率。其中，基准利率是核心，它在整个金融市场和利率体系中处于关键地位，起决定作用，它的变化决定了其他各种利率的变化。中央银行通过提高或降低贷款利率来影响商业银行借入中央银行资金成本，以达到抑制或刺激对信贷资金的需求，导致信贷总量或货币供应量的收缩或扩张。

3. 贴现

贴现指票据持有人在票据到期日前，为融通资金而向银行或其他金融机构贴付一定利息的票据转让行为。通过贴现，持票人得到低于票面金额的资金，贴现银行及其他金融机构获得票据的所有权。再贴现是商业银行及其他金融机构将买入的未到期的贴现票据向中央银行办理的再次贴现。从形式上看，再贴现与贴现并无区别，都是一种票据和信用相结合的融资方式，但从职能上看，再贴现是中央银行执行货币政策的重要手段之一。所谓再贴现政策，就是中央银行通过制定或调整再贴现利率来干预和影响市场利率及货币市场的供应和需求，从而调节市场货币供应量的一种金融政策。

4. 向商业银行提供贷款

再贷款是指中央银行向商业银行的贷款。再贷款是中央银行主要资产业务之一。在中央银行的资产负债表中，贷款是一个大项目，它充分体现了中央银行作为“最后贷款人”的职能作用。中央银行通过调整再贷款利率，影响商业银行从中央银行取得信贷资金的成本和可使用额度，使货币供应量和市场利率发生变化，对维护金融体系的安全、执行货币政策、抑制通货膨胀、平衡财政收支、促进经济发展都具有重要的意义。

5. 在公开市场上买卖国债、其他政府债券和金融债券及外汇

公开市场操作是指中央银行在金融市场上买卖有价证券和外汇的活动。它是中央银行的一项主要业务，是货币政策的一种基本工具，可以达到增加或减少货币供应量的目的。

6. 国务院确定的其他货币政策工具

从人民银行实际操作和外国中央银行的长期实践来看，国务院确定的其他货币政策工具可以有如下几种：①贷款限额；②信贷收支计划；③现金收支计划；④特别存款；⑤“窗口指导”。中央银行与国有商业银行行长联席会议制度，是我国中央银行进行“窗口指导”的特殊形式。

四、人民币的发行

（一）人民币的法律地位和职能

《中国人民银行法》第 16 条规定：“中华人民共和国的法定货币是人民币。以人民币支付中华人民共和国境内的一切公共的和私人的债务，任何单位和个人不得拒收。”所谓法定货币，是指由政府用行政命令强制的方式发行的，以法律赋予其具有购买与支付能力的，在商品交换中必须接受的货币。人民币是我国的法定货币，也就是说，人民币是中华人民共和国的唯一合法货币，即在我国国内市场上人民币是一般等价物，只允许人民币流通。

（二）人民币的发行

人民币的发行是指人民银行代表国家投放、回笼、调拨、销毁、保管以及调节各地人民币流通等业务活动的总称。人民币的发行直接关系到人民币币值的稳定，关系到货币政策目标的实现，必须加强对人民币发行的管理。因此，必须坚持以下三个基本发行原则。

1. 坚持以经济发行为主的原则

坚持经济发行原则，就是根据国民经济发展情况，按照商品流通的实际需要，通过银行信贷的渠道来发行，这是人民币发行的最基本原则。与经济发行原则相对应的是财政发行，即根据财政收支情况发行货币。财政发行虽然能起到弥补财政赤字的作用，但它易于破坏币值稳定，所以，必须坚持以经济发行为主的原则。

2. 坚持计划发行原则

计划发行，就是货币的发行必须纳入整个国家的计划体系之中，按计划办理，以保证币值和物价的稳定。具体由中国人民银行提出货币发行计划，报国务院批准后实施。人民币发行没有法律上的准备和担保要求，没有发行限额规定，属于无法定准备和担保的纯信用发行。但这并非意味着货币发行没有限制，货币发行计划便是货币发行控制的手段和工具。

3. 坚持集中统一原则

人民币由中国人民银行统一发行。除此之外，财政部、其他金融机构以及其他任何单位和个人均无权发行货币和代用货币。

（三）对人民币的保护

《中国人民银行法》第19条规定："禁止伪造、变造人民币。禁止出售、购买伪造、变造的人民币。禁止运输、持有、使用伪造、变造的人民币。禁止故意毁损人民币。禁止在宣传品、出版物或者其他商品上非法使用人民币图样。"由于伪造、变造人民币和贩运伪造、变造的人民币的行为严重扰乱金融秩序，对国家、集体以及个人利益均会造成严重侵害，所以为了保护国家货币、巩固国家金融，《中国人民银行法》规定了其法律责任。故意毁损人民币是指故意毁损或损伤人民币的纸币或铸币。公民和法人持有人民币，可以将其用于购物或用于其他消费，但不能故意将人民币毁损，人民币承担着商品交换的流通作用，不仅大额人民币会因防伪技术使其造价高，而且小额人民币铸币的铸造价值往往比其标示的价值还高，毁损人民币会人为地增加人民币发行基金，还可能造成小额人民币流通短缺，不利于市场上人民币的找换，给国家造成浪费。禁止非法使用人民币图样，是为了保证国家货币的严肃性，也防止有人利用有人民币图样的纸张冒充人民币，欺骗他人。

第二节 商业银行法

一、商业银行法概述

（一）商业银行法的立法目的与调整对象

商业银行是依照商业银行法和公司法设立的，以金融资产和负债为经营对象，以利润最大化或股东收益最大化为主要目标，提供吸收公众存款、发放贷款、办理结算等多样化信用服务的企业法人。商业银行以其全部法人财产独立承担民事责任。商业银行法是调整商业银行的设立、变更、终止及其业务活动中发生的经济关系的法律规范的总称。《中华人民共和国商业银行法》（以下简称商业银行法）由第八届全国人民代表大会常务委员会第十三次会议于 1995 年通过，后又于 2003 年和 2015 年进行两次修正，最新的《商业银行法》于 2015 年 10 月 1 日起施行。

1. 商业银行法的立法目的

《商业银行法》第 1 条规定："为了保护商业银行、存款人和其他客户的合法权益，规范商业银行的行为，提高信贷资产质量，加强监督管理，保障商业银行的稳健运行，维护金融秩序，促进社会主义市场经济的发展，制定本法。"这一规定，明确阐述了商业银行法的立法宗旨。

2. 商业银行法的调整对象

《商业银行法》第 2 条规定："本法所称的商业银行是指依照本法和《公司法》设立的吸收公众存款、发放贷款、办理结算等业务的企业法人。"根据该规定，《商业银行法》的调整对象——商业银行具有以下特征。

（1）商业银行是企业法人。法人是具有民事权利能力和民事行为能力，依法独立享有民事权利和承担民事义务的组织。商业银行必须具备法人成立的条件：依法成立；有必要的财产和经费；有自己的名称、组织机构和场所；能够独立承担民事责任。

（2）商业银行是依照《商业银行法》和《公司法》设立的企业法人。作为独立承担民事责任的公司法人，商业银行依照《公司法》的有关规定设立，享有公司的各种权利，承担公司的各种义务。商业银行的法律性质是公司，最基本的权利和义务就是自主经营、自负盈亏、自担风险和自我约束。根据有关法律规定，商业银行依法开展业务，不受任何单位和个人的干涉，并以其全部法人财产独立承担民事责任。商业银行的设立、变更、终止的条件和程序不仅要符合《商业银行法》的有关规定，还要同时符合《公司法》的有关规定。

（二）商业银行的业务范围

根据《商业银行法》规定，商业银行可以经营下列部分或者全部业务。

1. 吸收公众存款

吸收公众存款是指商业银行以承诺随时或定期偿付为条件接受存款人货币的行为。

2. 发放贷款

发放短期、中期和长期贷款是指商业银行以借款人偿还本息为条件将货币资金提供给借款人的行为。

3. 办理国内外结算

结算是基于商品交易、提供劳务等原因进行的货币收付活动。商业银行可以接受客户的委托，通过结算存款账户转账划拨办理货币的收付。

4. 办理票据承兑与贴现

承兑是指汇票付款人承诺在汇票到期日支付汇票金额的票据行为。贴现是指商业银行为了向票据持有人提供短期的资金融通而预收利息购入未到期的商业票据。

5. 发行金融债券

金融债券是商业银行为筹集中长期资金而面向社会发行的有价证券。商业银行发行金融债券或者到境外借款，应当依照法律、行政法规的规定报经批准。

6. 代理发行、代理兑付、承销政府债券

代理发行、代理兑付、承销政府债券是商业银行的一项中间业务。商业银行可以接受委托代理政府销售政府债券或者向债券的持有人支付到期本息，同时收取手续费。

7. 买卖政府债券、金融债券

商业银行此类业务的实质是一种投资行为，有利于保持商业银行资产的流动性。商业银行通过买入和卖出政府债券、金融债券，可以有效地分散风险，获得收益。

8. 从事同业拆借

同业拆借是商业银行之间以借贷的方式融通短期资金的行为。

9. 买卖、代理买卖外汇

买卖、代理买卖外汇是指商业银行以自身的名义或者以客户的名义在外汇市场上卖出人民币资金、买入外汇资金或者买入人民币资金、卖出外汇资金以获得利润或者手续费的行为。

10. 从事银行卡业务

从事银行卡业务是现在银行业广泛采用的一项收付结算的新兴业务。

11. 提供信用证服务及担保

信用证是国际贸易结算的最主要的方式。提供信用证服务是商业银行以银行自身的信用来弥补开证申请人信用的不足。

12. 代理收付款项及代理保险业务

代理收付款项及代理保险业务是银行接受委托，利用自身结算的便利条件办理指定款项的收付和保险公司授权范围内的保险业务。

13. 提供保管箱服务

保管箱业务是银行接受客户申请，按照业务章程和协议条款，以出租保管箱的形式代客户保管各类物品（违禁品除外）的中间业务。

14. 结汇、售汇业务

结汇、售汇业务是指经中国人民银行批准的外汇指定银行为客户或自身办理人民币与可自由兑换货币之间兑换的业务。

（三）商业银行的经营原则

1. 安全性、流动性、效益性原则

安全性原则要求商业银行尽量避免各种不确定的因素，即风险对其资产、负债、利润、信誉及其他经营发展条件的影响，以求稳健经营，健康发展。流动性原则要求商业银行必须有相应的资金来源来实现资金收付的动态平衡。效益性原则要求商业银行不断追求效益，增强自己的实力，以在竞争中立于不败之地。

2. 依法独立自主经营原则

商业银行依法开展业务，不受任何单位和个人的干涉。作为独立的市场主体，商业银行有权依法处理其一切经营管理事务，自主参与民事活动，并以其全部法人财产独立承担民事责任。

3. 保护存款人利益原则

商业银行作为债务人，是否能够充分尊重存款人的利益、严格履行自己的债务、切实承担保护存款人利益的责任，直接关系到银行自身的经营状况。

4. 自愿、平等、诚实信用原则

商业银行与客户之间是平等主体之间的民事法律关系。因此，商业银行与客户之间的业务往来，应以平等自愿为基础，公平交易、不得强迫，不得附加不合理的条件，双方均应善意、全面地履行各自的义务。

此外，商业银行开展业务，应当遵守公平竞争原则，不得从事不正当竞争，并且商业银行必须依法接受中国人民银行的监督管理。

二、商业银行的设立、变更、接管和终止

（一）商业银行的设立

1. 商业银行的设立必须经过审查批准

设立商业银行，应当经国务院银行业监督管理机构审查批准。未经国务院银行业监督管理机构批准，任何单位和个人不得从事吸收公众存款等商业银行业务，任何单位不得在名称中使用“银行”字样。

2. 设立商业银行的条件

设立商业银行，应当具备下列条件：①有符合《商业银行法》和《公司法》规定的章程；②有符合《商业银行法》规定的注册资本最低限额；③有具备任职专业知识和业务工作经验的董事、高级管理人员；④有健全的组织机构和管理制度；⑤有符合要求的营业场所、安全防范措施和与业务有关的其他设施。另外，设立商业银行，还应当符合其他审慎性条件。

3. 商业银行的注册资本

设立全国性商业银行的注册资本最低限额为 10 亿元人民币，设立城市商业银行的

注册资本最低限额为 1 亿元人民币，设立农村商业银行的注册资本最低限额为 5000 万元人民币。注册资本应当是实缴资本。国务院银行业监督管理机构根据审慎监管的要求，可以调整注册资本最低限额，但不得少于上述规定的限额。

4. 商业银行的设立申请

《商业银行法》第 14 条规定："设立商业银行，申请人应当向国务院银行业监督管理机构提交下列文件、资料：①申请书，申请书应当载明拟设立的商业银行的名称、所在地、注册资本、业务范围等；②可行性研究报告；③国务院银行业监督管理机构规定提交的其他文件、资料。"经批准设立的商业银行，由国务院银行业监督管理机构颁发经营许可证，并凭该许可证向工商行政管理部门办理登记，领取营业执照。

5. 商业银行的组织结构

商业银行的组织形式、组织机构适用《公司法》的规定。

6. 董事、高级管理人员的任职资格

有下列情形之一的，不得担任商业银行的董事、高级管理人员：①因犯有贪污、贿赂、侵占财产、挪用财产罪或者破坏社会经济秩序罪，被判处刑罚，或者因犯罪被剥夺政治权利的；②担任因经营不善破产清算的公司、企业的董事或者厂长、经理，并对该公司、企业的破产负有个人责任的；③担任因违法被吊销营业执照的公司、企业的法定代表人，并负有个人责任的；④个人所负数额较大的债务到期未清偿的。

（二）商业银行的变更

商业银行有下列变更事项之一的，应当经国务院银行业监督管理机构批准：①变更名称；②变更注册资本；③变更总行或者分支行所在地；④调整业务范围；⑤变更持有资本总额或者股份总额百分之五以上的股东；⑥修改章程；⑦国务院银行业监督管理机构规定的其他变更事项。更换董事、高级管理人员时，应当报经国务院银行业监督管理机构审查其任职资格。

（三）商业银行的接管

当商业银行已经或者可能发生信用危机，严重影响存款人的利益时，国务院银行业监督管理机构可以对该银行实行接管。接管的目的是对被接管的商业银行采取必要措施，以保护存款人的利益，恢复商业银行的正常经营能力。被接管的商业银行的债权债务关系不因接管而变化。根据《商业银行法》的规定，接管由国务院银行业监督管理机构决定，并组织实施。国务院银行业监督管理机构的接管决定应当载明被接管的商业银行名称、接管理由、接管组织、接管期限。接管决定由国务院银行业监督管理机构予以公告，接管自接管决定实施之日起开始。自接管开始之日起，由接管组织行使商业银行的经营管理权力。接管期限届满，国务院银行业监督管理机构可以决定延期，但接管期限最长不得超过 2 年。有下列情形之一的，接管终止：①接管决定规定的期限届满或者国务院银行业监督管理机构决定的接管延期届满；②接管期限届满前，该商业银行已恢复正常经营能力；③接管期限届满前，该商业银行被合并或者被依法宣告破产。

（四）商业银行的终止

商业银行因解散、被撤销和被宣告破产而终止。根据《商业银行法》的规定，商业银行因分立、合并或者出现公司章程规定的解散事由需要解散的，应当向国务院银行业监督管理机构提出申请，并附解散的理由和支付存款的本金和利息等债务清偿计划，经国务院银行业监督管理机构批准后解散。商业银行解散的，应当依法成立清算组，进行清算，按照清偿计划及时偿还存款本金和利息等债务。国务院银行业监督管理机构监督清算过程。商业银行因吊销经营许可证被撤销的，国务院银行业监督管理机构应当依法及时组织成立清算组，进行清算，按照清偿计划及时偿还存款本金和利息等债务。商业银行不能支付到期债务，经国务院银行业监督管理机构同意，由人民法院依法宣告其破产。商业银行被宣告破产的，由人民法院组织国务院银行业监督管理机构等有关部门和有关人员成立清算组，进行清算。商业银行破产清算时，在支付清算费用、所欠职工工资和劳动保险费用后，应当优先支付个人储蓄存款的本金和利息。

三、商业银行的存款业务

1. 存款的概念

存款是指存款人在其金融机构账户上存入的货币资金，即银行等金融机构收受存款人的货币资金，而对存款人负有即期或定期偿付义务的负债业务。吸收各类存款是商业银行最主要、最基本的负债业务，它直接影响商业银行的经营规模和经营水平。

2. 存款合同

存款合同是存款人和银行等存款机构之间订立的明确相互间权利和义务的协议。存款合同是要式合同、格式合同、实践性合同和无名合同。存款合同作为实践性合同，须在存款人交付款项后方能成立。存款人的合法存款，其所有权属于存款人个人或单位。合法存款受法律保护，禁止任何组织和个人非法查封、扣划、冻结和没收。

3. 商业银行对存款人的保护责任

商业银行对存款人的保护责任体现在：①商业银行应当按照中国人民银行规定的存款利率的上下限，确定存款利率，并予以公告；②商业银行应当按照中国人民银行的规定，向中国人民银行缴存存款准备金，留足备付金；③商业银行应当保证存款本息的支付，不得拖延、拒绝支付存款本息；④商业银行有为存款人保密、确保存款安全的责任。

四、商业银行的贷款业务

（一）商业银行开展贷款业务的基本原则和借款审查

对商业银行开展贷款业务的基本原则，《商业银行法》第34条规定："商业银行根据国民经济和社会发展的需要，在国家产业政策指导下开展贷款业务。"商业银行的贷款业务是商业银行的基本业务之一。存贷业务是商业银行发挥资金中介作用的集中体现，二者相互联系、相互制约、密不可分。商业银行是自主经营、自负盈亏、自担风险、自我约束的企业法人，其贷款活动不受任何单位和个人的干涉。但是商业银行是国家特许的金融机构，是社会资金的中介组织，掌握了全社会巨大的经济资源，在促进经济发展方面可以而且应当发挥积极的、重要的作用。因此，商业银行应当根据国民经济和社会发展的需要，在国家产业政策指下开展贷款业务。《商业银行法》第35条规定："商业银行贷款，应当对借款人的借款用途、偿还能力、还款方式等情况进行严格审查。商业银行贷款，应当实行审贷分离、分级审批的制度。"商业银行受理借款人的申请后，应当对借款人的情况进行全面审查，综合评定信用等级和风险。对提供的情况和资料，需要调查核实，特别是对借款人的自有资金、负债程度、借款用途、担保方式等情况，以测定贷款的风险度。另外，商业银行还应当设立贷款审查委员会，对下属分支机构和银行内部机构要实行明确的授权和责任制。商业银行根据贷款的条件和程序自主审查和决定贷款，有权拒绝任何单位和个人强令其发放贷款。

（二）商业银行的担保借款和信用贷款

《商业银行法》第36条规定："商业银行贷款，借款人应当提供担保。商业银行应当对保证人的偿还能力，抵押物、质物的权属和价值以及实现抵押权、质权的可行性进行严格审查。"商业银行从事贷款业务，以提供担保贷款为原则。担保贷款是指贷款人向借款人发放贷款时，需借款人提供一定的物的担保或人的担保作为该项贷款的担保，在借款人不能履行合同义务时，为其担保的保证人必须代为清偿债务，或贷款人将借款人或第三人提供的担保物变价并从中得到清偿的一种贷款方式。信用贷款，指以借款人的信誉发放的贷款。信用贷款是不需要担保和抵押，仅凭借款人的信用就可以得到的贷款。在办理信用贷款前，必须对借款人的状况进行认真审查。在审查当中，商业银行一般应当考虑以下因素：①借款人借款的目的和用途；②借款人的经济状况和财务状况；③贷款偿还前景的预测。经商业银行审查、评估，确认借款人资信良好，确能偿还贷款的，可以不提供担保。

（三）贷款合同的订立和借款人的还款付息义务

《商业银行法》第37条规定："商业银行贷款，应当与借款人订立书面合同。合同应当约定贷款种类、借款用途、金额、利率、还款期限、还款方式、违约责任和双方认为需要约定的其他事项。"目前我国商业银行的利率分为三种：①法定利率，如人民币储蓄利率，但对中小商业银行，存款利率可上浮 10%；②差别利率，对不同行业或不同地区适用不同的利率；③优惠利率，对国家政策扶持对象采取低于正常利率的优惠利率。关于借款人的还息义务，《商业银行法》第 42 条规定：“借款人应当按期归还贷款的本金和利息。借款人到期不归还担保贷款的，商业银行依法享有要求保证人归还贷款本金和利息或者就该担保物优先受偿的权利。商业银行因行使抵押权、质权而取得的不动产或者股权，应当自取得之日起 2 年内予以处分。借款人到期不归还信用贷款的，应当按照合同约定承担责任。”由此可见，借款人按期归还贷款和利息是其基本义务。

（四）限制或禁止发放的贷款和开立的账户

商业银行贷款，应当遵守下列资产负债表比例管理的规定：①资本充足率不得低于 8%（资本充足率是银行资本与经过风险加权后的资本之比）；②流动资产余额与流动性负债余额的比例不得低于 25%；③对同一借款人的贷款余额与商业银行资本余额的比例不得超过 10%；④国务院银行业监督管理机构对资产负债比例管理的其他规定。

禁止商业银行向关系人发放信用贷款，向关系人发放担保贷款的条件不得优于其他借款人同类贷款的条件。关系人是指商业银行的董事、监事、管理人员、信贷业务人员及其近亲属，以及上述所列人员投资或者担任高级管理职务的公司、企业和其他经济组织。

任何单位或个人不得强令商业银行发放贷款或提供担保。

《商业银行法》第 43 条规定：“商业银行在中华人民共和国境内不得从事信托投资和证券经营业务，不得向非自用不动产投资或者向非银行金融机构和企业投资，但国家另有规定的除外。”这一规定表明了对商业银行投资业务的限制。

商业银行不得违反规定提高或者降低利率以及采用其他不正当手段，吸收存款，发放贷款。

企业事业单位可以自主选择一家商业银行的营业场所开立一个办理日常转账结算和现金收付的基本账户，不得开立两个以上基本账户。任何单位和个人不得将单位的资金以个人名义开立账户存储。

第三节　银行业监督管理法

一、银行业监督管理法的立法宗旨

《中国人民银行法》规定了中国人民银行的两大职能；一是制定和执行货币政策，二是对金融业实施监管。2003 年 12 月修改的《中国人民银行法》将这两大职能加以分离，即由中国人民银行行使与货币政策有关的监管职能，其原有的金融监管职能移交给国务院银行业监督管理机构。2007 年 1 月 1 日起实施的《中华人民共和国银行业监督管理法》（以下简称《银行业监督管理法》）是我国对银行业实行监督管理的基本法律。制定该法的目的是加强对银行业的监督管理，规范监督管理行为，防范和化解银行业风险，保护存款人和其他客户的合法权益，促进银行业健康发展。银行业监督管理的原则是：①依法、公开、公正和效率原则；②不受地方政府、各级政府部门、社会团体和个人的干涉。

二、银行业监督管理体制

1. 国务院银行业监督管理机构的监管

《银行业监督管理法》规定，国务院银行业监督管理机构负责对全国银行业金融机构及其业务活动实施监督管理，根据履行职责的需要设立派出机构，并对派出机构实行统一领导和管理；派出机构在国务院银行业监督管理机构的授权范围内，履行监督管理职能。国务院银行业监督管理机构应当和中国人民银行、国务院其他金融监督管理机构建立监督管理信息共享机制，实施跨境监督管理。在处置银行业金融机构风险、查处有关金融违法行为等监督管理活动中，地方政府、各级有关部门应当予以配合和协助。国务院银行业监督管理机构应当公开监督管理程序，建立监督管理责任制度和内部监督制度，并接受国务院审计、监察等机关对其活动进行的监督。

2. 商业银行内部的监督管理

商业银行内部的监管制度主要体现在三个方面。

（1）商业银行应当按照国务院银行业监督管理机构的规定，制定本行的业务规章，建立、健全本行的业务管理、现金管理和安全防范制度。这就要求商业银行按照国务院银行业监督管理机构的规定建立规章制度。这些制度包括业务管理、现金管理和安全防范制度。

（2）商业银行应当建立、健全对自身及其分支机构的稽核、检查制度，即系统内部稽核、检查制度。系统内部稽核、检查是一种对商业银行自身及其分支机构所从事的业务活动，以会计核算为主要依据，以法律、行政法规和有关规定为标准，对存款、贷款、结算呆账等情况的真实性、合法性、安全性和效益性的内部经济监督方式。

（3）商业银行除自我完善各种规章制度外，还有一项重要的内部监督制度，即设立监事会，监事会依法履行监督职责，对商业银行的信贷资产质量、资产负债比例、国有资产保增值等情况以及高级管理人员违反法律、行政法规或章程的行为以及损害银行利益的行为进行监督。

3. 审计监督

在我国，国有商业银行除接受国务院银行业监督管理机构的检查监督外，同时也要接受审计机关的审计监督。县级以上各级政府都设立审计机关，对各级政府的各个部门、金融机构以及依法确定为受审计监督的单位的财务收支进行审计监督。

思考题

1. 中国人民银行的性质、法律地位和职责是什么?
2. 什么是货币政策工具?主要的货币政策工具有哪些?
3. 人民币的发行应该坚持哪些原则?
4. 商业银行有哪些业务范围?商业银行的经营原则是什么?
5. 国务院银行业监督管理机构对银行业的监督职责是什么?

案例分析题

[案例 8-1] 某市商业银行于 2012 年成立,注册资本为 10 亿元人民币。从 2021 年 8 月 1 日起,该商业银行在营业窗口贴出告示:由于现金周转困难,根据市政府规定,本行汇兑结算业务只进不出,客户每周只能提款一次,而且个人每次只能提 1000 元,单位每次只能提 3000 元,待现金周转正常,即恢复正常支取。10 天后,该银行所在地的市政府又发出通知,要求凡本市公务员,应从即日起的一个月内,每人自觉到本市商业银行一次性存入人民币 1000 元。试分析:本案违反了《商业银行法》的哪些规定?

[分析] 本案的商业银行的告示违反了《商业银行法》相关规定,即商业银行办理个人储蓄存款业务,应当遵循存款自愿、取款自由原则;同时,商业银行办理票据承兑、汇兑、委托收款等结算业务,应当按照规定的期限兑现,收付入账,不得压单、压票;商业银行依法开展业务,不受任何单位和个人的干涉。对于该市商业银行的行为,国务院银行业监督管理机构应依法责令其改正,给他人造成损失的,还应承担民事责任。

[案例 8-2] 某银行在处理一笔大额取款业务时,遭遇了客户投诉。客户声称其账户中的资金被错误地转移,导致其经济损失。银行方面则表示,所有操作均符合法律法规和内部流程。请分析此问题应该怎么样解决?

[分析] 银行的责任与义务:银行在处理大额取款时,应严格按照法律和内部规定进行身份验证和交易审核。如果银行未能履行这些义务,导致客户资金损失,银行可能需要承担赔偿责任。

客户的权利:客户有权要求银行提供详细的交易记录,并对其账户资金的安全负责。如果银行未能提供充分的证据证明其操作的合法性,客户可以通过法律途径维护自身权益。

法律建议:建议客户首先与银行协商解决争议,必要时可向银行业监督管理机构投诉。银行应加强内部管理，确保所有操作符合法律法规，以避免类似纠纷的发生。

［案例 8-3］某商业银行在未经批准的情况下，擅自扩大了经营范围，涉及证券业务。请分析该行为可能带来的法律后果。

［分析］该商业银行的行为违反了《商业银行法》的相关规定，可能面临以下法律后果：一是被监管部门责令改正；二是可能被处以罚款；三是情节严重的，可能被吊销营业执照；四是直接负责的主管人员和其他直接责任人员可能被追究相应的法律责任。

第九章　证券法

学习目标

【知识目标】

1. 明确证券的概念和特征，掌握证券法的立法目标和基本原则。

2. 掌握国务院证券监督管理机构对证券市场的监管职能与措施。

3. 掌握证券的发行和交易的基本法律制度，了解违反《中华人民共和国证券法》的法律责任。

【能力目标】

1. 熟练掌握证券法的基本制度及其基本理论，了解国内外有关证券发行、证券交易以及信息公开和证券监管制度的立法情况，并能够理解不同国家证券制度的立法背景。

2. 运用证券法学基本原理分析现实中的疑难证券法律问题，从而具备证券司法、证券执法和证券合规管理方面的基本能力。

【素质目标】

1. 在掌握证券法及其相关制度基础知识的基础上，具备分析和解决实际问题的能力，并具备一定的研究能力。

2. 培养独立思考、深入钻研问题的习惯，对问题提出多种解决方案，并能对我国现行证券立法及其制度提出自己的观点及完善的建议。

案例引入

王、钱、周三人分别是某上市公司的董事长、总经理和总会计师，各自持有该上市公司一定数量的股票。2024 年 6 月，该上市公司与某有限责任公司签订了一份大额买卖合同，购买该有限责任公司的一大批原材料，因为价格较便宜，该上市公司就接受了有限责任公司提出的款到付货，货款两清的要求，签订了供货合同。但在履行合同中，有限责任公司收到货款后却因濒临破产，无力履行交货义务，使上市公司蒙受巨大经济损失。王、钱、周三人认为，如果在公司中期报告中披露此事，必然会导致公司股价下跌，故在中期报告中没有披露此事。随后，王、钱、周三人不但在短期内陆续抛出了自己持有的该上市公司的大部分股票，而且还让其亲友也卖出了手中持有的公司股票。直到当年年底，该上市公司才向证券监督管理委员会和证券交易所提交了临时报告，披露了上述合同的损失情况，该上市公司的股票价格大幅度下跌。试分析：王、钱、周三人的行为是否违法？

第一节　证券法概述

一、证券及证券法

（一）证券的概念与特征

证券一般又称为有价证券，是指发行人依照法律、行政法规的规定，经批准签发的表示特定经济权利的凭证。证券有广义和狭义之分。广义的证券包括财物证券、货币证券和资本证券。财物证券是证明持有人享有一定数量财物请求权的证券，如提货单、货运单等；货币证券是证明持有人享有一定数额货币请求权的证券，如汇票、本票、支票等；资本证券是证明持有人资本的所有权与收益权的证券，如股票、债券等。狭义的证券仅指资本证券。我国证券法规定的证券为资本证券，即股票、公司债券和国务院依法认定的其他证券。其他证券主要指投资基金凭证、非公司企业债券、国家政府债券等。我国的证券具有以下特征：①证券是一种权益凭证。证券所载明的内容是对特定财产关系的确认，直接关系证券持有人的物质利益。对于筹资者来说，它是融资工具；对于投资者来说，它是投资工具。②证券是一种流通凭证。证券只是作为一定权利的载体，通过证券的合法转让，可以发生依附于证券上的权益转移的法律效果。③证券是一种要式凭证。证券必须依法设置，依照法律或行政法规规定的形式、内容、格式与程序制作、发行和转让。

（二）证券市场

证券市场是证券发行与交易的场所。证券市场分为发行市场和流通市场。发行市场又称一级市场，是发行新证券的市场，证券发行人通过证券发行市场将已获准公开发行的证券第一次销售给投资者，以获取资金。流通市场又称二级市场，是对已发行的证券进行买卖、转让交易的场所。通过一级市场取得的证券可以到二级市场进行买卖，投资者可以在二级市场对证券进行不断的交易。证券市场是商品经济发展到一定阶段的产物，1609 年，世界上第一个证券交易所在荷兰诞生，它的成立标志着现代金融市场的开端，为后来全球范围内的证券交易提供了重要的范例和基础。证券市场为社会经济的发展筹集了大量的资金，其自身也逐步发展完善起来：一是市场规模日益扩大；二是市场规则完善；三是交易手段日趋先进，电子计算机、通信和网络等现代信息技术都被运用到证券交易市场中，电子指令自动交易系统逐渐取代了原有的报价成交方式，证券的无形交易已取代有形交易。党的十一届三中全会以后，我国开始实行改革开放政策，证券市场也开始发展。从 1986 年起，我国开始试办证券转让的柜台交易。1990 年，上海证券交易所成立；1991 年，深圳证券交易所成立。2021 年，北京证券交易所成立。

（三）证券法的概念

1. 证券法的立法目的和证券法的概念

为了规范证券发行和交易行为，保护投资者的合法权益，维护社会经济秩序和社会公共利益，促进社会主义市场经济的发展，1998 年 12 月 29 日，第九届全国人民代表大会常务委员会第六次会议通过了《中华人民共和国证券法》（以下简称《证券法》）后又于 2004 年、2005 年、2013 年、2014 年和 2019 年进行了多次修订和修正，最新的《证券法》自 2020 年 3 月 1 日起实施。证券法有广义和狭义之分。广义的证券法是指调整证券发行和交易过程中发生的经济关系的法律规范的总称。它包括《证券法》《中华人民共和国证券投资基金法》（以下简称《证券投资基金法》）《上市公司收购管理办法》等法律法规。狭义的证券法仅指《证券法》。

2. 证券法的适用范围

在中华人民共和国境内，股票、公司债券和国务院依法认定的其他证券的发行和交易，适用《证券法》；《证券法》未规定的，适用《公司法》和其他法律、行政法规的规定。政府债券、证券投资基金份额的上市交易，适用《证券法》；其他法律、行政法规有特别规定的，适用其规定。证券衍生品种发行、交易的管理办法，由国务院依照《证券法》的原则规定。

二、证券法的基本原则和证券市场的监督管理

（一）证券法的基本原则

证券法的基本原则是指《证券法》所规定的，证券活动必须遵循的基本准则。证券法的基本原则是证券法的基本精神，贯穿于《证券法》的立法、执法和司法全过程。

1. 公开、公平、公正原则

公开原则是指具有信息披露义务的主体，应该依据法定的内容、程序、时间、场所履行披露信息的义务。证券不同于一般的实物商品，证券投资者只有在充分了解了有关主体，特别是发行主体信用等信息的情况下，才能决定自己的投资行为。如公司章程、招股说明书、有关财务会计资料等。公平原则是指在证券发行和交易活动中，各证券法主体的法律地位平等，其合法权益受到同等保护，不能因为经济实力、地区差别等而有所不同。证券法律关系中涉及的当事人比较多，主要包括投资人、发行人、证券公司、证券结算机构、证券服务机构等。公正原则是指立法、执法和司法主体在制定和执行证券法律法规时，对所有参与主体都要给予公正的待遇，禁止任何主体在证券活动中以其特权和优势获得不公正的利益。公开、公平、公正原则简称“三公”原则，是世界各国证券立法的通行原则。“三公”原则中，公开是前提和基础，没有公开，就很难公平和公正。

2. 自愿有偿、诚实信用原则

自愿有偿、诚实信用原则是指证券活动的当事人应当诚实履行义务，自愿有偿，实事求是，不得有任何欺诈行为，不得损害国家、集体和他人利益，不得滥用权力。

3. 合法原则

《证券法》第5条规定："证券的发行、交易活动，必须遵守法律、行政法规；禁止欺诈、内幕交易和操纵证券市场的行为。"这一规定体现了证券活动必须依法进行。

4. 分业经营、分业管理原则

《证券法》第6条规定："证券业和银行业、信托业、保险业实行分业经营、分业管理，证券公司与银行、信托、保险业务机构分别设立。国家另有规定的除外。"分业经营是相对混合经营而言的。我国的证券市场尚属初级阶段，还不具备混合经营的客观条件。证券市场风险大，银行、信托、保险资金流入股票市场，一旦操作不慎，出现问题，就会出现金融市场的混乱，进而影响经济的发展。但分业经营是相对的而不是绝对的，随着我国证券市场的发展，严格分业经营的做法在实践中已开始突破，出现了在集团控股下分设银行、证券、保险机构的模式，特别是商业银行已经设立了基金公司，保险资金可以按一定比例进入资本市场。

5. 国家监管、行业自律与审计监督相结合原则

国务院证券监督管理机构依法对证券市场实行集中统一监督管理，同时依法设立证券业协会，实行自律性管理，此外根据证券法和《中华人民共和国审计法》（以下简称《审计法》）的规定，国家审计机关对证券交易所、证券公司、证券登记结算机构、证券监督管理机构依法进行审计监督，以利于保护投资者的利益，促进证券市场健康发展。

（二）证券市场的监督管理

我国对证券市场的监督管理实行国家监管与行业自律相结合的基本原则。

1. 政府的集中统一监督管理

证券市场复杂多变、投机性强，只有实行集中统一监督管理才能有序高效。《证券法》第7条规定："国务院证券监督管理机构依法对全国证券市场实行集中统一监督管理。国务院证券监督管理机构根据需要可以设立派出机构，按照授权履行监督管理职责。"国务院证券监督管理机构在对证券市场实施监督管理中履行下列职责。

（1）依法制定有关证券市场监督管理的规章、规则，并依法行使审批或者核准权。

（2）依法对证券的发行、上市、交易、登记、存管、结算，进行监督管理。

（3）依法对证券发行人、上市公司、证券交易所、证券公司、证券登记结算机构、证券投资基金管理公司、证券服务机构的证券业务活动，进行监督管理。

（4）依法制定从事证券业务人员的资格标准和行为准则，并监督实施。

（5）依法监督检查证券发行、上市和交易的信息公开情况。

（6）依法对证券业协会的活动进行指导和监督。

（7）依法对违反证券市场监督管理法律、行政法规的行为进行查处。

（8）法律、行政法规规定的其他职责。

国务院证券监督管理机构依法履行职责，有权采取下列措施。

（1）对证券发行人、上市公司、证券公司、证券投资基金管理公司、证券服务机构、证券交易所、证券登记结算机构进行现场检查。

（2）进入涉嫌违法行为发生的场所调查取证。

（3）询问当事人和与被调查事件有关的单位和个人，要求其对与被调查事件有关的事项作出说明。

（4）查阅、复制与被调查事件有关的财产权登记、通信记录等资料。

（5）查阅、复制当事人和与被调查事件有关的单位和个人的证券交易记录、登记过户记录、财务会计资料及其他相关文件和资料；对可能被转移、隐匿或者毁损的文件和资料，可以予以封存。

（6）查询当事人和与被调查事件有关的单位和个人的资金账户、证券账户、银行账户以及其他具有支付、托管、结算等功能的账户信息，可以对有关文件和资料进行复制；对有证据证明已经或者可能转移或者隐匿违法资金、证券等涉案财产或者隐匿、伪造、毁损重要证据的，经国务院证券监督管理机构主要负责人或者其授权的其他负责人批准，可以冻结或者查封，期限为 6 个月；因特殊原因需要延长的，每次延长期限不得超过 3 个月，冻结、查封期限最长不得超过 2 年。

（7）在调查操纵证券市场、内幕交易等重大证券违法行为时，经国务院证券监督管理机构主要负责人或者其授权的其他负责人批准，可以限制被调查的当事人的证券买卖，但限制的期限不得超过 3 个月；案情复杂的，可以延长 3 个月。

2. 证券业的自律

证券市场作为一个复杂多变的市场，仅靠政府的集中统一监管还远远不够，还需要证券从业人员的自我管理、自我约束。政府的集中统一监管和证券业的自律两者紧密结合，这也是国际上通用的证券市场管理办法。依据《证券法》规定，在国家对证券发行、交易活动实行集中统一监督管理的前提下，依法设立证券业协会，实行自律性管理。证券业协会作为证券业的自律性组织，是社会团体法人。证券公司应当加入证券业协会。证券业协会应履行下列职责。

（1）教育和组织会员遵守证券法律、行政法规。

（2）依法维护会员的合法权益，向证券监督管理机构反映会员的建议和要求。

（3）收集、整理证券信息，为会员提供服务。

（4）制定会员应遵守的规则，组织会员单位的从业人员的业务培训，开展会员间的业务交流。

（5）对会员之间、会员与客户之间发生的证券业务纠纷进行调解。

（6）组织会员就证券业的发展、运作及有关内容进行研究。

（7）监督、检查会员行为，对违犯法律、行政法规或者协会章程的，按照规定给予纪律处分。

（8）证券业协会章程规定的其他职责。

第二节 证券发行制度

一、证券发行的一般规定

（一）证券发行的概念、证券发行市场和发行程序

证券发行是指经核准，具备法定条件的发行人以筹集资金为目的，按照法定程序将证券出售给投资者的融资行为。根据证券发行是否需要承销机构，可以将证券发行分为证券的直接发行和证券的间接发行。证券的直接发行一般由发行人和投资者构成；证券的间接发行一般由发行人、承销机构和投资者组成。证券发行形成的市场称为证券的发行市场或者证券的一级市场。从世界范围看，证券的发行程序有两种：一种是注册申报制；另一种是核准制。《证券法》第 9 条规定："公开发行证券，必须符合法律、行政法规规定的条件，并依法报经国务院证券监督管理机构或者国务院授权的部门注册；未经依法注册，任何单位和个人不得公开发行证券。"

（二）证券发行的规定

（1）发行人向不特定对象公开发行的证券，法律、行政法规规定应当由证券公司承销的，发行人应当同证券公司签订承销协议。证券承销业务采取代销或者包销的方式。证券代销是指证券公司代发行人发售证券，在承销期结束时，将未售出的证券全部退还给发行人的承销方式。证券包销是指证券公司将发行人的证券按照协议全部购入或者在承销期结束时将售后剩余证券全部自行购入的承销方式。

（2）公开发行证券的发行人有权依法自主选择承销的证券公司。

（3）证券公司承销证券，应当对公开发行募集文件的真实性、准确性、完整性进行核查；发现有虚假记载、误导性陈述或者重大遗漏的，不得进行销售活动；已经销售的，必须立即停止销售活动，并采取纠正措施。

（4）向不特定对象公开发行的证券票面总值超过人民币 5000 万元的，应当由承销团承销，承销团应当由主承销和参与承销的证券公司组成。

（5）证券的代销、包销期限最长不得超过 90 日。

（6）证券公司在代销、包销期内，对所代销、包销的证券应当保证先行出售给认购人，证券公司不得为本公司预留所代销的证券和预先购入并留存所包销的证券。

二、股票的发行

（一）股票发行质量的保证制度

为了提高股票发行质量，《证券法》规定了保荐人制度、首次公开发行股票申请文件的预先披露制度、专业委员会审核制度、发行失败责任制度。

1. 保荐人制度

股票是指由股份有限公司签发的，表示股东按照所持股份享有权益和承担义务的可转让的书面凭证。为了保障发行人的质量，提高发行透明度，防范发行人采取虚假手段欺骗发行，《证券法》规定了保荐人制度。保荐人制度是指由保荐人负责对发行人的发行上市推荐和辅导，核实发行文件与上市文件中所载资料是否真实、完整；协助发行人严格履行信息披露义务，健全公司治理结构，并在发行人证券发行上市后一定期间内对其推荐行为承担风险防范的法律责任。发行人申请公开发行股票、可转换为股票的公司债券，依法采取承销方式的，或者公开发行法律、行政法规规定实行保荐制度的其他证券的，应当聘请具有保荐资格的机构担任保荐人。保荐人应当遵守业务规则和行业规范，诚实守信，勤勉尽责，对发行人的申请文件和信息披露资料进行审慎核查，督导发行人规范运作。

2. 首次公开发行股票申请文件的预先披露制度

发行人申请首次公开发行股票的，在提交申请文件后，应当按照国务院证券监督管理机构的规定，预先在股票发行前，公开披露有关申请文件。

3. 专业委员会审核制度

国务院证券监督管理机构设发行审核委员会，依法审核股票发行申请。发行审核委员会由国务院证券监督管理机构的专业人员和所聘请的该机构外的有关专家组成，以投票的方式对股票发行申请进行表决，提出审核意见。

4. 发行失败责任制度

股票发行采用代销方式，代销期限届满，向投资者出售的股票数量未达到拟公开发行股票数量70%的，为发行失败。发行人应当按照发行价并加算银行同期存款利息返还股票认购人。

（二）股票发行的条件

1. 在主板和中小板上市的公司首次公开发行股票的条件

在主板和中小板上市的公司首次公开发行股票的条件如下：①发行人应当是依法设立且合法存续一定期限的股份有限公司；②发行人已合法并真实取得注册资本项下载明的资产；③发行人的生产经营符合法律、行政法规和公司章程的规定，符合国家产业政策；④发行人最近3年内主营业务和董事、高级管理人员没有发生重大变化，实际控制人没有发生变更；⑤发行人的股权清晰，控股股东和受控股股东、实际控制人支配的股东持有的发行人股份不存在重大权属纠纷；⑥发行人的资产完整，人员、财务、机构和业务独立，具备健全且运行良好的组织机构；⑦发行人具有持续盈利能力，财务状况良好；⑧发行人募集资金用途符合规定；⑨发行人不存在法定的违法行为。

2. 在创业板上市的公司首次公开发行股票的条件

在创业板上市的公司一般是自主创新企业及其他成长型创业企业，这类企业经营规模往往较小，具有较大的发展潜力，但同时也具有较大的经营管理风险。与在主板和中小板上市的公司相比较，其条件相对要低，主要包括：①发行人是依法设立且持续经营3年以上的股份有限公司；②最近2年连续盈利，最近2年净利润累计不少于1000万元，且持续增长；③或者最近1年盈利，且净利润不少于500万元，最近1年营业收入不少于5000万元，最近2年营业收入增长率均不低于30%；④最近一期期末净资产不少于2000万元，且不存在未弥补亏损；⑤发行后股本总额不少于3000万元；⑥发行人的注册资本已定额缴纳，发起人或者股东用作出资的资产的财产权转移手续已办理完毕；⑦发行人的主要资产不存在重大权属纠纷；⑧发行人应当主要经营一种业务，其生产经营活动符合法律、行政法规和公司章程的规定，符合国家产业政策及环境保护政策；⑨发行人最近2年内主营业务和董事、高级管理人员均没有发生重大变化，实际控制人没有发生变更；⑩发行人应当具有持续盈利能力；⑪发行人依法纳税，享受的各项税收优惠符合相关法律法规的规定；⑫发行人的股权清晰，控股股东和受控股股东、实际控制人支配的股东所持发行人的股份不存在重大权属纠纷；⑬发行人资产完整，业务及人员、财务、机构独立，具有完整的业务体系和直接面向市场独立经营的能力；⑭发行人会计基础工作规范，财务报表的编制符合企业会计准则和相关会计制度的规定，在所有重大方面公允地反映了发行人的财务状况、经营成果和现金流量，并由注册会计师出具无保留意见的审计报告；⑮发行人的公司章程已明确对外担保的审批权限和审议程序，不存在为控股股东、实际控制人及其控制的其他企业进行违规担保的情形；⑯发行人的董事、监事和高级管理人员具备法律规定的资格，了解股票发行上市相关法律法规，知悉上市公司及其董事、监事和高级管理人员的法定义务和责任；⑰发行人及其控股股东、实际控制人最近3年内不存在损害投资者合法权益和社会公共利益的重大违法行为；⑱发行人募集资金应当用于主营业务，并有明确的用途。

（三）公司发行新股和可转换公司债券的条件

1. 发行新股的条件

发行新股是指股份有限公司成立后，基于增资目的而再次申请公开发行股票。发行新股应当符合下列条件：①具备健全且运行良好的组织机构；②具有持续盈利能力，财务状况良好；③公司在最近3年内财务会计文件无虚假记载，无其他重大违法行为；④募集资金的数额和使用符合规定；⑤经国务院批准的国务院证券监督管理机构规定的其他条件。

2. 发行可转换公司债券的条件

除了应当符合增发股票的一般条件之外，还应当符合以下条件：①最近 3 年连续盈利，且最近 3 年净资产利润率平均在 10%以上；属于能源、原材料、基础设施类的公司可以略低，但是不得低于 7%；②本次发行后累计公司债券余额不超过公司净资产额的 40%；③可转换公司债券的利率不超过银行同期存款的利率水平。

三、证券投资基金的发行

（一）证券投资基金的概念和分类

证券投资基金是指基金管理人通过发行基金单位，集中投资者的资金，由基金托管人托管，由基金管理人管理和运用资金，从事股票、债券等金融工具投资，然后共担投资风险、分享收益的证券投资方式。它是一种间接的投资方式。

1. 根据募集方式分类

根据募集方式不同，证券投资基金可分为公募基金和私募基金。公募基金，是指以公开发行方式向社会公众投资者募集资金并以证券为投资对象的证券投资基金，《证券投资基金法》规范的基金就是公募基金；私募基金，是指以非公开方式向特定投资者募集资金并以证券为投资对象的证券投资基金。

2. 根据能否在证券交易所挂牌交易分类

根据能否在证券交易所挂牌交易，证券投资基金可分为上市基金和非上市基金。上市基金，是指基金单位在证券交易所挂牌交易的证券投资基金；非上市基金，是指基金单位不能在证券交易所挂牌交易的证券投资基金。

3. 根据运作方式的不同分类

根据运作方式的不同，证券投资基金可分为封闭式基金和开放式基金。封闭式证券投资基金，又称为固定式证券投资基金，是指基金的预定数量发行完毕，在规定的时间内基金资本规模不再增大或缩减的证券投资基金；开放式证券投资基金，又称为变动式证券投资基金，是指基金证券数量可因发行新的基金证券或投资者赎回本金而变动的证券投资基金。

（二）证券投资基金的发行

证券投资基金的发行是指基金管理人按照法定的程序向社会投资者公开发售基金单位的行为。《证券投资基金法》对证券投资基金的发行主要规定如下。

1. 发售程序

基金管理人依照《证券投资基金法》发售基金份额，募集基金，应当向国务院证券监督管理机构提交法定的文件，并经国务院证券监督管理机构核准。基金募集申请经核准后，方可发售基金份额。基金管理人应当在基金份额发售的 3 日前公布招募说明书、基金合同及其他有关文件。

2. 证券投资基金的发售

基金管理人应当自收到核准文件之日起6个月内进行基金募集。超过6个月开始募集，原核准的事项未发生实质性变化的，应当报国务院证券监督管理机构备案；发生实质性变化的，应当向国务院证券监督管理机构重新提交申请。基金募集不得超过国务院证券监督管理机构核准的基金募集期限。基金募集期限届满，封闭式基金募集的基金份额总额达到核准规模的80%以上，开放式基金募集的基金份额总额超过核准的最低募集份额总额，并且基金份额持有人人数符合国务院证券监督管理机构规定的，基金管理人应当自募集期限届满之日起10日内聘请法定验资机构验资，自收到验资报告之日起10日内向国务院证券监督管理机构提交验资报告，办理基金备案手续，并予以公告。投资人缴纳认购的基金份额的款项时，基金合同成立；基金管理人按照上述规定向国务院证券监督管理机构办理基金备案手续，基金合同生效。

3. 发售失败基金管理人的责任

基金募集期限届满，不能满足《证券投资基金法》规定的条件的，基金管理人应当承担下列责任：①以其固有财产承担因募集行为而产生的债务和费用；②在基金募集期限届满后30日内返还投资人已缴纳的款项，并加计银行同期存款利息。

第三节　证券交易制度

一、证券交易的一般规定

证券交易是指对依法发行并交付的证券进行买卖的行为。证券交易形成的市场称为证券流通市场或者证券的二级市场，其交易的一般规定如下。

1. 证券必须合法

证券交易当事人依法买卖的证券，必须是依法发行并交付的证券。非依法发行的证券，不得买卖。

2. 转让期限的限制

依法发行的股票、公司债券及其他证券，法律对其转让期限有限制性规定的，在限定的期限内不得买卖。依据《证券法》规定，为股票发行出具审计报告、资产评估报告或者法律意见书等文件的证券服务机构和人员，在该股票承销期内和期满后6个月内，不得买卖该种股票。除上述规定外，为上市公司出具审计报告、资产评估报告或者法律意见书等文件的证券服务机构和人员，自接受上市公司委托之日起至上述文件公开后5日内，不得买卖该种股票。同时，上市公司董事、监事、高级管理人员、持有上市公司股份5%以上的股东，将其持有的该公司的股票在买入后6个月内卖出，或者在卖出后6个月内又买入，由此所得收益归该公司所有，公司董事会应当收回其所得收益。但是，证券公司因包销购入售后剩余股票而持有5%以上股份的，卖出该股票不受6个月时间的限制。

3. 交易方式和交易场所

证券交易以现货和国务院规定的其他方式进行交易。

依法公开发行的股票、公司债券及其他证券，应当在依法设立的证券交易所上市交易或者在国务院批准的其他证券交易场所转让。证券在证券交易所上市交易，应当采用公开的集中交易方式或者国务院证券监督管理机构批准的其他方式。

4. 特殊主体的交易禁止

证券交易所、证券公司和证券登记结算机构的从业人员、证券监督管理机构的工作人员以及法律、行政法规禁止参与股票交易的其他人员，在任期或者法定期限内不得直接或者以化名、借他人名义持有、买卖股票，也不得收受他人赠送的股票。任何人在成为前款所列人员时，其原已持有的股票必须依法转让。

5. 证券交易的保密

证券交易所、证券公司、证券登记结算机构必须依法为客户开立的账户保密。

二、证券上市

申请证券上市交易，应当向证券交易所提出申请，由证券交易所依法审核同意，并由双方签订上市协议。证券交易所根据国务院授权部门的决定安排证券上市交易。申请股票、可转换为股票的公司债券或者法律、行政法规规定实行保荐制度的其他证券上市交易，应当聘请具有保荐资格的机构担任保荐人。

（一）股票上市的条件和程序

1. 上市条件

股份有限公司申请股票上市，应当符合下列条件：①股票经国务院证券监督管理机构核准已公开发行；②公司股本总额不少于人民币5000万元；③公开发行的股份达到公司股份总数的25%以上，公司股本总额超过人民币4亿元的，公开发行股份的比例为15%以上；④公司最近3年无重大违法行为，财务会计报告无虚假记载。

2. 上市程序

股票上市的程序如下：①向证券交易所报送法定的文件申请审核；②证券交易所和上市公司双方签订上市协议；③公告股票上市的法定文件和其他有关事项，并将该文件置备于指定场所供公众查阅。

3. 暂停股票上市

上市公司有下列情形之一的，由证券交易所决定暂停其股票上市交易：①公司股本总额、股权分布等发生变化不再具备上市条件；②公司不按照规定公开其财务状况，或者对财务会计报告作虚假记载，可能误导投资者；③公司有重大违法行为；④公司最近3年连续亏损；⑤证券交易所上市规则规定的其他情形。

4. 终止股票上市

上市公司有下列情形之一的，由证券交易所决定终止其股票上市交易：①股本总额、股权分布等发生变化不再具备上市条件，在证券交易所规定的期限内仍不能达到上市条件；②公司不按照规定公开其财务状况，或者对财务会计报告作虚假记载，且拒绝纠正；③公司最近3年连续亏损，在其后一个年度内未能恢复盈利；④公司解散或者被宣告破产；⑤证券交易所上市规则规定的其他情形。

（二）公司债券上市的条件和程序

1. 上市条件

申请公司债券上市交易，应当符合下列条件：①公司债券的期限为1年以上；②公司债券实际发行额不少于人民币5000万元；③公司申请其债券上市时仍符合法定的公司债券发行条件。

2. 上市程序

债券上市的程序如下：①向证券交易所报送法定的文件申请审核；②证券交易所和发行公司债券的公司双方签订上市协议；③公告公司债券上市文件及有关文件，并将其申请文件置备于指定场所供公众查阅。

3. 暂停或者终止公司债券上市

公司债券上市交易后，公司有下列情形之一的，由证券交易所决定暂停其公司债券上市交易：①公司有重大违法行为；②公司情况发生重大变化不符合公司债券上市条件；③公司债券所募集资金不按照核准的用途使用；④未按照公司债券募集办法履行义务；⑤公司最近2年连续亏损。公司有上述第①项、第④项所列情形之一，经查实后果严重的，或者有上述第②项、第③项、第⑤项所列情形之一，在限期内未能消除的，由证券交易所决定终止其公司债券上市交易。公司解散或者被宣告破产的，由证券交易所终止其公司债券上市交易。

三、持续信息公开

信息公开是指证券发行人或者上市公司在证券发行及发行后上市交易的过程中，依法将有关信息向证券监督管理部门报告，并以法定的方式向社会公开的活动。证券发行的信息公开属于初次公开，证券上市交易过程中的信息公开属于持续信息公开。信息公开是投资者知悉真情权的必然要求，也是《证券法》公开原则的具体体现。

（一）持续信息公开的一般要求

发行人、上市公司依法披露的信息必须真实、准确、完整，不得有虚假记载、误导性陈述或者重大遗漏。依法必须披露的信息，应当在国务院证券监督管理机构指定的媒体发布，同时，将其置备于公司住所、证券交易所，供社会公众查阅。

1. 证券发行的信息公开

经国务院证券监督管理机构核准依法公开发行股票，或者国务院授权的部门核准依法公开发行公司债券，应当公告招股说明书、公司债券募集办法。依法公开发行新股或者公司债券的，还应当公告财务会计报告。

2. 上市公司和公司债券上市交易公司的定期信息公开

上市公司和公司债券上市交易的公司，应在每一会计年度的上半年结束之日起 2 个月内向国务院证券监督管理机构和证券交易所报送中期报告，并予公告。上市公司和公司债券上市交易的公司，应在每一会计年度结束之日起 4 个月内向国务院证券监督管理机构和证券交易所报送年度报告，并予公告。

（二）上市公司的临时信息公开

发生可能对上市公司股票交易价格产生较大影响的重大事件，投资者尚未得知时，上市公司应当立即将有关该重大事件的情况向国务院证券监督管理机构和证券交易所报送临时报告，并予公告，说明事件的起因、目前的状态和可能产生的法律后果。根据《证券法》的规定，发生可能对上市公司股票交易价格产生较大影响的重大事件包括以下几种情况：①经营方针和经营范围的重大变化；②公司在一年内购买、出售重大资产超过公司资产总额的 30%，或者公司营业用主要资产的抵押、质押、出售或者报废一次超过该资产的 30%；③公司订立重要合同、提供重大担保或从事关联交易，可能对公司的资产、负债、权益和经营成果产生重要影响；④公司发生重大债务和未能清偿到期重大债务的违约情况；⑤公司发生重大亏损或重大损失；⑥公司生产经营的外部条件发生重大变化；⑦公司的董事、三分之一以上监事或者经理发生变动，董事长或者经理无法履行职责；⑧持有公司 5% 以上股份的股东或者实际控制人持有股份或者控制公司的情况发生较大变化，公司的实际控制人及其控制的其他企业从事与公司相同或者相似业务的情况发生较大变化；⑨公司分配股利、增资的计划，公司股权结构的重要变化，公司减资、合并、分立、解散及申请破产的决定，或者依法进入破产程序、被责令关闭；⑩涉及公司的重大诉讼、仲裁，股东大会、董事会决议被依法撤销或者宣告无效；⑪公司涉嫌犯罪被依法立案调查，公司的控股股东、实际控制人、董事、监事、高级管理人员涉嫌犯罪被依法采取强制措施；⑫国务院证券监督管理机构规定的其他事项。

四、禁止交易行为及其民事责任

（一）禁止内幕交易和操纵市场

1. 禁止内幕交易的规定及民事责任

内幕交易是指内幕信息的知情人和非法获取内幕信息的人利用内幕信息从事证券交易活动。证券交易内幕信息的知情人包括：①发行人的董事、监事、高级管理人员；

②持有公司5%以上股份的股东及其董事、监事、高级管理人员，公司的实际控制人及其董事、监事、高级管理人员；③发行人控股的公司及其董事、监事、高级管理人员；④由于所任公司职务可以获取公司有关内幕信息的人员；⑤证券监督管理机构工作人员以及由于法定职责对证券的发行、交易进行管理的其他人员；⑥保荐人、承销的证券公司、证券交易所、证券登记结算机构、证券服务机构的有关人员；⑦国务院证券监督管理机构规定的其他人。证券交易活动中，涉及公司的经营、财务或者对该公司证券的市场价格有重大影响的尚未公开的信息，为内幕信息。禁止证券交易内幕信息的知情人和非法获取内幕信息的人利用内幕信息从事证券交易活动。证券交易内幕信息的知情人和非法获取内幕信息的人，在内幕信息公开前，不得买卖该公司的证券，或者泄露该信息，或者建议他人买卖该证券。内幕交易行为给投资者造成损失的，行为人应当依法承担赔偿责任。

2. 禁止操纵市场的规定及民事责任

禁止任何人以下列手段操纵证券市场：①单独或者通过合谋，集中资金优势、持股优势或者利用信息优势联合或者连续买卖，操纵证券交易价格或者证券交易量；②与他人串通，以事先约定的时间、价格和方式相互进行证券交易，影响证券交易价格或者证券交易量；③在自己实际控制的账户之间进行证券交易，影响证券交易价格或者证券交易量；④以其他手段操纵证券市场。操纵证券市场行为给投资者造成损失的，行为人应当依法承担赔偿责任。

（二）禁止虚假陈述和欺诈客户

1. 禁止虚假陈述

禁止虚假陈述的行为具体如下：①禁止国家工作人员、传播媒介从业人员和有关人员编造、传播虚假信息，扰乱证券市场；②禁止证券交易所、证券公司、证券登记结算机构、证券服务机构及其从业人员，证券业协会、证券监督管理机构及其工作人员，在证券交易活动中作出虚假陈述或者信息误导。各种传播媒介传播证券市场信息必须真实、客观，禁止误导。

2. 禁止证券公司及其从业人员从事下列损害客户利益的欺诈行为：

禁止证券公司及其从业人员从事下列损害客户利益的欺诈行为具体如下：①违背客户的委托为其买卖证券；②不在规定时间内向客户提供交易的书面确认文件；③挪用客户所委托买卖的证券或者客户账户上的资金；④未经客户的委托，擅自为客户买卖证券，或者假借客户的名义买卖证券；⑤为谋取佣金收入，诱使客户进行不必要的证券买卖；⑥利用传播媒介或者通过其他方式提供、传播虚假或者误导投资者的信息；⑦其他违背客户真实意思表示，损害客户利益的行为。欺诈客户行为给客户造成损失的，行为人应当依法承担赔偿责任。

3. 其他禁止性规定

另外，还有其他禁止性规定：①禁止法人非法利用他人账户从事证券交易；禁止法人出借自己或者他人的证券账户；②依法拓宽资金入市渠道，禁止资金违规流入股市；③禁止任何人挪用公款买卖证券；④国有企业和国有资产控股的企业买卖上市交易的股票，必须遵守国家的有关规定。证券交易的相关人员对证券交易中发现的禁止交易行为，应及时向证券监督管理机构报告。

第四节　上市公司收购

一、上市公司收购概述

上市公司收购是指收购人为达到对某一上市公司的控股或者兼并的目的，而依法公开收购其发行在外的部分或者全部股份的行为。实施收购行为的投资者称为收购人，作为收购目标的上市公司称为被收购公司。为了规范上市公司收购，《证券法》《上市公司收购管理办法》，对我国上市公司的收购都作了明确的规定。

（1）通过证券交易所的证券交易，收购人拥有权益的股份达到一个上市公司已发行股份的5%时，应当在该事实发生之日起3日内编制权益变动报告书，向中国证监会、证券交易所提交书面报告，抄报该上市公司所在地的中国证监会派出机构（以下简称派出机构），通知该上市公司，并予公告；在上述期限内，不得再行买卖该上市公司的股票。

（2）通过协议转让方式，收购人在一个上市公司中拥有权益的股份拟达到或者超过一个上市公司已发行股份的5%时，应当在该事实发生之日起3日内编制权益变动报告书，向中国证监会、证券交易所提交书面报告，抄报派出机构，通知该上市公司，并予公告。

（3）上市公司的收购及相关股份权益变动活动中的信息披露义务人应当在至少一家中国证监会指定媒体上依法披露信息；在其他媒体上进行披露的，披露内容应当一致，披露时间不得早于指定媒体的披露时间。

二、要约收购和协议收购

（一）要约收购

要约收购是指当投资人持有一个上市公司的股份达到该公司已发行股份的30%时，继续进行收购的，收购人依法向该上市公司所有股东发出收购上市公司全部或部分股份的要约。

1. 要约收购的分类

要约收购分为全面要约和部分要约。全面要约是指向被收购公司所有股东发出收购其所持有的全部股份的要约；部分要约是指向被收购公司所有股东发出收购其所持有的部分股份的要约。

2. 要约收购的程序

收购人应当编制要约收购报告书，并应当聘请财务顾问向证监会、证券交易所提交书面报告，抄报派出机构，通知被收购公司，同时，对要约收购报告书摘要作出提示性公告。收购人报送要约收购报告书及相关文件之日起 15 日后，公告其要约收购报告书、财务顾问专业意见和律师出具的法律意见书。

3. 被收购公司的义务

被收购公司董事会应当对收购人的主体资格、资信情况及收购意图进行调查，对要约条件进行分析，对股东是否接受要约提出建议，并聘请独立财务顾问提出专业意见。在要约收购期间，被收购公司董事不得辞职。

4. 要约收购价格及其支付方式

收购人对同一种类股票的要约价格，不得低于要约收购提示性公告日前 6 个月内收购人取得该种股票所支付的最高价格。收购人可以采用现金、证券、现金与证券相结合等合法方式支付收购上市公司价款。

5. 收购期限

收购要约约定的收购期限不得少于 30 日，并不得超过 60 日，但是出现竞争要约的除外。在收购要约约定的承诺期限内，收购人不得撤销其收购要约。

6. 要约收购的实施

同意接受收购要约的股东（以下简称预受股东），应当委托证券公司办理预受要约的相关手续。

（二）协议收购

协议收购是指收购人依法同被收购公司的股东以协议方式进行股权转让的方式。

（1）采取协议收购方式的，收购人可以依照法律、行政法规的规定同被收购公司的股东以协议方式进行股份转让。以协议方式收购上市公司时，达成协议后，收购人必须在 3 日内将该收购协议向国务院证券监督管理机构及证券交易所作出书面报告，并予公告。在公告前不得履行收购协议。

（2）采取协议收购方式的，协议双方可以临时委托证券登记结算机构保管协议转让的股票，并将资金存放于指定的银行。

（3）采取协议收购方式的，收购人收购或通过协议、其他安排与他人共同收购一个上市公司已发行的股份达到 30%时，继续进行收购的，应当向该上市公司所有股东发出收购上市公司全部或部分股份的要约。但是，经国务院证券监督管理机构免除发出要约的除外。

（三）上市公司收购完成后有关事项的处理

（1）收购期限届满，被收购公司股权分布不符合上市条件的，该上市公司的股票应当由证券交易所依法终止上市交易；其余仍持有被收购公司股票的股东，有权向收购人以收购要约的同等条件出售其股票，收购人应当收购。收购行为完成后，被收购公司不再具备股份有限公司条件的，应当依法变更企业形式。

（2）在上市公司收购中，收购人持有的被收购的上市公司的股票，在收购行为完成后的 18 个月内不得转让。

（3）收购行为完成后，收购人与被收购公司合并，并将该公司解散的，被解散公司的原有股票由收购人依法更换。

（4）收购行为完成后，收购人应当在 15 日内将收购情况报告国务院证券监督管理机构和证券交易所，并予公告。

第五节　证券市场的参与主体和法律责任

一、证券市场的参与主体

证券法所调整的在证券发行和交易过程中形成的经济关系多种多样，在这些经济关系中涉及的主体主要包括证券投资者、证券交易所、证券公司、证券登记结算机构、证券交易服务机构、证券监督管理机构和证券业协会。证券监督管理机构和证券业协会在本章第一节里已作介绍，本节只介绍其他证券市场参与主体的法律规定。

（一）证券投资者

证券投资者是证券市场的重要主体，《证券法》对证券投资者的规定主要体现在主体资格、证券行为和合法权益的保护，具体法律规定分散在《证券法》的各章节中。

（二）证券交易所

1. 证券交易所的概念

证券交易所是指依法设立的，为证券集中交易提供场所和设施，组织和监督证券交易，实行自律管理的法人。目前，世界上的证券交易所分为公司制交易所和会员制交易所。前者以盈利为目的，后者不以盈利为目的。我国的证券交易所是为证券集中交易提供场所和设施，组织和监督证券交易，实行自律管理的会员制的事业法人。《证券法》第 105 条规定："进入实行会员制的证券交易所参与集中交易的，必须是证券交易所的会员。证券交易所不得允许非会员直接参与股票的集中交易。"由此可见，我国的证券交易所属于会员制交易所。

2. 证券交易所的组织规定

（1）证券交易所的设立和解散，由国务院决定。

（2）证券交易所设总经理1人，由国务院证券监督管理机构任免。

（3）违反《公司法》相关规定的，不得担任证券交易所的负责人。

（4）因违法或违纪行为被开除的证券交易所、证券登记结算机构、证券服务机构、证券公司的从业人员和被开除的国家机关工作人员，不得招聘为证券交易所的从业人员。

3. 证券交易所的权利和义务

（1）证券交易所应当为组织公平的集中交易提供保障，公布证券交易即时行情，并按交易日制作证券市场行情表，予以公布。未经证券交易所许可，任何单位和个人不得发布证券交易即时行情。

（2）因突发性事件而影响证券交易的正常进行时，证券交易所可以采取技术性停牌的措施；因不可抗力的突发性事件或者为维护证券交易的正常秩序，证券交易所可以决定临时停市。证券交易所采取技术性停牌或者决定临时停市，必须及时报告国务院证券监督管理机构。

（3）证券交易所对证券交易实行实时监控，并按照国务院证券监督管理机构的要求，对异常的交易情况提出报告。证券交易所应当对上市公司及相关信息披露义务人披露信息进行监督，督促其依法及时、准确地披露信息。证券交易所根据需要，可以对出现重大异常交易情况的证券账户限制交易，并报国务院证券监督管理机构备案。

（4）证券交易所应当从其收取的交易费用和会员费、席位费中提取一定比例的金额设立风险基金。风险基金由证券交易所理事会管理。

（5）证券交易所依照证券法律、行政法规制定上市规则、交易规则、会员管理规则和其他有关规则，并报国务院证券监督管理机构批准。

（6）在证券交易所内从事证券交易的人员，违反证券交易所有关交易规则的，由证券交易所给予纪律处分；对情节严重的，撤销其资格，禁止其入场进行证券交易。

（三）证券公司

证券公司，是指依照《公司法》和《证券法》的规定设立的经营证券业务的有限责任公司或者股份有限公司。证券公司依法享有自主经营的权利，其合法经营不受干涉。

1. 证券公司设立的条件和程序

设立证券公司，应当具备下列条件：①有符合法律、行政法规规定的公司章程；②主要股东具有持续盈利能力，信誉良好，最近3年无重大违法违规记录；③有符合《证券法》规定的注册资本；④董事、监事、高级管理人员具备任职资格，从业人员具有证券从业资格；⑤有完善的风险管理与内部控制制度；⑥有合格的经营场所和业务设施；⑦法律、行政法规规定的和经国务院批准的国务院证券监督管理机构规定的其他条件。设立证券公司，必须经国务院证券监督管理机构审查批准。未经国务院证券监督管理机构批准，任何单位和个人不得经营证券业务。证券公司必须在其名称中标明证券有限责任公司或者证券股份有限公司。

2. 证券公司从业人员的资格限制

证券公司的董事、监事、高级管理人员，应当正直诚实，品行良好，熟悉证券法律、行政法规，具有履行职责所需的经营管理能力，并在任职前取得国务院证券监督管理机构核准的任职资格。其他具体要求除与前述《公司法》高级管理人员任职限制条件相同外，还要求：①因违法行为或者违纪行为被解聘的证券交易所、证券登记结算机构的负责人或者证券公司的董事、监事、高级管理人员，自被解除职务之日起未逾 5 年；②因违法行为或者违纪行为被撤销资格的律师、注册会计师或者投资咨询机构、财务顾问机构、资信评级机构、资产评估机构、验证机构的专业人员，自被撤销资格之日起未逾 5 年。因违法行为或者违纪行为被开除的证券交易所、证券登记结算机构、证券服务机构、证券公司的从业人员和被开除的国家机关工作人员，不得招聘为证券公司的从业人员。国家机关工作人员和法律、行政法规规定的禁止在公司中兼职的其他人员，不得在证券公司中兼任职务。

3. 证券公司的业务范围

经国务院证券监督管理机构批准，证券公司可以经营下列部分或者全部业务：①证券经纪；②证券投资咨询；③与证券交易、证券投资活动有关的财务顾问；④证券承销与保荐；⑤证券自营；⑥证券资产管理；⑦其他证券业务。

4. 证券公司的业务规则

证券公司不得为其股东或者股东的关联人提供融资或者担保。

证券公司从每年的税后利润中提取交易风险准备金，用于弥补证券交易的损失，其提取的具体比例由国务院证券监督管理机构规定。

证券公司应当建立健全内部控制制度，采取有效隔离措施，防范公司与客户之间、不同客户之间的利益冲突。证券公司必须将其证券经纪业务、证券承销业务、证券自营业务和证券资产管理业务分开办理，不得混合操作。

证券公司的自营业务必须以自己的名义进行，不得假借他人名义或者以个人名义进行。证券公司的自营业务必须使用自有资金和依法筹集的资金。证券公司不得将其自营账户借给他人使用。

证券公司客户的交易结算资金应当存放在商业银行，以每个客户的名义单独立户管理。证券公司不得将客户的交易结算资金和证券归入其自有财产。禁止任何单位或者个人以任何形式挪用客户的交易结算资金和证券。

证券公司接受证券买卖的委托，应当根据委托书载明的证券名称、买卖数量、出价方式、价格幅度等，按照交易规则代理买卖证券，如实进行交易记录；买卖成交后，应当按照规定制作买卖成交报告单交付客户。证券交易中确认交易行为及其交易结果的对账单必须真实，并由交易经办人员以外的审核人员逐笔审核，保证账面证券余额与实际持有的证券相一致。

证券公司为客户买卖证券提供融资融券服务，应当按照国务院的规定并经国务院证券监督管理机构批准。证券公司办理经纪业务，不得接受客户的全权委托而决定证券买卖、选择证券种类、决定买卖数量或者买卖价格。证券公司不得以任何方式对客户证券买卖的收益或者赔偿证券买卖的损失作出承诺。证券公司及其从业人员不得未经过其依法设立的营业场所而私下接受客户的委托买卖证券。

证券公司应当妥善保存客户开户资料、委托记录、交易记录和与内部管理、业务经营有关的各项资料，任何人不得隐匿、伪造、篡改或者毁损。上述资料的保存期限不得少于20年。

证券公司应当按照规定向国务院证券监督管理机构报送业务、财务等经营管理信息和资料。国务院证券监督管理机构有权要求证券公司及其股东、实际控制人在指定的期限内提供有关信息、资料。证券公司及其股东、实际控制人向国务院证券监督管理机构报送或者提供的信息、资料，必须真实、准确、完整。

国务院证券监督管理机构认为有必要时，可以委托会计师事务所、资产评估机构对证券公司的财务状况、内部控制状况、资产价值进行审计或者评估；对存在重大违法违规的证券公司，可采取责令停业整顿、指定其他机构托管、接管或者撤销等监管措施。

（四）证券登记结算机构

1. 证券登记结算机构的设立程序和条件

证券登记结算机构是为证券交易提供集中登记、存管与结算服务，不以盈利为目的的法人。设立证券登记结算机构必须经国务院证券监督管理机构批准。设立证券登记结算机构，应当具备下列条件：①自有资金不少于人民币2亿元；②有证券登记、存管和结算服务所必需的场所和设施；③主要管理人员和从业人员必须具有证券从业资格；④国务院证券监督管理机构规定的其他条件。

2. 证券登记结算机构的职能

证券登记结算机构履行下列职能：①证券账户、结算账户的设立；②证券的存管和过户；③证券持有人名册登记；④证券交易所上市证券交易的清算和交收；⑤受发行人的委托派发证券权益；⑥办理与上述业务有关的查询；⑦国务院证券监督管理机构批准的其他业务。

3. 证券登记结算机构的业务规则

（1）证券登记结算采取全国集中统一的运营方式。

（2）证券持有人持有的证券，在上市交易时，应当全部存管在证券登记结算机构，证券登记结算机构不得挪用客户的证券。

（3）证券登记结算机构应当向证券发行人提供证券持有人名册及其有关资料。

证券登记结算机构应当根据证券登记结算的结果，确认证券持有人持有证券的事实，提供证券持有人的登记资料。证券登记结算机构应当保证证券持有人名册和登记过户记录真实、准确、完整，不得隐匿、伪造、篡改或者毁损。

（4）证券登记结算机构应当采取下列措施保证业务的正常进行：①具有必备的服务设备和完善的数据安全保护措施；②建立完善的业务、财务和安全防范等管理制度；③建立完善的风险管理系统。

（5）证券登记结算机构应当妥善保存登记、存管和结算的原始凭证及有关文件和资料，其保存期限不得少于20年。

（6）证券登记结算机构应当设立结算风险基金，用于垫付或者弥补因违约交收、技术故障、操作失误、不可抗力造成的证券登记结算机构的损失。证券结算风险基金从证券登记结算机构的业务收入和收益中提取，并可以由结算参与人按照证券交易量的一定比例来缴纳。

（7）投资者委托证券公司进行证券交易，应当申请开立证券账户。证券登记结算机构应当按照规定以投资者本人的名义为投资者开立证券账户。投资者申请开立账户的，必须持有证明中国公民身份或者中国法人资格的合法证件。但是国家另有规定的除外。

（8）证券登记结算机构为证券交易提供净额结算服务时，应当要求结算参与人按照货银对付的原则，足额交付证券和资金，并提供交收担保。在交收完成之前，任何人不得动用用于交收的证券、资金和担保物。

（9）证券登记结算机构按照业务规则收取的各类结算资金和证券，必须存放于专门的清算交收账户，只能按业务规则用于已成交的证券交易的清算交收，不得被强制执行。

（五）证券交易服务机构

证券交易服务机构是指依《证券法》设立的，为证券交易提供专业性服务的机构，主要包括证券投资咨询机构、财务顾问机构、资信评级机构和经批准可以兼营证券投资咨询服务的资产评估机构、会计师事务所和律师事务所。

1. 证券交易服务机构的设立和从业人员条件

从事证券服务业务，必须经国务院证券监督管理机构和有关主管部门批准。证券交易服务机构的从业人员，必须具备证券专业知识和从事证券业务或者证券服务业务2年以上经验。

2. 证券交易服务机构的业务规则

证券服务机构为证券的发行、上市、交易等证券业务活动制作、出具审计报告、资产评估报告、财务顾问报告、资信评级报告或者法律意见书等文件，应当勤勉尽责，对所制作、出具的文件内容的真实性、准确性、完整性进行核查和验证，其制作、出具的文件有虚假记载、误导性陈述或者重大遗漏，给他人造成损失的，应当与发行人、上市公司承担连带赔偿责任，但是能够证明自己没有过错的除外。

（六）证券业协会

1. 证券业协会的性质和机构设置

中国证券业协会是证券业的自律性组织，是社会团体法人。中国证券业协会的会员分为团体会员和个人会员，团体会员为证券公司。证券公司应当加入证券业协会，个人会员只限于证券市场管理部门有关领导及从事证券研究与业务工作的专家，由协会根据需要吸收。证券业协会的权力机构为由全体会员组成的会员大会。证券业协会章程由会员大会制定，并报国务院证券监督管理机构备案。会员大会每 4 年至少举行一次，必要时经常务理事会决议可临时召开。证券业协会设会长、副会长。证券业协会设理事会，理事会成员依章程的规定由选举产生，每届任期 4 年，可连选连任。

2. 证券业协会的职责

证券业协会履行以下职责：①协助证券监督管理机构教育和组织会员遵守证券法律、行政法规；②依法维护会员的合法权益，向证券监督管理机构反映会员的建议和要求；③收集整理证券信息，为会员提供服务；④制定会员应遵守的规则，组织会员单位从业人员的业务培训，开展会员间的业务交流；⑤调解会员之间、会员与客户之间发生的纠纷；⑥组织会员就证券业的发展、运作及有关内容进行研究；⑦监督、检查会员行为，对违反法律、行政法规或者协会章程的，按规定给予纪律处分；⑧国务院证券监督管理机构赋予的其他职责。

二、法律责任

（一）法律责任的主体

根据《证券法》的规定，违反《证券法》行为的法律责任涉及的主体主要有：证券发行人，发行人的控股股东、实际控制人，保荐人，信息披露义务人，证券登记结算机构及其从业人员，内幕知情人员，禁止参与股票交易的人员，有证券从业资格的会计师事务所、资产评估机构，律师事务所，证券交易所、证券公司、证券登记结算机构、证券服务机构及其从业人员，证券监督管理机构的工作人员，证券业协会的工作人员，其他国家工作人员。

（二）证券违法行为的种类和责任

1. 证券违法行为的种类

（1）虚假陈述。虚假陈述包括在信息披露中提供虚假信息或误导性陈述，如公司财务报告中的虚假数据或隐瞒重要事实。

（2）内幕交易。内幕交易涉及利用未公开的重要信息进行股票买卖，以获取不正当利益。

（3）操纵市场。操纵市场是指通过人为手段影响证券价格或交易量，如虚假申报操纵、蛊惑交易等。

（4）违规减持。违规减持是指上市公司股东或特定人员在限制期内非法买卖股票。

（5）欺诈发行。欺诈发行是指在证券发行过程中提供虚假信息或隐瞒重要事实，误导投资者。

2. 证券违法行为的责任

（1）行政责任。行政责任包括警告、罚款、没收违法所得、责令改正、暂停或撤销业务许可等措施。例如，对于内幕交易行为，监管机构可处以违法所得 1 倍以上 10 倍以下的罚款；没有违法所得或者违法所得不足 50 万元的，处以 50 万元以上 500 万元以下的罚款。

（2）民事责任。违法行为人需对因其行为造成的损失承担赔偿责任，包括返还非法所得、赔偿投资者损失等。例如，因虚假陈述导致的投资者损失，违法者需依法赔偿。

（3）刑事责任。对于情节严重的违法行为，如内幕交易、操纵市场等，可能构成犯罪，依法追究刑事责任，包括有期徒刑、拘役、罚金等刑罚。

思考题

1. 什么是证券和证券市场？
2. 《证券法》的概念和原则是什么？
3. 我国对证券市场监督管理的原则是什么？
4. 股票发行应具备哪些条件？
5. 简述证券投资基金的概念与分类。
6. 证券交易的一般规定有哪些？
7. 股票上市有哪些条件和程序？
8. 《证券法》对证券交易作出了哪些禁止性规定？
9. 证券公司的业务范围和业务规则是什么？

案例分析题

［案例 9-1］宏图汽车公司成立仅半年时间，就大肆宣称自己是具有实力的西北汽车产业基地，宣传公司将在海外上市的计划，刘某等 12 名发起人还虚假出资和虚报

注册资本。该公司办理工商登记手续是在2018年12月19日，但此前3个月就与西安中信股权托管有限公司签订了股权托管协议，约定托管股权4000万股；在更早的2018年2月，还与境外一家风险投资机构签订了海外上市专项风险投资基金协议，委托境内一家投资咨询公司全面策划，为非法发行股票大造声势。2019年年初，该公司更是急不可耐地委托北京、上海等地中介机构非法代理买卖公司股票。其涉嫌违法犯罪证据已移送公安机关进一步立案侦查，主要涉案人员已被拘捕。试分析：公安机关为什么立案？

［分析］《证券法》对股票发行的实体要件和程序要件作了明确的规定，该股份公司没有通过审核就“发行股票”，显然是非法的，应当追究其相应责任。

［案例9-2］A公司是一家上市公司，计划通过非公开发行股票的方式筹集资金用于扩大生产规模。在非公开发行过程中，A公司与某机构投资者B签订了认购协议，约定B以每股10元的价格认购A公司新增发的100万股股份。然而，在发行完成后，市场环境发生变化，A公司股价大幅下跌至每股5元。此时，B认为A公司在发行过程中存在信息披露不充分的问题，导致其作出了错误的投资决策，遂向法院提起诉讼，要求撤销认购协议并返还投资款。试分析：本案中B公司是否能得到法院的支持？

［分析］本案的核心在于判断A公司在非公开发行过程中是否充分履行了信息披露义务，以及B的损失是否由此导致。如果法院认定A公司确实存在信息披露不充分的问题，且该问题直接导致了B的投资损失，那么B有可能胜诉，撤销认购协议并返还投资款。反之，如果A公司已经履行了信息披露义务，或者B的损失与A公司的信息披露无直接因果关系，那么B的诉讼请求可能无法得到支持。

［案例9-3］2024年1月，甲公司通过虚报利润的方式，向社会公众发行股票募集资金1亿元。在发行过程中，甲公司未按规定披露其实际财务状况，导致投资者无法获得准确的信息。随着时间的推移，甲公司的真实财务状况逐渐暴露，股价大幅下跌，给投资者造成了巨大的损失。试分析：甲公司的行为是否构成违规？为什么？

［分析］根据《证券法》相关规定，甲公司的行为构成违规。因为甲公司在发行股票时未按规定披露其实际财务状况，导致投资者无法获得准确的信息，从而作出了错误的投资决策。这种行为违反了信息披露的真实性原则，属于虚假陈述行为。

第十章 房地产法律制度

学习目标

【知识目标】

1. 明确房地产法律的概念和原则。
2. 掌握房地产用地法律制度，主要包括土地使用权的出让、划拨、转让和出租等。
3. 掌握房地产开发与销售法律制度。
4. 明确房地产登记管理制度，了解违反房地产法的法律责任。

【能力目标】

1. 通过法律手段规范房地产开发、交易、管理等环节，打击违法行为，维护市场秩序。
2. 推动房地产行业组织和企业加强自律管理，遵守法律法规和行业规范。
3. 确保各方在房地产活动中的合法权益得到保障，包括购房者、开发商、物业服务企业等。

【素质目标】

1. 具备运用法律逻辑分析问题、解决问题的能力。在面对复杂的房地产业务和潜在的法律风险时，能够从法律角度进行思考和判断，制定合理的应对策略。
2. 具备处理房地产纠纷的能力，包括协商、调解、仲裁和诉讼等方式。在纠纷发生时，能够迅速收集证据、分析案情，提出合理的解决方案。

案例引入

2019 年 5 月 20 日，大连市的韩某与权某签订了房屋买卖合同。合同约定：韩某将自己 72 平方米的产权住房以 39 万元的价格卖给权某，权某预交 10 万元预付款后，房屋交给权某使用。因韩某出差，所以双方约定，等韩某回来后，权某交付剩余的 29 万元，韩某协助权某办理产权过户手续，所需税费由权某承担。一个月后，韩某出差归来，发现本市房价大幅度上涨，于是要求权某再追加 5 万元房款，遭到权某拒绝。于是韩某将房屋以 44 万元的价格悄悄出售给肖某，并立即办理了产权变更登记。7 月 20 日，韩某将 10 万元预付款还给权某，并要求权某搬离房屋，遭到拒绝，于是诉至法院。试分析：法院会怎样审理此案？

第一节　房地产法律制度概述

一、房地产概述

（一）房地产和房地产业

房地产是房产和地产的统称，原为经济学上的概念。物质形态的房屋、土地被赋予法律上的财产意义，即被称为“房产”和“地产”。房地产的概念可以从以下几方面理解。

1. 房地产包括房产和地产

房产是指对建筑在土地上的各种房屋等建筑物及构筑物的所有权或者其他权益。房产不同于房屋，法律上“房屋”这一概念强调建筑物的自然属性，而“房产”强调建筑物的社会属性；房产只是房屋中的特定部分，有些房屋并不具备房产的商品属性，不能在市场上合法流通，如一些文化遗产古建筑、用于军事目的的建筑等。

地产是指在有效年限内供人们开发和经营的土地的使用权。依照我国法律规定，土地所有权不能转让。因此，我国法律意义上的地产只能是土地及其使用权。

2. 房产与地产密不可分

由于土地与房屋不可分离，地产与房产在法律上就形成了相互依附的关系，房地产属于不动产。从二者的相互利用关系看，地产是房产的基础和前提，房产必须依附一定的地产才能产生，没有地产，就不可能有房产；房产是地产的目标和延伸，通过在土地上构筑房产，得以扩大化实现地产的经济效益。因此，房地产的经营必须是房产与地产的统一经营，房地产的价值构成自然应主要由房价和地价两部分构成。

房地产业是指从事房地产开发、经营、管理和服务的产业，包括房地产开发经营业，与房地产开发经营相关的提供咨询、评估、经纪服务的中介服务业、物业管理业以及其他房地产服务业，如房地产保险业、房地产金融业等。随着社会的发展，房地产业已经成为国民经济的一个重要部门，属于第三产业。

由于房地产业在我国国民经济中关联度强，有经济学家统计过，与房地产有关联的行业多达近 60 个，房地产业的运行状况在一定意义上反映整个国民经济景气度，所以房地产业在我国城镇化的发展中是重要支柱产业。

（二）房地产市场

房地产市场是房产市场和地产市场的结合。在我国现阶段所称的房地产市场，是指国有土地使用权出让、转让、出租、抵押和城市房地产转让、房地产抵押、房屋租赁等交易活动的总称。房地产市场与商品市场（消费品、生产资料市场）、金融市场、劳务市场、技术市场、信息市场、企业产权转让市场、期货市场一起，形成全国统一的、开放的市场体系。

房地产市场分为一级市场、二级市场和三级市场。房地产一级市场是指国家通过指定的政府部门将城镇国有土地使用权或将农村集体土地征收为国有土地后出让给土地使用者的市场。一级市场是由国家垄断经营的市场，它涉及集体土地所有权的变更和国有土地所有权的实现。房地产二级市场是指土地使用者经过开发建设，将新建成的房地产进行出售和出租的市场，即一般指商品房首次进入流通领域进行交易而形成的市场。房地产二级市场也包括土地二级市场，即土地使用者将达到规定可以转让的土地，进入流通领域进行交易的市场。房地产三级市场是指购买房地产的单位或个人，再次将房地产转让或租赁而形成的市场。

二、房地产法概述

（一）房地产法的概念

房地产法是调整房地产社会关系和经济关系的法律规范的总称。广义的房地产法，包括了对房地产经济关系进行调整的所有法律规范，比如宪法规范、民法规范等。狭义的房地产法是指国家立法机关即全国人民代表大会及其常务委员会制定的《中华人民共和国城市房地产管理法》（以下简称《房地产管理法》）和《中华人民共和国土地管理法》（以下简称《土地管理法》）等。

1. 房地产法的调整对象

房地产法的调整对象简单来说就是房地产法律关系，其具体内容包括两部分：房地产协作关系和房地产管理关系。其中，前者应是房地产法调整的基础。房地产协作关系是平等的法人、其他合法组织和自然人之间在房地产运行过程中所产生的权利义务关系，平等、自愿、等价有偿、诚实信用是其遵循的基本原则。而房地产管理关系则体现了国家干预性的特征，是国家意志在房地产运行过程中的体现。房地产主管机关以管理者的身份依法对房地产经济运行中的参与者以及行为所产生的关系进行管理。总的来说，《房地产法》调整的主要经济关系有：土地利用管理关系、土地财产关系、土地利用规划关系、城市房屋管理关系、房屋交易管理关系、房屋拆迁管理关系、物业管理行业管理关系、城市房地产开发管理关系、房屋财产关系、涉外房地产管理关系或财产关系等。

2. 房地产法律体系

房地产法律体系是房地产有关法律、法规、规章等共同组成的有机统一的整体。我国已建立了相对完善的房地产法律体系，按其内容分布划分，应由两部分立法组成。

（1）综合性法规。如《中华人民共和国宪法》《民法典》等法律中与房地产领域相关条文的规定。

（2）专门性法规。专门性法规主要有全国人民代表大会及其常务委员会颁布实施的规范房地产领域各种行为的具体法律，如《土地管理法》《城市房地产管理法》《建筑法》以及它们的实施条例、细则、办法之类。

（二）房地产法的原则

1. 土地公有制的原则

土地公有制是我国的一项基本经济制度。我国实行土地的社会主义公有制，即全民所有制和劳动群众集体所有制。另外，我国实行国家垄断土地一级市场，即在进行房地产开发时，集体所有土地必须依法征收为国有土地才能进入房地产市场流转。

2. 土地有偿使用的原则

土地既是重要的资产，又是不可再生的资源。由于土地的稀缺性和垄断性，土地资源就成为具有价值的资产。根据《土地管理法》规定，国家依法实行国有土地有偿使用制度，但并不排斥在法律规定的范围内划拨国有土地使用权。

3. 节约用地的原则

土地是十分宝贵的资源和资产。我国耕地人均数量少，后备资源也不富裕。保护耕地就是保护我们的生命线。房地产法必须体现十分珍惜和合理利用每寸土地，切实保护耕地的基本国策。

4. 房地产开发经济效益、社会效益和环境效益相统一的原则

房地产开发关系到国家的长治久安，关系到人民的安居乐业，只有坚持经济效益、社会效益和环境效益相统一的原则，房地产业才能健康有序地发展。《城市房地产开发经营管理条例》第 3 条规定："房地产开发经营应当按照经济效益、社会效益、环境效益相统一的原则，实行全面规划、合理布局、综合开发、配套建设。"

5. 保护房地产权利人合法权益的原则

房地产权利人是指依法对房地产享有某种权利的公民、法人或非法人组织。房地产权利不完全等同其他财产的权利。房地产是一种不动产，其享受的权益有一定限制。在我国，城市土地归国家所有，因此，房地产权利人对城市内的土地只能享有土地使用权。房地产权益一旦依法拥有，就受到法律保护。

第二节 房地产用地法律制度

一、土地使用权出让

土地使用权出让，是指国家以土地所有者的身份将土地使用权在一定年限内让与土地使用者，由土地使用者向国家支付土地使用权出让金的行为，其实质是国家行使国有土地财产的处分权。土地使用权的出让由市、县人民政府土地管理部门实施。

（一）土地使用权的出让方式

依《城市房地产管理法》和国土资源部 2002 年颁布的《招标、拍卖、挂牌出让

国有土地使用权规定》，土地使用权出让可以采取招标、拍卖、挂牌出让、协议出让的方式。

1. 招标

招标出让国有土地使用权，是指土地行政主管部门发布招标公告，邀请特定或不特定的公民、法人和其他组织参加国有土地使用权投标，由土地行政主管部门择优确定受让人的出让形式。中标者不一定是出价最高的一方。

2. 拍卖

拍卖出让国有土地使用权，是指出让人发布出让公告，竞买人在指定时间、指定地点公开竞价，最后由出价最高者取得土地使用权的一种形式。这种出让方式充分引进了竞争机制，是公开的、完全竞争的土地市场竞卖方式。

3. 挂牌出让

挂牌出让国有土地使用权，是指出让人发布挂牌公告，按公告规定的期限将拟出让宗地的交易条件在指定的土地交易所挂牌公告，接受竞买人的报价申请并更新挂牌价格，根据挂牌期限截止时的出价结果确定土地使用者的行为。这种方式的主要特点是公开、透明、简单易行、交易成本较低，主要适用于地块小、起价低、参加竞买者较少的土地使用权的出让。

4. 协议出让

协议出让土地使用权，是指出让人与受让人就土地使用权的出让事宜，进行协商并订立土地使用权出让合同，经登记后，受让人取得土地使用权的出让方式。由于协议出让缺乏公开性、竞争性，它一般只适用于福利事业用地、国家机关、文教卫体、科研等非营利性项目用地以及政府需要扶持或优惠的建设项目等。

（二）土地使用权出让年限和合同

土地使用权出让年限，指法律、法规规定的土地使用者可以使用土地的最高年限。无论以何种方式出让国有土地使用权，出让的年限都应在法律规定的年限内确定。根据《中华人民共和国城镇国有土地使用权出让和转让暂行条例》相关规定的土地使用权出让年限是：居住用地 70 年，工业用地 50 年，教育、科技、文化、卫生、体育用地 50 年，商业、旅游、娱乐用地 40 年，综合或者其他用地 50 年。在最高年限内，出让方与受让方可以自由约定土地使用权出让的年限。土地使用权出让年限届满，国家有权无偿收回该土地的使用权及其地上建筑物、其他附着物的所有权。

土地使用权出让合同，是指市、县人民政府土地管理部门代表国家与土地使用者就特定地块的土地使用权出让事宜达成的明确相互间权利义务关系的协议。其他部门和个人为出让方与他人签订的出让合同，应当认定无效。

二、土地使用权划拨和转让

（一）土地使用权划拨

划拨土地使用权，是指县级以上人民政府批准，在土地使用者缴纳补偿、安置等费用后将该幅土地交付其使用，或者将国有土地使用权无偿交给土地使用者使用的行为。

1. 土地使用权划拨的范围

按照法律规定，下列建设用地的土地使用权，确属必要的，可以由县级以上人民政府依法批准划拨：①国家机关用地和军事用地；②城市基础设施用地和公益事业用地；③国家重点扶持的能源、交通、水利等项目用地；④保障房用地；⑤法律、行政法规规定的其他用地。

2. 划拨土地使用权的收回

划拨土地使用权的收回是指国家根据划拨土地使用者不再使用土地的事实或者城市建设发展和城市规划的需要，将原划拨的土地收回，并另行支配。根据《土地管理法》相关规定，有下列情形之一的，国家可以收回划拨的土地使用权。

（1）为公共利益需要使用土地的情况。当国家因为公共利益的需要，如建设公共设施、国防工程等，可以依法收回国有土地使用权。

（2）为实施城市规划进行旧城区改建的情况。在实施城市规划过程中，需要进行旧城区改建时，也可以依法收回国有土地使用权。

（3）土地出让等有偿使用合同约定的使用期限届满的情况。如果国有土地是按照有偿使用的方式出让给单位或个人使用的，那么当合同约定的使用期限届满时，国家可以依法收回土地使用权。

（4）因单位撤销、迁移等原因，停止使用原划拨的国有土地的情况。如果因为单位撤销、迁移或者其他原因导致不再使用原先划拨的国有土地，那么国家也可以收回这些土地。

（5）公路、铁路、机场、矿场等经核准报废的情况。对于这些特定的基础设施或场所，如果经过核准确认为报废状态，国家也可以收回其占用的土地。

（6）其他情况。除了上述明确列出的情形外，还有一些其他符合法律法规规定的情形也可能导致国有土地使用权被收回。

（二）土地使用权转让

土地使用权转让，是指土地使用权人在其权利年限内将其享有的土地使用权再转移给他人的行为。土地使用权无论转移给谁，国家与土地使用权人之间的权利义务关系不变。国家仍是土地所有权人，出让年限届满，国家有权收回土地。

根据《城市房地产管理法》及《中华人民共和国城镇国有土地使用权出让和转让

暂行条例》相关规定，国有土地使用权转让的方式主要有以下几种。

1. 出让

国家作为土地所有者将土地使用权在一定年限内让渡给使用者，并由使用者支付出让金。这种方式适用于首次从国家取得土地使用权的个人或集体。

2. 出售

土地使用者将土地使用权以有偿的方式转移给他人。这是二级市场中常见的交易形式，涉及双方协商确定价格和其他条款。

3. 交换

土地使用者之间通过互换土地使用权来满足各自需求。这种方式通常发生在两方都有土地但希望调整土地位置或用途时。

4. 赠与

一方无偿将自己的土地使用权转给另一方。这种转让方式不涉及金钱交易，多用于亲属间或特定条件下的权益转移。

第三节　房地产开发及销售法律制度

一、房地产开发法律制度

根据《城市房地产管理法》相关规定，房地产开发是指在依法取得国有土地使用权的土地上进行基础设施建设、房屋建设的行为。所谓的基础设施建设，是指给水、排水、供电、供热、供气、通信和道路等设施建设和土地的平整，通过基础设施建设将自然状态的土地变为可建造房屋及其他建筑物的土地。

（一）房地产开发企业

房地产开发企业，又称开发商或发展商，是指以盈利为目的，从事房地产开发和经营的企业。按照经营性质划分，可将房地产开发企业分为专营企业、兼营企业和项目公司。

房地产开发企业是房地产开发经营活动的主体，其设立应符合法律的规定。根据《城市房地产管理法》的相关规定，设立房地产开发企业应具备以下 5 个条件：①有自己的名称和组织结构；②有固定的经营场所；③有符合法律规定的注册资本；④有足够的专业技术人员；⑤法律、法规规定的其他条件。

房地产开发企业依照下列程序设立：①申请登记。设立房地产开发企业，首先应当向县级以上人民政府工商行政管理部门提出登记申请。工商行政管理部门对符合法定条件的，在收到申请之日起 30 日内予以登记，对不符合法定条件的不予登记，但应说明理由。②依法备案。房地产开发企业应当在领取营业执照之日起 30 内，持有关文件到登记机关所在地的房地产主管部门备案。

根据我国住房和城乡建设部《房地产开发企业资质管理规定》，房地产开发企业应当按照规定申请核定企业资质等级。未取得房地产开发资质等级证书的企业，不得从事房地产开发经营业务。国务院建设行政主管部门负责全国房地产开发企业的资质管理工作；县级以上地方人民政府房地产开发主管部门负责本行政区域内房地产开发企业的资质管理工作。申请资质等级的房地产开发企业应提供有关的证明文件，经审查合格后，由资质审批部门发给资质证书。房地产开发企业按照企业条件分为四个资质等级。

（二）房地产开发管理

1. 规划管理

城市规划作为科学利用土地资源的一种措施，在城市土地资源的优化配置、保证城市健康发展方面，起着十分重要的作用。房地产开发必须严格执行城市规划，按照经济效益、社会效益、环境效益相统一的原则，实行全面规划、合理布局、综合开发、配套建设。

2. 环境保护管理

为了防止建设项目产生新的污染、破坏生态环境，根据我国《环境保护法》的有关规定，房地产开发项目应实行环境保护管理，主要有以下内容：①在房地产开发前期阶段，房地产开发项目进行可行性研究时，应进行环境影响评价；②在房地产开发实施阶段，开发企业必须按照“环境影响评价报告书”的要求，落实各项环保措施，并及时修整和复原受到破坏的环境；③在开发建设项目竣工阶段，开发企业应向环境保护行政主管部门提交环境保护设施的验收申请报告，经环境保护主管部门验收合格后，才能正式投入使用。

3. 施工管理

为了保障施工企业依法承包和经营建设任务，维护建筑市场的经济秩序，保障施工的顺利进行，有必要加强对施工的管理。施工管理的内容包括：①国家对房地产开发建设项目实行施工许可证制度，未取得施工许可证的建设单位不得擅自组织开工；②取得施工许可证后，因故未能按期开工的，建设单位应在期满前及时向发证机关说明理由，申请延期开工；未按时开工，又不申请延期的，施工许可证将失效；③房地产开发项目竣工后，房地产开发企业应向项目所在地的县级以上地方人民政府房地产开发主管部门提出竣工验收申请，房地产开发主管部门应当自接到申请之日起30日内组织验收。验收不合格的，承建单位应当采取相应的补救措施，然后再进行验收，经再验收合格后，方可交付使用。

二、房地产交易基本制度

房地产交易是指房地产产权的变更和转移。依照《城市房地产管理法》规定，房地产交易包括房地产转让、房地产抵押和房地产租赁三种方式。房地产交易者在进行上述交易活动时，须接受政府有关职能部门的监督和管理。

房地产交易的主体包括政府机关、企事业单位、公司、金融机构、个人和外商等，他们是交易活动中的供求双方。房地产交易客体包括国有土地使用权、房屋所有权、房屋使用权及其他项权利。

在我国，实行土地所有权和使用权相分离制度，土地使用权可以依法转让，土地所有权不得进入市场流转，集体土地使用权也不得擅自出让、转让，必须先征收成为国有土地才能出让。城镇国有土地的使用权人具有对土地占有、使用、收益和部分处分的权利。房地产交易的中介机构包括房地产评估机构、房地产经纪机构和房地产咨询机构等。

房地产交易必须遵循合法、自愿、公平、互利和诚实信用的原则。依法进行的房地产转让、抵押、租赁行为受国家法律保护。房地产交易时，必须遵守房屋所有权和土地使用权同时转让和抵押的原则。《城市房地产管理法》第 32 条规定："房地产转让、抵押时，房屋的所有权和该房屋占用范围内的土地使用权同时转让、抵押。"国家对房地产交易中的基准地价、标定地价和各类房屋的重置价格实行定期确定并公布制度。同时，国家实行房地产成交价格申报制度。房地产权利人转让房地产，应当向县级以上地方人民政府规定的部门如实申报成交价，不得瞒报或者作不实的申报。

房地产交易的管理机构主要是指由国家设立的城市房地产交易管理的职能部门及其授权的机构。房地产交易管理机构的主要任务是：①对房地产交易、经营等活动进行指导和监督，查处非法行为，维护当事人的合法权益；②办理房地产交易登记、鉴证等手续；③协助财政、税务部门征收与房地产交易有关的税费；④为房地产交易提供洽谈协议、交流信息、展示行情等各种服务；⑤建立定期信息发布制度，为政府宏观决策和正确引导市场发展服务。

因此，房地产转让、抵押时，当事人必须依法到政府有关部门进行房地产权属登记，完成房地产权属的转移。我国《城市房地产管理法》规定了三项房地产交易基本制度，即房地产价格申报制度、房地产价格评估制度、房地产价格评估人员资格认证制度。

1. 房地产价格申报制度

房地产交易价格不仅关系着交易当事人之间的私人权益，而且关系着国家的税费收益。根据《城市房地产转让管理规定》相关规定，房地产转让当事人在房地产转让合同签订后 90 日内持房地产权属证书、当事人的合法证明、转让合同等有关文件向房地产所在地的房地产管理部门提出申请，并申报成交价格。房地产管理部门核实申报的成交价格，并根据需要对转让的房地产进行现场查勘和评估。房地产转让应当以申报的成交价格作为缴纳税费的依据。成交价格明显低于正常市场价格的，以评估价格作为缴纳税费的依据。

2. 房地产价格评估制度

《城市房地产管理法》第34条规定："国家实行房地产价格评估制度。房地产价格评估，应当遵循公正、公平、公开的原则，按照国家规定的技术标准和评估程序，以基准地价、标定地价和各类房屋的重置价格为基础，参照当地的市场价格进行评估。"基准地价、标定地价和各类房屋的重置价格应当定期确定并公布。

3. 房地产价格评估人员资格认证制度

《城市房地产管理法》第59条规定："国家实行房地产价格评估人员资格认证制度。"我国目前经国家统一考试认证的相关估价执业资格有房地产估价师、土地估价师和资产评估师。

三、房地产转让

《城市房地产管理法》第37条规定："房地产转让，是指房地产权利人通过买卖、赠与或其他合法方式将其房地产转移给他人的行为。"房地产转让的实质是房地产权属发生转移。

（一）房地产转让的条件

（1）出让土地使用权的转让条件：①按照出让合同约定已经支付全部土地使用权出让金，并取得土地使用权证书；②按照出让合同约定进行投资开发，属于房屋建设工程的，完成开发投资总额的25%以上，属于成片开发土地的，形成工业用地或者其他建设用地条件；③转让房地产时房屋已经建成的，还应当持有房屋所有权证书。

（2）划拨土地使用权的转让条件：①以划拨方式取得土地使用权的，转让房地产时，应当按照国务院规定，报有批准权的人民政府审批；②经有批准权的人民政府批准准予转让的，应当由受让方办理土地使用权出让手续，并依照国家有关规定缴纳土地使用权出让金；③经批准可以不办理土地使用权出让手续的，转让方应当按照国务院规定将转让房地产所获收益中的土地收益上缴国家或者作其他处理。

（3）不允许转让的房地产：①以出让方式取得的土地使用权，不符合出让土地使用权转让条件的；②司法机关和行政机关依法裁定、决定查封或者以其他形式限制房地产权利的；③依法收回土地使用权的；④共有房地产，未经其他共有人书面同意的；⑤权属有争议的；⑥未依法登记领取权属证书的；⑦法律法规禁止转让的他情形。

（4）商品房预售的条件：①已交付全部土地使用权出让金，取得土地使用权证书；②持有建设工程规划许可证；③按提供预售的商品房计算，投入开发建设的资金达到工程建设总投资的25%以上，并已经确定施工进度和竣工交付日期；④房地产开发企业向市县人民政府房产管理部门办理预售登记，取得商品房预售许可证明。商品房预售人应当按照国家有关规定将预售合同报县级以上人民政府房产管理部门和土地管理部门登记备案。

房地产开发企业预售商品房时，应当向预购人出示商品房预售许可证明。房地产开发企业不得进行虚假广告宣传，商品房预售广告中应当载明商品房预售许可证明的文号。房地产开发企业委托中介机构代理销售商品房的，应当向中介机构出具委托书。中介机构销售商品房时，应当向商品房购买人出示商品房的有关证明文件和商品房销售委托书。

商品房销售，当事人双方应当签订书面合同。合同应当载明商品房的建筑面积和使用面积、价格、交付日期、质量要求、物业管理方式以及双方的违约责任。房地产开发企业应当自商品房预售合同签订之日起30日内，到商品房所在地的县级以上人民政府房地产管理部门和土地管理部门办理登记备案手续。

（二）房地产转让程序与合同条款

1. 签订书面转让合同

房地产转让当事人在进行房地产转让时，应该签订书面转让合同，明确转让内容。

2. 申报成交价格

房地产转让当事人在房地产转让合同签订后90日内持房地产权属证书、当事人的合法证明、转让合同等有关文件向房地产所在地的房地产管理部门提出申请，并申报成交价格。

3. 审查

房地产管理部门对提供的有关文件进行审查，并在7日内作出是否受理申请的书面答复，7日内未作书面答复的，视为同意受理。

4. 核实申报价格

房地产管理部门核实申报的成交价格，并根据需要对转让的房地产进行现场查勘和评估，以防止申报人瞒报和虚报。

5. 缴纳契税和补地价

房地产买卖必须由买方向税务机关缴纳契税。对无偿划拨土地的房屋买卖，须将土地收益上缴国库。

6. 核发权属证书

房地产管理部门办理房屋权属登记手续，核发房地产权属证书。

房地产转让合同是指房地产转让当事人之间签订的用于明确各方权利义务的协议。转让房地产，应当签订书面转让合同。合同的内容包括：①双方当事人的姓名或者名称、住所；②房地产权属证书名称和编号；③房地产坐落位置、面积、四至界限；④土地宗地号、土地使用权取得的方式及年限；⑤房地产的用途或使用性质；⑥成交价格及支付方式；⑦房地产交付使用的时间；⑧违约责任；⑨双方约定的其他事项。

房地产成交价格是房地产买卖合同必备条款。我国实行房地产价格评估制度及房地产成交价格申报制度。如果房地产成交价格明显低于市场价格，政府具有优先购买权。

四、商品房销售

（一）商品房买卖合同

商品房销售时，房地产开发企业和买受人应当订立书面商品房买卖合同。房地产开发企业、房地产中介服务机构发布的商品房销售广告和宣传资料所明示的事项，当事人应当在商品房买卖合同中约定。商品房的销售广告和宣传资料为要约邀请，但是出卖人就商品房开发规划范围内的房屋及相关设施所作的说明和允诺具体确定，并对商品房买卖合同的订立以及房屋价格的确定有重大影响的，应当视为要约。该说明和允诺即使未载入商品房买卖合同，应当视为合同内容，当事人违反的，应当承担违约责任。

商品房买卖合同应当明确以下主要内容：①当事人名称或者姓名和住所；②商品房基本状况；③商品房的销售方式；④商品房价款的确定方式及总价款、付款方式和时间；⑤交付使用条件及日期；⑥装饰、设备标准承诺；⑦供水、供电、供热、燃气、通信、道路、绿化等配套基础设施和公共设施的交付承诺和有关权益、责任；⑧公共配套建筑的产权归属；⑨面积差异的处理方式；⑩办理产权登记有关事宜；⑪解决争议的方法；⑫违约责任；⑬双方约定的其他事项。

商品房销售时，出卖人未取得商品房预售许可证明的，与买受人订立的商品房预售合同应当认定无效，但是在起诉前取得商品房预售许可证明的，可以认定有效。

（二）商品房的交付

房地产开发企业应当按照合同约定，将符合交付使用条件的商品房按期交付给买受人。未能按期交付的，房地产开发企业应当承担违约责任。因不可抗力或者当事人在合同中约定的其他原因，需延期交付的，房地产开发企业应当及时告知买受人。

房地产开发企业销售商品房时设置样板房的，应当说明实际交付的商品房质量、设备及装修与样板房是否一致，未作说明的，实际交付的商品房应当与样板房一致。

在商品房销售中，由于出卖人的原因，买受人在下列期限届满未能取得房屋权属证书的，除当事人有特殊约定外，出卖人应当承担违约责任：①商品房买卖合同约定的办理房屋所有权登记的期限；②商品房买卖合同的标的物为尚未建成房屋的，自房屋交付使用之日起 90 日；③商品房买卖合同的标的物为已竣工房屋的，自合同订立之日起 90 日。

销售商品住宅时，房地产开发企业应当根据《商品住宅实行住宅质量保证书和住宅使用说明书制度的规定》，向买受人提供《住宅质量保证书》《住宅使用说明书》。房地产开发企业应当对所售商品房承担质量保修责任。当事人应当在合同中就保修范围、保修期限、保修责任等内容作出约定。保修期从交付之日起计算。

五、房地产登记管理制度

（一）房地产登记的概念和法律效力

房地产登记，即房地产产权登记，是指房地产登记机构依当事人申请或者依职权，对建设用地使用权、房屋所有权、房地产抵押权和其他依法可以申请登记的房地产权利以及与此相关的事项进行记载、公示的行为，它包括土地使用权和房屋所有权的登记。

《城市房地产管理法》第61条第2款规定："在依法取得的房地产开发用地上建成房屋的，应当凭土地使用权证书向县级以上地方人民政府房产管理部门申请登记，由县级以上地方人民政府房产管理部门核实并颁发房屋所有权证书。"这一规定明确了房屋所有权登记的程序和负责部门，即县级以上地方人民政府房产管理部门。房地产登记时要对权利人、权利性质、权属来源、取得时间、产权变化情况和房地产面积、结构、用途、价值、等级、坐落、坐标、形状等进行记载。房地产登记可以起到明确房地产边界、面积，明确房地产权利人，明确房地产产权状况三方面的作用。

（二）房地产登记种类

根据我国《民法典》相关规定，不动产登记，由不动产所在地的登记机构办理。国家对不动产实行统一登记制度。统一登记范围、登记机构和登记办法，由法律、行政法规规定。我国的房地产登记由不同登记机构分别进行登记，根据登记机关的不同可分为土地权属登记和房屋权属登记两种，其中土地权属登记由土地管理部门进行，房屋权属登记由房地产管理部门进行。

1. 土地权属登记

土地权属登记是房地产管理部门依照房地产法律、法规和政策，对土地所有权、土地使用权以及土地其他项权利进行注册登记和发证的一种法律制度。土地权属登记的目的在于保障土地所有者和土地使用者的合法权益，合理利用土地，保护土地资源。凡是依法登记的土地权利均受法律保护，任何单位和个人不得侵犯。

根据登记的时间和内容不同，土地权属登记可以分为初始土地登记和变更土地登记。初始土地登记是指在一定时间内，对辖区内全部土地进行的普遍登记。初始土地登记是一项涉及面广、工作量大、时间较长的艰巨工作，要求细致、准确。土地变更登记是继初始土地登记之后，因土地所有权、土地使用权、土地的其他权利以及土地的主要用途发生变更而申请办理的登记。变更土地登记包括土地使用权变更登记、土地的主要用途变更登记和注销登记。

2. 房屋权属登记

房屋权属登记是指房产管理部门根据房屋所有权人的申请，依照法定程序对于房屋产权进行审查核实、注册登记，颁发房屋产权证书的一种法律制度。房屋权属登记是房地产产权管理中的主要行政手段。凡在规定登记范围内的房屋，不论产权归谁所有，都必须按照产权登记办法和产权登记程序，向房屋所在地的房产管理部门申请权属登记。房产管理部门在确认产权后颁发的房屋产权证书是房屋权属的唯一凭证，具有法律赋予的公信力。未经登记发证的房屋不受法律保护。

六、违反房地产法的法律责任

房地产违法行为是指违反国家有关房地产管理法律、法规的行为。房地产违法行为的表现形式很多，主要包括：违反《土地管理法》的行为；违反《城市房地产管理法》的行为；违反《城市房地产开发经营管理条例》的行为；违反《基本农田保护条例》的行为等。

根据房地产违法行为的主体不同，房地产违法行为主要可以分为：与房地产事项相关的公民、法人和其他组织的房地产违法行为；房地产管理部门的违法行为；其他主体的违法行为等。违反房地产法的法律责任主要有以下三种形式。

1. 民事责任

民事责任是指民事主体违反民事义务而依法应承担的民事法律后果。依照《民法典》的规定，承担民事责任的方式主要有停止侵害，排除妨碍，消除危险，返还财产，恢复原状，修理、重作、更换、赔偿损失，支付违约金，消除影响，恢复名誉，赔礼道歉。该10种民事责任的方式在房地产法律关系中，可以单独适用，也可以合并适用。

2. 行政责任

行政责任，是行政法律责任的简称，指有违反有关行政管理的法律、法规的规定，但尚未构成犯罪的行为所依法应当承担的法律后果，它分为行政处分和行政处罚两种。

行政处分是对国家工作人员及由国家机关委派到企业、事业单位任职的人员的行政违法行为给予的一种制裁性处理。行政处分的种类包括警告、记过、降级、降职、撤职、开除等。行政处罚是指国家行政机关及其他依法可以实施行政处罚权的组织，对违反行政法律、法规、规章，尚不构成犯罪的公民、法人及其他组织实施的一种制裁行为。其中，行政处罚是行政责任中适用最广的一种责任形式。

承担行政责任的形式，对房地产管理部门的人而言，适用的行政处罚的具体种类分为：警告、罚款、没收违法所得和非法财物、责令停产停业和暂扣或者吊销许可证、暂扣或者吊销执照。以上行政处罚措施可以单独适用，也可以合并适用。但对当事人的同一个违法行为，不能处以两次以上的罚款。应注意的是，行政机关实施行政处罚时，应当把责令当事人改正或者限期改正违法行为作为行政处罚措施的重要辅助手段之一。

3. 刑事责任

刑事责任是指行为人实施了刑事法律禁止的行为所必须承担的法律后果，即对犯罪分子依照刑事法律的规定追究的法律责任。违反房地产相关法律的主要罪名有：非法转让、倒卖土地使用权罪，非法占用耕地罪，非法批准征用、占有土地罪和非法低价出让国土使用权罪，擅自出卖、转让军队房地产罪，以及其他刑事犯罪。对个人犯罪的，适用刑事责任的一般规定；单位犯罪的，适用“双罚制”，即对单位判处罚金，并对其直接负责的主管人员和其他直接责任人员判处刑罚。

思考题

1. 什么是房地产法？房地产法的原则是什么？
2. 在我国现行土地制度下，土地使用权的出让方式有哪些？
3. 商品房预售应具备哪些条件？
4. 简述商品房销售程序。

案例分析题

[案例 10-1] 2019 年 10 月，被告南昌市某建设总公司将位于市区的 100 亩土地，以每亩 60 万元的价格转让给原告赣州市的一家房地产公司。转让合同约定：原告付清 6000 万元地价款给被告，被告负责办理转让手续。但原告按约定付清地价款后，被告未按约定办理转让手续，故引起纠纷。经查明，该合同标的 100 亩土地使用权并非被告合法拥有，被告与原告签约时，仅有一张与江西省建设总公司签订的 100 亩土地转让意向书，没有法律规定转让土地必须拥有的土地使用证。试分析：法院会如何审理此案？

[分析] 本案的被告未取得土地使用证，却与原告签订土地使用权转让合同，不具备转让的法定条件，违反了法律规定，该合同因合同主体资格不合法而无效，转让方应退还地价款 6000 万元给原告，并赔偿原告因此造成的相应损失。

[案例 10-2] 黄某与金某系夫妻，二人用多年打工的积蓄于 2018 年在宁波市购置了一处房产。2021 年黄某欲与金某离婚，于是黄某瞒着金某将房产卖给了第三人白某，并将房款存于白某处。当黄某与金某在法院诉讼离婚，金某提出分割共有财产时，才知道黄某以偿还欠款名义已将房产私下卖给白某。金某遂向法院起诉，认为其夫虚构债务，要求法院确认这起房产交易无效，白某退还已购房屋，试分析：法院将会如何审理此案？

[分析] 法律规定，未经其他共有人书面同意的共有房地产不得出售，所以黄某与白某的买卖关系应无效。但是，如果白某购买该房产是善意的，并不知道黄某瞒着其妻的事实，且交付了全部房款并办理了产权过户登记，则白某是善意第三人，可以取得该房产，而金某有权根据共有份额获得相应的购房款。

第十一章　劳动法与劳动合同法

学习目标

【知识目标】

1. 了解劳动法和劳动合同法的基本法律知识。
2. 掌握劳动法的适用范围以及劳动合同的主要内容与劳动争议解决机制。

【能力目标】

1. 不仅要熟悉法律法规知识、国家的大政方针政策，还要善于灵活运用这些知识，依法维护职工合法权益，维护劳动力市场的和谐稳定。
2. 运用劳动法理论分析劳动法问题的基本技能和方法，培养解决劳动争议案件的能力。

【素质目标】

1. 具备坚定的政治立场，始终坚持用中国特色社会主义法治理论维护社会公平正义，从坚持中国特色社会主义法治和维护宪法权威的高度，做依法治国的推进者、先行者。
2. 热爱劳动科学，拥有劳动安全意识，熟悉劳动保障法律法规，弘扬劳动精神、劳模精神、工匠精神，维护合法权益。

案例引入

张某系某高职毕业生，应聘到宁波市某合资饭店工作，并与饭店正式签订了为期 2 年的劳动合同，在劳动合同终止前的 1 个月，张某就合同到期后不再与饭店续约一事向饭店提出请求，饭店人力资源部表示同意并答复张某过 1 个月后来办离职手续。1 个月以后，张某找到饭店要求办理离职手续时人力资源部负责人却突然提出："要离职走可以，但必须交齐后 3 年的培养费 1500 元，然后才给办理离职手续和结清工资。"张某认为自己既没有经过饭店培训，又没有提前解除劳动合同，饭店收取培训费是非法的，饭店根据其制定的《饭店员工须知》第 18 条"凡到本饭店工作的人员至少应服务 5 年"的规定认为，张某与饭店签订的 2 年的劳动合同虽然已到期，但至少还应与饭店续签 3 年的劳动合同，如果张某不再为饭店服务，则应赔偿饭店培训费 1500 元，否则，不办理离职手续。张某向劳动争议仲裁委员会提出申诉，要求给予公正处理。试分析：

(1) 张某能否终止劳动合同?

(2)《饭店员工须知》第 18 条对张某是否有约束力?

(3) 张某是否有赔偿饭店培训费的义务?

(4) 张某可通过何种方法解决争议?

第一节 劳动法

一、劳动法的适用范围

劳动法是调整劳动关系以及与劳动关系密切联系的社会关系的法律规范的总称。

从广义上讲，劳动法是国家为了保护劳动者的合法权益，调整劳动关系，建立和维护适应社会主义市场经济的劳动制度，促进经济发展和社会进步，根据宪法而制定颁布的法律。从狭义上讲，我国的劳动法是指 1994 年 7 月 5 日第八届全国人民代表大会第八次会议通过，1995 年 1 月 1 日起施行，后又于 2009 年、2018 年进行了两次修正的《中华人民共和国劳动法》(以下简称《劳动法》)。

(一) 劳动法调整劳动关系的范围

《劳动法》第 2 条明确规定:“在中华人民共和国境内的企业、个体经济组织(以下统称用人单位)和与之形成劳动关系的劳动者，适用本法。国家机关、事业组织、社会团体和与之建立劳动合同关系的劳动者，依照本法执行。”根据这一规定，劳动法调整的劳动关系如下。

(1) 各类企业的劳动关系和个体经济组织中形成的劳动关系是劳动法规范调整的主要对象。这里的企业指各种类型的企业，包括国有企业、集体所有制企业、中外合资企业、中外合作企业、外商独资企业、股份制企业、混合型企业、港澳台企业、私营企业、联营企业、乡镇企业等。个人经济组织，是指一般雇工在 7 人以下的个体工商户。在中国境内的企业、个体经济组织与劳动者之间，只要形成劳动关系，即劳动者事实上已成为企业、个体经济组织的成员，并为其提供有偿劳动，不论他们之间是否订立劳动合同，都适用《劳动法》。

(2) 国家机关、事业组织、社会团体通过与劳动者签订劳动合同建立的劳动关系归劳动法调整。这部分劳动关系包括：国家机关、事业组织、社会团体与所用职工人员之间的劳动关系；实行企业化管理的事业组织与其职工之间形成的劳动关系；其他劳动者通过签订劳动合同与国家机关、事业组织、社会团体建立的劳动关系。

公务员和农村劳动者(乡镇企业职工和进城务工、经商的农民除外)、现役军人和家庭保姆、在中国享有外交特权和豁免权的外国人等不适用《劳动法》。

(二) 劳动法调整劳动关系范围的发展

《劳动法》实施以来，劳动法调整劳动关系的范围有扩大的趋势，尤其是 2007

年6月29日第十届全国人民代表大会常务委员会第二十八次会议通过，后又于2012年修正的《中华人民共和国劳动合同法》（以下简称《劳动合同法》）较大程度上肯定了这一趋势。

（1）将事业单位的劳动关系有条件地纳入劳动法调整对象。2003年，《最高人民法院关于人民法院审理事业单位人事争议案件若干问题的规定》发布，规定事业单位与劳动者之间的部分争议按《劳动法》规定处理，但司法解释的效力只是解决法院对这类案件的程序问题，对这类案件的实体问题处理还是适用人事方面的法律法规。《劳动合同法》对此问题从两个方面予以解决，一方面将法律、法规授权的具有公共事务管理职能的事业单位以外的其他事业单位与其劳动者的劳动关系，纳入《劳动合同法》，进而被纳入《劳动法》的适用范围。另一方面将这些劳动关系的法律调整，作了一定的特殊规定，即事业单位与实行聘用制的工作人员订立、履行、变更、解除或者终止劳动合同，法律、行政法规或者国务院另有规定的，依照其规定；未作规定的，依照《劳动法》有关规定执行。这样，事业单位中劳动关系的法律适用明确分为三类：一是参照公务员管理的工作人员的劳动关系，适用《中华人民共和国公务员法》（以下简称《公务员法》）；二是实行聘用制人员的劳动关系，有特别规定的从其规定；三是工勤人员及实行聘任制无特别规定的人员的劳动关系适用《劳动合同法》，进而被纳入《劳动法》的适用范围。

（2）将社会团体的劳动关系基本上都纳入劳动法的调整对象。在党政机关、各民主党派和工商联机关实施《公务员法》的同时，工会、共青团、妇联等使用行政编制或由中央机构编制部门直接管理机构编制的人民团体和群众团体以外的其他社会团体与其劳动者的劳动关系，被纳入《劳动合同法》，进而被纳入《劳动法》的适用范围。

（3）将民办非企业单位与其劳动者的劳动关系纳入《劳动法》。

（4）将劳务派遣、非全日制用工形成的部分类型的非标准劳动关系纳入《劳动法》。

（5）用人单位不合格的劳动关系纳入《劳动合同法》的适用范围。例如，用人单位未与劳动者签订劳动合同，认定劳动关系时可参照下列凭证：①工资支付凭证或记录；②向劳动者发放的“工作证”；③劳动者填写的“登记表”“报名表”；④考勤表；⑤其他劳动者的证言。

（6）将退休人员重新受聘的劳动关系有条件地纳入《劳动法》。达到退休年龄的劳动者若不享受基本养老保险待遇，退休人员重新就业的劳动关系由劳动法调整。否则，作为民事雇佣关系由民法调整。

（7）将个人承包经营中的劳动关系有条件地纳入《劳动法》。在个人承包经营中，承包个人招用了劳动者，一旦违反《劳动合同法》规定，视为劳动者与承包人建立劳动关系，承包人要承担赔偿责任。

（8）劳动合同法仍然不调整农村劳动者、现役军人和家庭保姆等性质的劳动关系。

二、劳动法律关系

劳动法律关系是当事人依据劳动法律规范，在实现劳动过程中形成的权利义务关系。劳动法律关系是受国家劳动法律规范调整和保护的劳动关系，是国家干预劳动关系的后果，具有以国家意志为主导、当事人意志为主体的特征。狭义的劳动法律关系当事人包括劳动者和用人单位。广义的劳动法律关系主体还应包括劳动行政部门和工会等。

（一）劳动者

劳动法中的劳动者，是指达到法定年龄、具有劳动能力，以从事某种劳动获取收入为主要生活来源的自然人。自然人要成为劳动者，须具备主体资格，即须具有劳动权利能力和劳动行为能力。所谓劳动权利能力是指劳动者依法享有劳动权利和承担劳动义务的资格；所谓劳动行为能力是指劳动者能够以自己的行为参与劳动法律关系，依法享受劳动权利和履行劳动义务的能力。

依据《劳动法》规定，凡年满 16 周岁、有劳动能力的公民是具有劳动权利能力和劳动行为能力的人。未满 16 周岁的未成年人，一般不得成为《劳动法》规定的劳动者，不能签订劳动合同。特殊情形下，未满 16 周岁的未成年人，可以以劳动者身份与文艺、体育和特种工艺单位签订劳动合同，但必须依照国家有关规定，履行审批手续，并保障其接受义务教育的权利。

（二）用人单位

用人单位是指在中国境内，依法使用和管理劳动者并付给其劳动报酬的单位。在我国，用人单位既包括中国境内的企业、个体经济组织、民办非企业单位，也包括与劳动者建立劳动关系的国家机关、社会团体，还包括与劳动者建立劳动关系或聘用关系的事业单位。

三、劳动法的主要内容

（一）工作时间和休息休假

1. 工作时间的概念和种类

工作时间又称劳动时间，是指依国家法律规定劳动者完成其本职工作的时间，工作时间一般以小时为计算单位，包括一昼夜（工作日）内工作的小时数和一周之内工作的天数和小时数。根据《劳动法》和《国务院关于职工工作时间的规定》及相关法律法规的规定，我国现行的工作时间制度分为以下几种。

（1）标准工作时间，又称标准工时，是指法律规定的在一般情况下普遍适用的、按照正常作息办法安排的工作日和工作周的工时制度。我国的标准工时为劳动者每日工作不超过8小时，每周工作不超过44小时。

（2）缩短工作时间，是指法律规定的少于标准工作日和工作时间的工时制度。缩短工作时间适用于：①从事矿山井下、高山、有毒有害、特别繁重或过度紧张等作业的劳动者；②从事夜班工作的劳动者；③未成年工和怀孕女工；④哺乳期内的女职工。

（3）延长工作时间，是指超过标准工作时间的工时制度。延长工作时间必须符合法律、法规的规定。

（4）不定时工作时间，是指不受固定工作时数限制的工时制度。不定时工作时间适用于工作性质和职责范围不受固定工作时间限制的劳动者，如企业中的高级管理人员、外勤人员、推销人员、部分值班人员等。

2. 休息休假的概念和种类

休息休假，是指劳动者为行使休息权，在国家规定的法定工作时间以外，不从事生产或工作而自行支配的时间。休息休假分为以下几种。

（1）工作日内间歇时间，是指在工作日内给予劳动者休息和用膳的时间。一般为1~2小时，最少不得少于半小时。

（2）工作日之间的休息时间，是指两个邻近工作日之间的休息时间，一般不少于16小时。

（3）公休假日，又称周休息日，是指劳动者在1周（7日）内享有的休息日，公休假日一般为每周2日，一般安排在星期六和星期日休息。不能实行国家标准工时制度的企事业单位，可根据实际情况灵活安排月休息日，应当保证劳动者每周至少休息1日。

（4）法定节日，是指法律规定用以开展纪念、庆祝活动的休息时间，包括全体公民放假的节日和部分公民放假的节日及纪念日。

（5）年休假，是指职工工作满一定年限，每年可享有的带薪连续休息的时间。《劳动法》第45条规定："国家实行带薪年休假制度。劳动者连续工作1年以上的，享受带薪年休假。具体办法由国务院规定。"

（二）工资法律制度

工资，是指用人单位依据国家有关规定和集体合同、劳动合同约定的标准，根据劳动者提供劳动的数量和质量，以货币形式支付给劳动者的劳动报酬。

1. 工资形式

工资形式是指计量劳动和支付劳动报酬的方式。企业根据本单位的生产经营特点和经济效益，依法自主确定本单位的工资分配形式。工资形式主要有计时工资、计件工资两种基本形式，另外，在一定范围内实行年薪制。

2. 工资支付

（1）工资支付形式和对象。工资应当以法定货币形式支付给劳动者本人，不得以实物及证券代替货币支付。劳动者本人因故不能领取工资时，可由其亲属或委托他人代领，用人单位可委托银行代发工资。

（2）工资支付时间。工资必须在用人单位与劳动者约定的日期内支付。如果遇节假日或休息日，则应提前在最近的工作日支付。工资一般按月支付，至少每月支付一次。实行周、日、小时工资制的，可按周、日、小时支付。对完成一次性临时劳动或某项具体工作的劳动者，用人单位应按有关协议或合同规定在其完成任务后即支付工资。劳动关系双方依法解除或终止劳动合同时，用人单位应在解除或终止劳动合同时一次性付清劳动者工资。

（3）休假期间的工资。劳动者依法享受年休假、探亲假、婚假、丧假期间，以及依法参加社会活动期间，用人单位应按劳动合同规定的标准支付工资。劳动者请事假，一般不发给工资，但学徒工请事假的，生活费照发。劳动者旷工，停发工资，并按规定给予相应的处罚。

（4）用人单位不得无故拖欠、克扣劳动者的工资。工资应依法足额支付，除法定或约定允许扣除工资的情况外，严禁非法克扣或无故拖欠劳动者工资。

有下列情况之一的，用人单位可以代扣劳动者工资：①用人单位代扣代缴的个人所得税；②用人单位代扣代缴的应由劳动者个人负担的社会保险费用；③法院判决、裁定中要求代扣的赡养费、抚养费和损害赔偿等款项；④因劳动者本人原因给用人单位造成经济损失的，用人单位可按照劳动合同的约定要求赔偿损失；经济损失的赔偿，可从劳动者本人的工资中扣除，但每月扣除的部分不得超过劳动者当月工资的20%；若扣除后的剩余工资部分低于当地月最低工资标准的，则按最低工资标准支付；⑤对违纪职工，企业在给予行政处分的同时，可以给予一次性罚款，但一般不得超过本人月标准工资的20%。

3. 最低工资制度

最低工资，是指劳动者在法定工作时间或依法签订的劳动合同约定的工作时间内，提供了正常劳动的前提下，用人单位依法应当支付的最低劳动报酬。我国《劳动法》第48条前2款规定："国家实行最低工资保障制度。最低工资的具体标准由省、自治区、直辖市人民政府规定，报国务院备案。"最低工资标准一般采取月最低工资标准和小时最低工资标准的形式。最低工资标准适用的主体范围，根据《最低工资规定》，凡在中华人民共和国境内的企业、民办非企业单位、有雇工的个体工商户和与之形成劳动关系的劳动者，国家机关、事业单位、社会团体和与之建立劳动关系的劳动者，均应适用最低工资标准。

（三）有关加班的法律规定

加班是指劳动者在法定节日或公休假日从事生产或工作。

1. 一般情况下加班加点的规定

用人单位由于生产经营需要，经与工会和劳动者协商后可以延长工作时间，一般每日不得超过1小时；因特殊原因需要延长工作时间的，在保障劳动者身体健康的条件下延长工作时间每日不得超过3小时，但是每月不得超过36小时。

2. 劳动法规定的特殊情况

依据《劳动法》规定，有下列情形之一的，延长工作时间不受规定的限制：①发生自然灾害、事故或者因其他原因，威胁劳动者生命健康和财产安全，需要紧急处理的；②生产设备、交通运输线路、公共设施发生故障，影响生产和公共利益，必须及时抢修的；③法律、行政法规规定的其他情形。

3. 有关加班加点的工资标准

依据《劳动法》规定，有下列情形之一的，用人单位应当按照下列标准支付高于劳动者正常工作时间工资的工资报酬：①安排劳动者延长工作时间的，支付不低于工资的150%的工资报酬；②休息日安排劳动者工作又不能安排补休的，支付不低于工资的200%的工资报酬；③法定休假日安排劳动者工作的，支付不低于工资的300%的工资报酬。

第二节　劳动合同法

一、劳动合同的特征和种类

（一）劳动合同的概念和特征

劳动合同，是指劳动者与用人单位之间确立劳动关系，明确双方权利和义务的书面协议。所谓确立劳动关系是指在劳动者为用人单位提供劳动、用人单位支付劳动者报酬的基础上形成的一种相对稳定的社会关系。劳动合同具有以下特征。

1. 劳动合同的主体具有特定性

劳动合同的主体一方是劳动者，另一方是用人单位。在我国，用人单位是指国家机关、事业单位、社会团体、企业、个体经济组织、民办非企业单位等组织，劳动者是指依法与用人单位建立劳动关系的自然人。

2. 劳动合同主体在双方地位上具有从属性

在市场经济中劳动者是弱者，在建立劳动关系后，劳动者要进入用人单位劳动，成为用人单位组织体的一员，有遵守用人单位规章制度的义务，应按用人单位的要求提供劳动。劳动从属性体现在两个方面：人格的从属性和经济的从属性。人格的从属性指劳动者需服从工作规则、单位指令；经济的从属性是指劳动者并不是为自己营业劳动，而是从属于他人，为他人劳动，经济上不具有独立性。劳动从属性由于我国劳动力商品市场总体上的供过于求而更加突出。

3. 劳动合同内容具有很强的法定性

为了保护劳动者的弱势地位，使劳动者在发生劳动争议时能维护自己的合法权益，并有一定的择业和流动自由，同时为了维护用人单位的合法权益，《劳动合同法》对劳动合同的内容作出规范性规定。

（二）《劳动合同法》与《劳动法》的关系

《劳动合同法》与《劳动法》关系密切，正确把握二者的关系，需要弄清以下几点。

1. 从法律效力上来看

从法律效力上来看，《劳动合同法》和《劳动法》都是全国人民代表大会常务委员会制定的法律，效力相同。

2. 从法律规范的内容上来看

从法律规范的内容上来看，《劳动法》是一部综合性的法律，它规范的内容，除了劳动合同制定外，还包括就业促进、集体合同、工作时间和休息休假、工资、劳动安全卫生、女职工保护和未成年人特殊保护、职业培训、社会保险和福利、劳动争议、监督检查等内容。而《劳动合同法》仅就劳动合同内容予以规定，是一部有关劳动合同的单行法。

3. 从法律的适用次序来看

从法律的适用次序来看，根据《中华人民共和国立法法》的“同一机关制定的法律、行政法规、地方性法规、自治条例和单行条例、规章，特别规定与一般规定不一致的，适用特别规定；新的规定与旧的规定不一致的，适用新的规定”这一规定，《劳动合同法》相对于《劳动法》是特别法，是新法，对于《劳动法》和《劳动合同法》都有规定的，适用《劳动合同法》的规定，《劳动合同法》没有规定而《劳动法》有规定的，则适用《劳动法》的相关规定。

（三）劳动合同的种类

从不同的角度可以将劳动合同分为不同的种类。按照合同期限的不同，劳动合同可分为：有固定期限、无固定期限和以完成一定工作为期限的劳动合同，特殊的劳动合同以及集体合同。

1. 有固定期限的劳动合同

有固定期限的劳动合同，又称定期劳动合同，是指用人单位与劳动者约定合同终止时间的劳动合同。劳动合同双方当事人明确约定合同有效的起始日期和终止日期，期限届满，合同即告终止。双方当事人可根据生产、工作的需要确定劳动合同的期限。

2. 无固定期限的劳动合同

无固定期限的劳动合同，又称不定期劳动合同，是指用人单位与劳动者约定无确定终止时间的劳动合同。劳动合同双方当事人只约定合同的起始日期，不约定终止日期。只要不出现法律、法规和合同约定的可以解除劳动合同的情况，双方当事人就不得擅自解除劳动关系。但是无固定期限劳动合同完全不是人们想象中的"铁饭碗"，例如，劳动者严重违规、不能胜任工作以及企业经营严重困难等，用人单位在符合法律、法规和约定的情况下，无固定期限劳动合同也可以解除。

用人单位与劳动者协商一致，可以订立无固定期限劳动合同。依据《劳动合同法》相关规定，有下列情形之一，劳动者提出或者同意续订、订立劳动合同的，除劳动者提出订立固定期限期劳动合同外，应当订立无固定期限劳动合同：①劳动者在该用人单位连续工作满 10 年的；②用人单位初次实行劳动合同制度或者国有企业改制重新订立劳动合同，劳动者在该用人单位连续工作满 10 年且距法定退休年龄不足 10 年的；③连续订立 2 次固定期限劳动合同，且劳动者没有《劳动合同法》规定的情形，续订劳动合同的；④用人单位自用工之日起满 1 年不与劳动者订立书面劳动合同的，视为用人单位与劳动者已订立无固定期限劳动合同。

3. 以完成一定工作任务为期限的劳动合同

这一类劳动合同是指用人单位与劳动者约定以某项工作的完成为合同期限的劳动合同。它一般适用于建筑业、临时性、季节性的工作或由于工作性质可以采取此种合同期限的工作岗位。

4. 特殊的劳动合同

特殊的劳动合同是指在非正常情况下，依照《劳动合同法》的特别规定而订立的劳动合同，它的形成条件和一般的劳动合同不同，特殊的劳动合同包括两种：劳务派遣合同和非全日制劳动合同。

5. 集体合同

集体合同是在工会的帮助和指导下，企业职工一方与用人单位通过平等协商，就劳动报酬、工作时间、休息休假、劳动安全卫生、保险福利等事项订立的合同。企业职工一方与用人单位也可以订立劳动安全卫生、女职工权益保护、工资调整机制等专项集体合同。在县级以下区域内，建筑业、采矿业、餐饮服务业等行业可以由工会与企业方面代表订立行业性集体合同，或者订立区域性集体合同。集体合同草案应当提交职工代表大会或者全体职工讨论通过。集体合同由工会代表企业职工一方与用人单位订立；尚未建立工会的用人单位，由上级工会指导劳动者推举的代表与用人单位订立。

集体合同订立后，应当报送劳动行政部门；劳动行政部门自收到集体合同文本之日起 15 日内未提出异议的，集体合同即行生效。依法订立的集体合同对用人单位和劳动者具有约束力。行业性、区域性集体合同对当地本行业、本区域的用人单位和劳动者具有约束力。

集体合同中劳动报酬和劳动条件等标准不得低于当地人民政府规定的最低标准；

用人单位与劳动者订立的劳动合同中劳动报酬和劳动条件等标准不得低于集体合同规定的标准。用人单位违反集体合同，侵犯职工劳动权益的，工会可以依法要求用人单位承担责任；因履行集体合同发生争议，经协商解决不成的，工会可以依法申请仲裁、提起诉讼。

二、劳动合同的订立

（一）劳动合同的订立

1. 订立原则

劳动合同订立是指双方当事人协商一致，以书面形式确定双方权利、义务及责任，确立劳动关系的法律行为。

订立劳动合同，应当遵循合法、公平、平等自愿、协商一致、诚实信用的原则。依法订立的劳动合同具有约束力，用人单位与劳动者应当履行劳动合同约定的义务。

2. 劳动合同订立的主体

（1）主体的资格要求。劳动者需年满 16 周岁（文艺、体育、特种工艺单位录用人员可以除外），有劳动权利能力和劳动行为能力。

用人单位有用人权利能力和行为能力。分支机构，依法取得营业执照或者登记证书的，可以作为用人单位与劳动者签订合同；未依法取得营业执照或者登记证书的，受用人单位委托可以与劳动者签订劳动合同。

（2）订立主体的义务。订立主体有如下义务：①用人单位的告知义务。用人单位招用劳动者时有如实告知的义务，包括工作内容、工作条件、工作地点、职业危害、安全生产状况、劳动报酬，以及劳动者要求了解的其他情况。不得扣押劳动者的居民身份证和其他证件，不得要求劳动者提供担保或者以其他名义向劳动者收取财物。扣押证件的责令限期退还并依法给予处罚。要求担保或收取财物的，责令限期退还，并处每人 500 元以上 2000 元以下标准的罚款，造成损害的应当承担赔偿责任。②劳动者的说明义务。用人单位有权了解劳动者与劳动合同直接相关的基本情况，劳动者应如实说明。

（二）劳动合同订立的形式

用人单位自用工之日起即与劳动者建立劳动关系。建立劳动关系，应订立书面劳动合同。用人单位未在用工的同时订立书面劳动合同，与劳动者约定劳动报酬不明确的，新招用的劳动者的劳动报酬按照集体合同规定的标准执行；没有集体合同或者集体合同未规定的，实行同工同酬。

对已建立劳动关系，未同时订立合同的，应自用工之日起 1 个月内订立书面合同。用人单位与劳动者在用工前订立劳动合同的，劳动关系自用工之日起建立。

未订立劳动合同的情况下用工的法律效力如下。

（1）用人单位自用工之日起超过 1 个月不满 1 年未与劳动者订立书面劳动合同的，应当向劳动者每月支付 2 倍的工资，并与劳动者补订书面劳动合同。

用人单位向劳动者每月支付 2 倍工资的起算时间为用工之日起满 1 个月的次日，截止时间为补订书面劳动合同的前 1 日。

（2）非全日制用工双方当事人可以订立口头协议。

非全日制用工，是指以小时计酬为主，劳动者在同一用人单位一般平均每日工作时间不超过 4 小时，每周工作时间累计不超过 24 小时的用工形式。

从事非全日制用工的劳动者可以与一个或者一个以上用人单位订立劳动合同；但是，后订立的劳动合同不得影响先订立的劳动合同的履行。非全日制用工双方当事人不得约定试用期。非全日制用工双方当事人任何一方都可以随时通知对方终止用工。终止用工，用人单位不向劳动者支付经济补偿。非全日制用工小时计酬标准不得低于用人单位所在地人民政府规定的最低小时工资标准。非全日制用工劳动报酬结算支付周期最长不得超过 15 日。

（三）劳动合同的内容

劳动合同的内容是劳动者与用人单位在平等协商基础上就双方的权利义务达成的具体条款，即为劳动合同的条款。一般分为必备条款和选择条款。

1. 必备条款

必备条款是法律规定的劳动合同必须具备的条款。根据《劳动合同法》规定，劳动合同应当具备以下条款：①用人单位的名称、住所和法定代表人或者主要负责人；②劳动者的姓名、住址和居民身份证或者其他有效身份证件号码；③劳动合同期限；④工作内容和工作地点；⑤工作时间和休息休假；⑥劳动报酬；⑦社会保险；⑧劳动保护、劳动条件和职业危害防护；⑨法律、法规规定应当纳入劳动合同的其他事项。

2. 选择条款

除必备条款外，劳动合同中可约定选择条款，由当事人根据意愿选择是否在合同中约定。用人单位与劳动者可以约定试用期、培训、保守秘密、补充保险和福利待遇等其他事项。

（四）劳动合同的约定条款

1. 试用期

关于试用期的期限和工资，劳动合同法有如下强制性规定。

（1）试用期期限的强制规定。同一用人单位与同一劳动者只能约定一次试用期；劳动合同期限 3 个月以上不满 1 年的，试用期不得超过 1 个月；劳动合同期限 1 年以上不满 3 年的，试用期不得超过 2 个月；3 年以上固定期限和无固定期限的劳动合同，试用期不得超过 6 个月。试用期结束后，不管是在劳动合同期限内，还是劳动合同续订，用人单位不得再约定试用期；劳动合同续订或者劳动合同终止后一段时间又招用的，不得再约定试用期；以完成一定工作任务为期限的劳动合同或者劳动合同期限不满 3 个月的，不约定试用期；试用期包含在劳动合同期限内。劳动合同仅约定试用期的，试用期不成立，该期限为劳动合同期限。违反规定的，责令改正；违法约定的试用期已经履行的，由用人单位以劳动者试用期满月工资为标准，按已经履行的超过法定试用期的期间向劳动者支付赔偿金。

（2）试用期工资的强制性规定。劳动者在试用期工资不得低于本单位相同岗位最低档工资或者劳动合同约定的 80%，并不得低于用人单位所在地的最低工资标准。该劳动合同约定工资指试用期满后的工资。

（3）试用期内劳动合同的解除。按照《劳动合同法》相关规定，劳动者有下列情形的，用人单位可以解除劳动合同：①劳动者在试用期间被证明不符合录用条件的；②劳动者严重违反用人单位的规章制度的；③劳动者严重失职，营私舞弊，给用人单位造成重大损害的；④劳动者同时与其他用人单位建立劳动关系，对完成本单位的工作任务造成严重影响，或者经用人单位提出，拒不改正的；⑤劳动者以欺诈、胁迫的手段或者乘人之危，使用人单位在违背真实意思的情况下订立或者变更劳动合同的；⑥劳动者被依法追究刑事责任的；⑦劳动者患病或者非因工负伤，在规定的医疗期满后不能从事原工作，也不能从事由用人单位另行安排的工作的；⑧劳动者不能胜任工作，经过培训或者调整工作岗位，仍不能胜任工作的。劳动者在试用期内提前 3 日通知用人单位，可以解除劳动合同。

2. 服务期

服务期是指劳动者因享受用人单位给予的特殊待遇而作出的劳动履行期限承诺。《劳动合同法》第 22 条规定："用人单位为劳动者提供专项培训费用，对其进行专业技术培训的，可以与该劳动者订立协议，约定服务期。"培训费包括有凭证的专业技术培训费用、培训期的差旅费及因培训产生的其他直接费用。服务期一般长于劳动合同期限。合同期满但约定的服务期尚未到期的，劳动合同应当延续至服务期满。另有约定的，从其约定。

（1）劳动者违反服务期的违约责任。劳动者违反服务期约定的，应当按照约定向用人单位支付违约金。违约金的数额不得超过用人单位提供的培训费用。对已经履行部分期限的，违约金不得超过服务期尚未履行部分所应分摊的培训费用。用人单位与劳动者约定服务期的，不影响按照正常的工资调整机制提高劳动者在服务期期间的劳动报酬。如果用人单位没有对劳动者培训出资，则无权要求劳动者按约定承担违约责任。缺乏支付凭证的，也不能要求劳动者承担违约责任。

（2）劳动者解除劳动合同不属于违反服务期约定的情形。主要情形如下：①用人单位未按照劳动合同约定提供劳动保护或者劳动条件的；②用人单位未及时足额支付劳动报酬的；③用人单位未依法为劳动者缴纳社会保险的；④用人单位的规章制度违反法律、法规的规定，损害劳动者权益的；⑤用人单位以欺诈、胁迫的手段或者乘人之危，使劳动者在违背真实意思的情况下，订立或者变更劳动合同的；⑥用人单位在劳动合同中免除自己的法定责任、排除劳动者权利的；⑦用人单位违反法律、行政法规强制性规定的；⑧法律、行政法规规定劳动者可以解除劳动合同的其他情形。

3. 保守商业秘密和竞业限制

（1）约定在解除或者终止劳动合同后，用人单位要在竞业限制期限内按月给予劳动者经济补偿，否则竞业限制条款无效。劳动者违反竞业限制约定的，应当按照约定向用人单位支付违约金。

（2）竞业限制的人员限于用人单位的高级管理人员、高级技术人员和其他负有保密义务的人员。竞业限制的范围、地域、期限由用人单位与劳动者约定，竞业限制的约定不得违反法律、法规的规定。

（3）在解除或者终止劳动合同后，从事同类业务的竞业限制期限不得超过 2 年。劳动者违反劳动合同中约定的保密义务或者竞业限制，给用人单位造成损失的，应当承担赔偿责任。

（五）劳动合同的效力

劳动合同依法成立，即具有法律效力，对双方当事人都有约束力，双方必须履行劳动合同中规定的义务。

1. 劳动合同的成立和生效

就合同理论而言，合同产生于其订立主体之间的合意，合同签订方就合同内容达成了一致意见，并自愿受其约束，合同即成立。《劳动法》第 16 条规定：“劳动合同是劳动者与用人单位确立劳动关系、明确双方权利和义务的协议。建立劳动关系应当订立劳动合同。”劳动合同应当以书面形式订立。有人将之理解为，劳动合同成立是劳动关系建立的前提，没有书面劳动合同，劳动合同不成立，即使建立了劳动关系也是无效的。这种理解已被《劳动合同法》纠正。

在实践中，劳动合同的订立和劳动关系的建立可以有三种情况：一是先签订书面劳动合同，后建立劳动关系；二是签订书面劳动合同和建立劳动关系同时发生；三是先建立劳动关系，后订立书面合同。

第一种情况下，在订立合同和开始履行劳动义务之间一般来说有一个时间间隔，这种情况下，劳动合同已经成立，劳动关系尚未建立；第二种情况虽然是理想化的，在签订劳动合同后，劳动者立即上岗工作，但实践中这种情况却是不多见的；第三种情况虽然有失规范，因为《劳动法》规定，建立劳动关系应当订立劳动合同，但是实践中这种情况却是常见的。

2. 劳动合同的无效

劳动合同的无效是指劳动合同因缺乏法律规定的条件而不具备约束力，劳动合同的无效可以分为全部无效和部分无效。

我国《劳动合同法》第 26 条规定:“下列劳动合同无效或者部分无效:①以欺诈、胁迫的手段或者乘人之危,使对方在违背真实意思的情况下订立或者变更劳动合同的;②用人单位免除自己的法定责任、排除劳动者权利的;③违反法律、行政法规强制性规定的。对劳动合同的无效或者部分无效有争议的,由劳动争议仲裁机构或者人民法院确认。”劳动合同部分无效,不影响其他部分效力的,其他部分仍然有效。

由于在劳动关系中,劳动者一方以提供劳动作为合同的给付内容,劳动一旦付出后,无法恢复到原状。因此《劳动合同法》第 28 条规定:“劳动合同被确认无效,劳动者已付出劳动的,用人单位应当向劳动者支付劳动报酬。劳动报酬的数额,参照本单位相同或者相近岗位劳动者的劳动报酬确定。”

三、关于劳务派遣与劳务派遣合同的特别规定

劳务派遣又称人才派遣、人才租赁、劳动派遣,是指由劳务派遣机构根据用工单位的实际需要,招聘合格人员,并将其派遣到用工单位的一种用工方式,其特点是“招人不用人”“用人不招人”,即劳务派遣机构与派遣劳工订立劳动合同,由要派企业(实际用工单位)向派遣劳工给付劳务报酬,劳动合同关系存在于劳务派遣机构与派遣劳工之间,但劳动力给付的事实则发生于派遣劳工与要派企业(实际用工单位)之间。劳务派遣最显著的特征是劳动力的雇用和使用分离,即劳动者与用工单位不是劳动关系,而是与另一家人才中介等专门单位形成劳动关系。按照《劳动合同法》规定,劳务派遣只能在临时性、辅助性或者替代性的工作岗位上实施。

近些年,相当多的企业甚至包括部分大型国企,为降低用工成本,大量使用劳务派遣工,还有一些单位先与本单位部分或大部分劳动者解除劳动合同后,让这些解除劳动合同的劳动者再与本单位指定的某一劳务派遣机构重新订立劳动合同,然后由该派遣机构将这些劳动者再派回本单位继续工作,而用工单位可以大幅度压低劳动者的工资,降低或者取消劳动者的社会保障。劳动者由于我国长期存在的劳动力市场供过于求的局面,在与企业的关系中处于弱势地位,不得不接受苛刻的就业条件,但也产生了大量的社会矛盾。为保护劳动者合法权益,《劳动合同法》专门作出如下规定。

1. 对经营劳务派遣业务资格的限制

根据《劳动合同法》规定,经营劳务派遣业务应当具备下列条件:①注册资本不得少于 200 万元;②有与开展业务相适应的固定的经营场所和设施;③有符合法律、行政法规规定的劳务派遣管理制度;④法律、行政法规规定的其他条件。经营劳务派遣业务,应当向劳动行政部门依法申请行政许可;经许可的,依法办理相应的公司登记。未经许可,任何单位和个人不得经营劳务派遣业务。劳务派遣单位和用工单位不得向被派遣劳动者收取费用。用人单位不得设立劳务派遣单位向本单位或者所属单位派遣劳动者。

2. 必须同工同酬

根据《劳动合同法》规定，被派遣劳动者享有与用工单位的劳动者同工同酬的权利。用工单位应当按照同工同酬原则，对被派遣劳动者与本单位同类岗位的劳动者实行相同的劳动报酬分配办法。用工单位无同类岗位劳动者的，参照用工单位所在地相同或者相近岗位劳动者的劳动报酬确定。劳务派遣单位与被派遣劳动者订立的劳动合同和与用工单位订立的劳动派遣协议，载明或者约定的向被派遣劳动者支付劳动报酬应当符合上述规定。

3. 劳务派遣用工是辅助形式，必须符合“三性”原则

根据《劳动合同法》规定，劳动合同用工是我国的企业基本用工形式。劳务派遣用工是补充形式，只能在临时性、辅助性或者替代性的工作岗位上实施。临时性工作岗位是指存续时间不超过6个月的岗位；辅助性工作岗位是指为主营业务岗位提供服务的非主营业务岗位；替代性工作岗位是指用工单位的劳动者因脱产学习、休假等原因无法工作的一定期间内，可以由其他劳动者替代工作的岗位。用工单位应严格控制劳务派遣用工数量，不得超过其用工总量的一定比例，具体比例由国务院劳动行政部门规定。

4. 违反劳务派遣规定的法律责任

根据《劳动合同法》规定，违反《劳动合同法》规定，未经许可，擅自经营劳务派遣业务的，由劳动行政部门责令停止违法行为，没收违法所得，并处违法所得1倍以上5倍以下的罚款；没有违法所得的，可以处5万元以下的罚款。劳务派遣单位、用工单位违反《劳动合同法》有关劳务派遣规定，由劳动行政部门责令限期改正，逾期不改正的，以每人5000元以上1万元以下的标准处以罚款，对劳务派遣单位，吊销其劳务派遣业务经营许可证。用工单位给被派遣劳动者造成损害的，劳务派遣单位与用工单位承担连带赔偿责任。

四、劳动合同的履行、变更、解除和终止

（一）劳动合同的履行

劳动合同的履行，是指劳动合同的双方当事人按照劳动合同规定，完成自己所承担的义务的行为。依法订立的劳动合同具有约束力，用人单位与劳动者应当按照劳动合同的约定，全面履行各自的义务。《劳动合同法》第30条规定：“用人单位应当按照劳动合同约定和国家规定，向劳动者及时足额支付劳动报酬。用人单位拖欠或者未足额支付劳动报酬的，劳动者可以依法向当地人民法院申请支付令，人民法院应当依法发出支付令。”

（二）劳动合同的变更

劳动合同的变更是指合同当事人双方或单方依法或按照双方的意愿，修复或补充

劳动合同条款的行为。它发生在劳动合同依法订立后尚未履行或尚未全部履行期间，是对劳动合同所约定的权利和义务的改变。《劳动合同法》第 35 条规定：“用人单位与劳动者协商一致，可以变更劳动合同约定的内容。变更劳动合同，应当采用书面形式。变更后的劳动合同文本由用人单位和劳动者各执一份。”用人单位变更名称、法定代表人、主要负责人或者投资人等事项，不影响劳动合同的履行。用人单位发生合并或者分立等情况，原劳动合同继续有效，劳动合同由承继其权利和义务的用人单位继续履行。

（三）劳动合同的解除

劳动合同的解除，是指在劳动合同期满之前终止劳动合同关系的法律行为。

1. 协议解除

劳动合同经双方当事人协商一致解除原来的劳动合同。《劳动合同法》第 36 条规定：“用人单位与劳动者协商一致，可以解除劳动合同。”

2. 劳动者单方解除

劳动者单方解除即具备法律规定的条件时，劳动者享有单方解除权，无须双方协商达成一致意见，也无须征得用人单位的同意。劳动者单方解除劳动合同有以下两种情况。

第一，劳动者对劳动合同的预告解除，劳动者需要提前通知用人单位，按照法律规定的要求和程序解除合同。《劳动合同法》第 37 条规定：“劳动者提前 30 日以书面形式通知用人单位，可以解除劳动合同。劳动者在试用期内提前 3 日通知用人单位，可以解除劳动合同。”劳动者无须说明任何法定事由，只需履行预先书面告之用人单位的义务即可解除劳动合同。按照法律的规定，预告解除包括两种：首先是试用期间劳动者对劳动合同的解除，试用期间是劳动者和用人单位互相考察和适应的期间，这段时间内劳动关系处于不稳定状态，特别是对劳动者而言，如果不愿意在用人单位继续工作，只要提前三天通知用人单位，就可以解除劳动合同。这种解除方式没有法定的理由限制，因此劳动者也不需要说明理由。提前 3 日通知用人单位是为了给予用人单位时间招聘替代劳动者，而不是用人单位的审批时间。其次是正式合同期内劳动者对劳动合同的解除。劳动者单方面解除劳动合同的权利常被称为辞职权，如果劳动者不愿意在用人单位继续工作，无论是签订了固定期限合同，还是签订的无固定期限合同，劳动者均可以依照《劳动合同法》的规定，提前 30 日以书面形式通知用人单位，可以解除劳动合同。

第二，劳动者对劳动合同的即时解除，即劳动者在法律规定的条件下，不提前通知用人单位就可以单方面解除劳动合同，终止劳动合同的法定约束力。之所以这样规定，是因为这种解除权下的情况是用人单位违反了法律法规对劳动者权益的保护，有违法事实的存在。根据《劳动合同法》规定，用人单位有下列情形之一的，劳动者可以解除劳动合同：①未按照劳动合同约定提供劳动保护或者劳动条件的；②未及时足额支付劳动报酬的；③未依法为劳动者缴纳社会保险费的；④用人单位的规章制度违反法律、法规的规定，损害劳动者权益的；⑤因以欺诈、威胁的手段或者乘人之危，使对方在违背真实意思的情况下订立或变更劳动合同的情形致使劳动合同无效的；⑥法律、行政法规规定劳动者可以解除劳动合同的其他情形。用人单位以暴力、威胁或者非法限制人身自由的手段强迫劳动者劳动的或者用人单位违章指挥、强令冒险作业危及劳动者人身安全的，劳动者可以立即解除劳动合同，不需事先告知用人单位。

上述①至⑥项的解除，虽然劳动者有单方面的解除权，但是在其行使这一权利时，有通知用人单位的义务，即明确告知用人单位基于以上的理由解除劳动合同。

3. 用人单位单方解除

用人单位单方解除即具备法律规定的条件时，用人单位享有单方解除权，无须双方协商达成一致意见。用人单位单方解除劳动合同有三种情况。

第一，用人单位对劳动合同的即时解除，这种解除权的适用范围主要是针对劳动者有过错的情况下，用人单位不提前预告劳动者，就解除与其之间的劳动关系，根据《劳动合同法》规定，劳动者有下列情形之一的，用人单位可以解除劳动合同：①在试用期间被证明不符合录用条件的；②严重违反用人单位的规章制度的；③严重失职，营私舞弊，给用人单位造成重大损害的；④劳动者同时与其他用人单位建立劳动关系，对完成本单位的工作任务造成严重影响，或者经用人单位提出，拒不改正的；⑤因违反《劳动合同法》的部分规定致使劳动合同无效的；⑥被依法追究刑事责任的。

第二，用人单位对劳动合同的预告解除，是指用人单位按照法律规定的期限预告劳动者，或者以额外支付劳动者工资的代替方式来解除劳动合同，适用于此种情形的主要原因是劳动过程中劳动能力发生变化或者是合同订立所依据的客观情况发生变化。《劳动合同法》第 40 条规定：“有下列情形之一的，用人单位提前 30 日以书面形式通知劳动者本人或者额外支付劳动者一个月工资后，可以解除劳动合同：①劳动者患病或者非因工负伤，在规定的医疗期满后不能从事原工作，也不能从事由用人单位另行安排的工作的；②劳动者不能胜任工作，经过培训或者调整工作岗位，仍不能胜任工作的；③劳动合同订立时所依据的客观情况发生重大变化，致使劳动合同无法履行，经用人单位与劳动者协商，未能就变更劳动合同内容达成协议的。”

第三，用人单位的经济性裁员，是指用人单位濒临破产进行法定整顿期间或者生产经营状况发生严重困难，用人单位为改善生产经营状况而辞退部分劳动者。用人单位应承担向劳动者支付经济补偿的义务。根据《劳动合同法》规定，有下列情形之一的，需要裁减人员 20 人以上或者裁减不足 20 人但占企业职工总数 10% 以上的，用人单位提前 30 日向工会或者全体职工说明情况，听取工会或者职工的意见后，裁减人员方案经向劳动行政部门报告，可以裁减人员：①依照《企业破产法》规定进行重整的；②生产经营发生严重困难的；③企业转产、重大技术革新或者经营方式调整，经变更劳动合同后，仍需裁减人员的；④其他因劳动合同订立时所依据的客观经济情况发生重大变化，致使劳动合同无法履行的。用人单位依照前述规定裁减人员，在6个月内重新招用人员的，应当通知被裁减的人员，并在同等条件下优先招用被裁减的人员。

4. 用人单位不得解除劳动合同

根据《劳动合同法》规定，劳动者有下列情形之一的，用人单位不得依照《劳动合同法》的部分规定解除劳动合同：①从事接触职业病危害作业的劳动者未进行离岗前职业健康检查，或者疑似职业病病人在诊断或者医学观察期间的；②在本单位患职业病或者因工负伤并被确认丧失或者部分丧失劳动能力的；③患病或者非因工负伤，在规定的医疗期内的；④女职工在孕期、产期、哺乳期的；⑤在本单位连续工作满15年，且距法定退休年龄不足5年的；⑥法律、行政法规规定的其他情形。对依据《劳动合同法》相关规定解除或终止劳动合同的，应当给予经济补偿。另外，《劳动合同法》第47条规定："经济补偿按劳动者在本单位工作的年限，每满1年支付1个月工资的标准向劳动者支付。6个月以上不满1年的，按1年计算；不满6个月的，向劳动者支付半个月工资的经济补偿。"

（四）劳动合同的终止

合同的终止是合同效力的丧失。在民事合同中，合同双方当事人可以约定合同的终止条件，在《劳动法》中也有同样的规定。但在实施中发现，一些用人单位随意与劳动者约定劳动合同终止条件，并据此终止劳动合同，使无固定期限劳动合同提前解除，不能真正起到维护劳动者就业稳定权益的作用；同时，对于劳动者退休、死亡或者用人单位破产等情形下，劳动合同如何处理，法律没有作出规定。为了更好地维护劳动者合法权益，《劳动合同法》调整了《劳动法》关于劳动合同终止的规定内容：一是取消了劳动合同的约定终止，规定劳动合同只能因法定情形出现而终止。当事人不得约定劳动合同终止条件；即使约定了终止条件，该约定也无效。二是增加了劳动合同的法定终止情形。依照《劳动合同法》的相关规定，有下列情形之一的，劳动合同终止。

（1）劳动合同期满的。依照《劳动合同法》的规定，劳动合同期满，有《劳动合同法》规定情形之一的，劳动合同应当延续至相应的情形消失时终止。但是，《劳动合同法》规定丧失或部分丧失劳动能力劳动者的劳动合同的终止，按照国家有关工伤保险的规定执行。

（2）劳动者开始依法享受基本养老保险待遇的。达到退休年龄的劳动者依法按照规定可以享受社会保险待遇的，劳动者应该退出工作岗位。但是生活中有不少劳动者属于返聘人员，其和用人单位之间的法律关系性质，法律上没有明确的说法。

（3）劳动者死亡，或者被人民法院宣告死亡或者宣告失踪的。这时候，劳动者的主体资格消灭或者视同为消灭，劳动合同约定的权利义务无法执行，合同终止。

（4）用人单位被依法宣告破产的。

（5）用人单位被吊销营业执照、责令关闭、撤销或者用人单位决定提前解散的。

（6）法律、行政法规规定的其他情形。

第三节　劳动争议解决机制

劳动争议又称劳动纠纷，是指劳动合同双方当事人因订立、履行、变更、解除或终止劳动合同、集体合同发生的争执。我国《劳动法》第 77 条第 1 款规定："用人单位与劳动者发生劳动争议，当事人可以依法申请调解、仲裁、提起诉讼，也可以协商解决。"《中华人民共和国劳动争议调解仲裁法》（以下简称《劳动争议调解仲裁法》）第 4 条和第 5 条规定："发生劳动争议，劳动者可以与用人单位协商，也可以请工会或者第三方共同与用人单位协商，达成和解协议。发生劳动争议，当事人不愿协商、协商不成或者达成和解协议后不履行的，可以向调解组织申请调解；不愿调解、调解不成或者达成调解协议后不履行的，可以向劳动争议仲裁委员会申请仲裁；对仲裁裁决不服的，除本法另有规定的外，可以向人民法院提起诉讼。"根据这一规定，我国劳动争议的解决方式主要有协商、调解、仲裁和诉讼，其中在劳动争议处理制度的模式选择上，我国采取的是一调、一裁、两审的处理模式，即协商不成调解，调解不成可申请劳动争议仲裁委员会仲裁裁决，对仲裁裁决不服，可向人民法院提起诉讼，人民法院实行两审终审。

一、协商与调解程序

（一）协商程序

发生劳动争议，劳动者可以与用人单位协商，也可以请工会或者第三方共同与用人单位协商，达成和解协议。协商程序的前提是双方自愿，如果一方不愿意协商或协商失败，可以选择其他程序。协商不是处理劳动争议的必经程序，当事人不愿协商或协商不成，可以向本单位劳动争议调解委员会申请调解或向劳动争议仲裁委员会申请仲裁。协商所达成的协议无法律约束力。

（二）调解程序

解决劳动争议，应当根据事实，遵循合法、公正、及时、着重调解的原则，依法保护当事人的合法权益。发生劳动争议，当事人对自己提出的主张，有针对地提供证据。与争议事项有关的证据属于用人单位掌握管理的，用人单位应当提供。用人单位不提供的，应当承担不利后果。调解不是劳动争议处理的必经程序。调解委员会调解劳动争议，一般应按照下列程序进行。

1. 当事人申请

调解可以书面申请，也可以口头申请。口头申请的，调解组织应当当场记录申请人的基本情况，申请调解的争议事项、理由和时间。

2. 调解

调解方应当充分听取双方当事人对事实和理由的陈述，耐心疏导，帮助其达成协议。

3. 调解协议书

经调解达成协议的，应当制作调解协议书。调解协议书由双方当事人签名或者盖章，经调解员签名并加盖调解组织印章后生效，对双方当事人具有约束力。当事人应当履行。自劳动争议调解组织收到调解申请之日起 15 日内未达成调解协议的，当事人可以依法申请仲裁。达成调解协议后，一方当事人在协议约定期限内不履行调解协议的，另一方当事人可以依法申请仲裁。因支付拖欠劳动报酬、工伤医疗费、经济补偿或者赔偿金事项达成调解协议，用人单位在协议约定期限内不履行的，劳动者可以持调解协议书依法向人民法院申请支付令。人民法院应当依法发出支付令。

二、仲裁与诉讼程序

（一）仲裁程序

除《劳动争议调解仲裁法》另有规定的以外，仲裁是法定的必经程序，劳动争议案件，必须经过仲裁委员会的仲裁，否则，人民法院不予受理。也就是说，我国处理劳动争议采取“仲裁前置”的原则。

劳动争议申请仲裁的时效期间为 1 年。仲裁时效期间从当事人知道或者应当知道其权利被侵害之日起计算。仲裁时效因当事人一方向对方当事人主张权利，或者向有关部门请求权利救济，或者对方当事人同意履行义务而中断。从中断时起，仲裁时效期间重新计算。因不可抗力或者有其他正当理由，当事人不能在《劳动争议调解仲裁法》规定的仲裁时效期间申请仲裁的，仲裁时效中止。从中止时效的原因消除之日起，仲裁时效期间继续计算。劳动关系存续期间因拖欠劳动报酬发生争议的，劳动者申请仲裁不受《劳动争议调解仲裁法》规定的仲裁时效期间的限制；但是，劳动关系终止的，应当自劳动关系终止之日起 1 年内提出。

劳动争议仲裁的提起，可以分为两种情况：①调解组织到期未调解成功的劳动争议，在法定期内，当事人可以申请仲裁；②当事人可以直接向仲裁委员会申请仲裁，即劳动争议双方任何一方当事人，可以不经过调解组织的调解；也可以在劳动争议仲裁委员会调解建议下不愿调解，进入仲裁程序。仲裁包括以下程序。

1. 申请

劳动争议发生后，当事人任何一方都可以直接向劳动争议仲裁委员会申请仲裁。

申请仲裁应当提交书面仲裁申请，并按照被申请人人数提交副本。

2. 受理

劳动争议仲裁委员会收到仲裁申请之日起 5 日内，认为符合受理条件的，应当受理，并通知申请人；认为不符合受理条件的，应当书面通知申请人不予受理，并说明理由。对劳动争议仲裁委员会不予受理或者逾期未作出决定的，申请人可以就该劳动争议事项向人民法院提起诉讼。

劳动争议仲裁委员会受理仲裁申请后，应当在 5 日内将仲裁申请书副本送达被申请人。被申请人收到仲裁申请书副本后，应当在 10 日内向劳动争议仲裁委员会提交答辩书。劳动争议仲裁委员会收到答辩书后，应当在 5 日内将答辩书副本送达申请人。被申请人未提交答辩书的，不影响仲裁程序的进行。

3. 开庭和裁决

（1）审理准备。

①公开仲裁制度。劳动争议仲裁公开进行，但当事人协议不公开进行或者涉及国家秘密、商业秘密和个人隐私的除外。

②仲裁庭制度。劳动争议仲裁委员会裁决劳动争议案件实行仲裁庭制。仲裁庭由 3 名仲裁员组成，设首席仲裁员。简单劳动争议案件可以由 1 名仲裁员独任仲裁。

③回避制。劳动争议仲裁委员会应当在受理仲裁申请之日起 5 日内将仲裁庭的组成情况书面通知当事人。有下列情形之一的，仲裁员应当回避，当事人也有权以口头或者书面方式提出回避申请：a. 是本案当事人或者当事人、代理人的近亲属的；b. 本案有利害关系的；c. 与本案当事人、代理人有其他关系，可能影响公正裁决的；d. 私自会见当事人、代理人，或者接受当事人、代理人的请客送礼的。劳动争议仲裁委员会对回避申请应当及时作出决定，并以口头或者书面方式通知当事人。

（2）审理。仲裁庭应当在开庭 5 日前，将开庭日期、地点书面通知双方当事人。当事人有正当理由的，可以在开庭 3 日前请求延期开庭。是否延期，由劳动争议仲裁委员会决定。申请人收到书面通知，无正当理由拒不到庭或者未经仲裁庭同意中途退庭的，可以视为撤回仲裁申请。被申请人收到书面通知，无正当理由拒不到庭或者未经仲裁庭同意中途退庭的，可以缺席裁决。

仲裁庭对专门性问题认为需要鉴定的，可以交由当事人约定的鉴定机构鉴定；当事人没有约定或者无法达成约定的，由仲裁庭指定的鉴定机构鉴定。根据当事人的请求或者仲裁庭的要求，鉴定机构应当派鉴定人参加开庭。当事人经仲裁庭许可，可以向鉴定人提问。

当事人在仲裁过程中有权进行质证和辩论。质证和辩论终结时，首席仲裁员或者独任仲裁员应当征询当事人的最后意见。仲裁庭应当将开庭情况记入笔录。当事人和其他仲裁参加人认为对自己陈述的记录有遗漏或者差错的，有权申请补正。如果不予补正，应当记录该申请。笔录由仲裁员、记录人员、当事人和其他仲裁参加人员签名或者盖章。

当事人申请劳动争议仲裁后，可以自行和解。达成和解协议的，可以撤回仲裁申请。仲裁庭在作出裁决前，应当先行调解。调解达成协议的，仲裁庭应当制作调解书。调解书应当写明仲裁请求和当事人协议的结果。调解书由仲裁员签名，加盖劳动争议仲裁委员会印章，送达双方当事人。调解书经双方当事人签收后，发生法律效力。调解不成或者调解书送达前，一方当事人反悔的，仲裁庭应当及时作出裁决。

（3）审理期限。仲裁庭裁决劳动争议案件，应当自劳动争议仲裁委员会受理仲裁申请之日起 45 日内结束。案情复杂需要延期的，经劳动争议仲裁委员会主任批准，可以延期并书面通知当事人，但是延长期限不得超过 15 日。逾期未作出仲裁裁决的，当事人可以就该劳动争议事项向人民法院提起诉讼。仲裁庭裁决劳动争议案件时，其中一部分事实已经清楚，可以就该部分先行裁决。

（4）裁决书。裁决应当按照多数仲裁员的意见作出，少数仲裁员的不同意见应当记入笔录。仲裁庭不能形成多数意见时，裁决应当按照首席仲裁员的意见作出。裁决书应当载明仲裁请求、争议事实、裁决理由、裁决结果和裁决日期。裁决书由仲裁员签名，加盖劳动争议仲裁委员会印章。对裁决持不同意见的仲裁员，可以签名，也可以不签名。

当事人对仲裁裁决不服的，可以自收到仲裁裁决书之日起 15 日内向人民法院提起诉讼；期满不起诉的，裁决书发生法律效力，当事人应当依照规定的期限履行。一方当事人逾期不履行的，另一方当事人可以依照《民事诉讼法》的有关规定向人民法院申请执行。受理申请的人民法院应当依法执行。但是有些劳动争议，除《劳动争议调解仲裁法》另有规定的外，仲裁裁决为终局裁决，裁决书自作出之日起发生法律效力：①追索劳动报酬、工伤医疗费、经济补偿或者赔偿金，不超过当地月最低工资标准 12 个月金额的争议；②因执行国家的劳动标准在工作时间、休息休假、社会保险等方面发生的争议。

（二）诉讼程序

劳动争议处理中的诉讼程序不是必经程序，只有劳动争议当事人一方或双方均不服劳动争议仲裁委员会作出的仲裁裁决，在裁决作出 15 日内向人民法院提起诉讼，该程序才可能启动。除法律另有规定外，劳动争议仲裁程序是诉讼程序的前置和必经程序。

劳动争议案件由用人单位所在地或劳动合同履行地的基层人民法院管辖。劳动争议案件的审理由人民法院的民事审判庭具体负责，与一般民事案件的审理程序相同，依照《民事诉讼法》规定的诉讼程序进行审理。

劳动争议诉讼中的最大量是欠薪问题。薪金是广大劳动者的最主要收入，恶意欠薪行为不仅侵犯了公民的财产权利，还可能威胁到劳动者的基本生活权。近些年这类情况日益严重，危害程度达到了民法所不能调控的程度，必须给予刑事处罚。依照《刑法》相关规定，以转移财产、逃匿等方法逃避支付劳动者的劳动报酬或者有能力支付而不支付劳动者的劳动报酬，数额较大，经政府有关部门责令支付仍不支付的，处3年以下有期徒刑或者拘役，并处或者单处罚金；造成严重后果的，处3年以上7年以下有期徒刑，并处罚金。

思考题

1. 简述劳动法的适用范围和劳动法律关系。
2. 简述劳动合同的种类与订立劳动合同的原则。
3. 《劳动合同法》对劳动合同的解除和终止有哪些规定？
4. 简述劳动合同的主要内容。
5. 解决劳动争议有哪些途径？

案例分析题

[案例11-1] 2024年5月，保姆甲通过哈尔滨市南岗区保姆中介所介绍，为哈尔滨市南岗区一户人家提供家政服务。2024年9月1日，甲在雇主家擦玻璃时，不慎失足从5楼摔了下去，医院诊断为：脾脏破裂，腰椎粉碎性骨折。医院立即实施手术，甲的脾脏被切除，雇主为此支付了2万多元的医药费，但需再做手术支付4万多元的费用方可摆脱终生瘫痪的危险。甲本人无力支付，已经为其支付2万元医药费的雇主也表示难以为继。甲通过法律援助中心要求南岗区保姆中介所承担赔偿责任。由于甲只是经过保姆中介所介绍就业，不是保姆中介所委派去工作的，劳动争议仲裁委员会认为其与保姆中介所没有隶属关系，不属于劳动争议范畴。因此，甲无法进入劳动争议法律处理程序。后甲在社会帮助下解决了医药费问题。试问：家政服务中的雇佣关系是否属于劳动法调整的劳动关系？

[分析] 不属于。根据我国目前《劳动法》的有关规定，用人单位是“单位”，不是自然人，自然人之间的雇佣关系不由劳动法调整，本案也就不属于劳动法律调整范围。但并不是所有的家政服务关系均不由劳动法调整，目前社会上的家政服务关系主要有三种。

（1）居民家庭直接雇用家政服务员，居民与家政服务员形成雇佣关系。

（2）家政服务公司雇用家政服务员，与家政服务员签订劳动合同或虽未签订劳动合同，家政服务员接受家政服务公司的培训、管理，向公司上缴管理费，公司和个人依法缴纳社会保险费，家政服务员以家政服务公司员工的名义为居民提供家政服务。

（3）居民与家政服务员通过家政中介服务公司建立雇佣关系，居民与家政服务员按约定向中介服务公司支付一定中介费用。

上面第二种符合劳动法律关系的特点，即家政服务公司是劳动法意义上的用人单位，与家政服务员有控制管理关系。而其他两种属于劳务关系，不由劳动法调整，而由民法调整。

[案例 11-2] 2021 年 2 月，宗某到某学校打扫卫生，双方签订了卫生保洁合同，协议期限约定为 1 年，协议中要求宗某每日早晚各打扫卫生 1 次，每月由学校支付宗某报酬 1000 元。以后的卫生保洁协议一年一签。宗某与学校均按保洁合同履行了义务。在协议履行期间，宗某从未参加过学校组织的任何活动。2023 年 2 月，学校通知宗某不再使用她了。后宗某即向当地劳动争议仲裁委员会申请仲裁，要求学校支付解除劳动合同的经济补偿金。劳动争议仲裁委员会以不属于受理范围而驳回了宗某的申请。宗某不服，又于 2023 年 12 月初以学校为被告诉至法院，要求被告支付经济补偿金 1 万元。试问：法院是否会支持她的请求？

[分析] 不会。宗某与学校签订的卫生保洁协议书规定宗某为学校提供一定的劳务活动，其性质为劳务合同；学校从未将宗某录用为职工，双方并未建立严密、稳定的组织管理关系，因此双方之间是劳务关系，而不是劳动关系，应按《民法典》有关规定处理。原告要求解除劳动合同的经济补偿金于法无据。法院最终判决驳回原告宗某的诉讼请求。

以上两个案例都涉及劳务合同。劳务合同与劳动合同有如下区别。

(1) 合同双方当事人关系不同。劳务合同中的双方当事人可以是自然人，也可以是法人，没有身份、经济、组织上的从属性；劳动合同主体特定，一方是劳动者，另一方是用人单位，劳动者从属于用人单位。

(2) 劳动支配权和劳动风险责任承担不同。劳务合同中的劳务支配权在劳务者，劳动风险责任也由劳务者自行承担；劳动合同中的劳动支配权在用人单位，劳动风险由社会、用人单位、劳动者三方承担。

(3) 报酬性质和支付方式不同。劳务报酬根据劳务市场价格确定，由双方当事人约定，国家无强制性规定，支付方式一般为一次性或分批支付；劳动报酬根据劳动者的劳动数量和质量确定，由双方当事人约定，但须遵守国家最低工资等强制性规定。

(4) 是否允许多重建立不同。劳务合同关系可以多重建立，一个人可以同时与多个主体建立劳务合同关系；而劳动合同关系具有唯一性，我国《劳动法》尚不承认多重劳动关系。

(5) 法律调整不同。劳务合同关系由民法调整；劳动合同关系由劳动法和劳动合同法调整。实践中，由于我国实行市场经济后，如小时工、非全日制工、劳务派遣工、承包承揽工等用工形式多样化，《劳动法》适用范围有一定局限性，有时使劳务合同与劳动合同难以区别。

[案例 11-3] 大连市某公司与林某签订了 2 年期劳动合同，试用期为 6 个月，林

某参加工作3个月后，恰巧遇到销售旺季，林某作为技术主管，每天只得加班工作，不久林某由于感冒，到医院检查出传染性肝炎，林某只好住院休养，待病情好转后，林某回到公司却收到了公司的解除合同通知。半年后，林某应聘到大连市金州区某公司，把大连市某公司的技术用在了大连市金州区某公司，给大连市某公司带来了损失，大连市某公司起诉林某违反合同规定，同时要求林某及大连市金州区某公司对大连市某公司的损失给予赔偿。试问：(1) 本案中有哪些地方违反了《劳动合同法》？(2) 林某和大连市金州区某公司是否应当承担违约责任，为什么？(3) 此案中大连市某公司应当承担哪些法律责任，为什么？

[分析] (1) 具体分析如下：①2年劳动合同，试用期为6个月违反劳动合同规定；试用期过长。②关于传染性肝炎方面，国家规定，只有在食品、医药等法律规定行业有特别要求，而公司以此为由解除劳动合同违法。

(2) 关于林某和大连市金州区某公司是否应当承担违约责任，需要了解林某在大连市某公司是否签订了保密协议或者竞业限制，或合同中有相应规定，如果没有此方面的协议则不承担违约责任；如果有，则需按照国家和公司规定承担相应责任。

(3) 具体分析如下：①大连市某公司违反《劳动合同法》规定，对超出合同法定试用的薪资应按转正薪资支付给林某。②大连市某公司解除劳动合同理由不充分，属于违法解除劳动合同，员工有权追究公司违约解除合同的相应责任。

参考文献

［1］张守文．经济法原理［M］．2 版．北京：北京大学出版社，2020.

［2］刘瑞复．经济法学原理［M］．4 版．北京：北京大学出版社，2013.

［3］冯果．证券法［M］．武汉：武汉大学出版社，2014.

［4］朱大旗．金融法［M］．3 版．北京：中国人民大学出版社，2015.

［5］漆多俊．经济法基础理论［M］．5 版．北京：法律出版社，2017.

［6］李莉，郎军，姜家龙．经济法概论［M］．吉林：吉林人民出版社，2013.

［7］习近平法治思想概论编写组．习近平法治思想概论［M］．北京：高等教育出版社，2021.

［8］中国注册会计师协会．经济法［M］．北京：中国财政经济出版社，2024.

［9］国家司法考试辅导用书编辑委员会．国家司法考试辅导用书［M］．北京：法律出版社，2024.

［10］王肃元．经济法概论［M］．北京：经济科学出版社，2013.

［11］范建，王建文．公司法［M］．北京：法律出版社，2014.

［12］林嘉．劳动法和社会保障法［M］．北京：中国人民大学出版社，2015.

［13］黎建飞．劳动法与社会保障法：原理、材料与案例［M］．2 版．北京：北京大学出版社，2019.